菊澤研宗[編著]
Kikuzawa Kenshu

ダイナミック・ケイパビリティの戦略経営論

A Dynamic Capabilities based Strategic Management

中央経済社

はしがき

　ダイナミック・ケイパビリティ論は，今日，経営学分野で最も注目されている議論である。しかし，ダイナミック・ケイパビリティ論自体が，いまだにあいまいで論争的な理論であるために，本書も全体として難解な点があるかもしれない。しかし，このような研究を，今日，世界の経営学者が互いに競って進めているということを理解してもらいたい。

　私は，2012年から2014年までの２年間，カリフォルニア大学バークレー校に留学し，幸運にも，今日，世界で最も注意されている研究者の１人であるデイビット・ティース教授のもとで，ダイナミック・ケイパビリティ論を学び，研究することができた。それは，非常にエキサイティングな日々であった。

　そして，帰国後，このダイナミック・ケイパビリティ論の研究を進めるとともに，ティース教授の論文をまとめた論文集を日本語に翻訳するという研究活動も行ってきた。

　この翻訳書も，本書の姉妹書として同じく中央経済社から出版される予定なので，ぜひそちらの方もあわせて購読していただきたい。

　こうした状況で，日本でも多くの若い研究者たちがダイナミック・ケイパビリティ論に関心を持っていることを知り，出身大学や所属大学や学閥を問わずに，各自の研究成果を論文集として出版しようということになった。私が多忙だったために，出版までにかなり時間がかかってしまったが，何とか全体がまとまり，やっと完成したのが，本書である。

今日，日本は人口が激減し，今後もこの人口減少傾向が続くことが予想されている。

こうした状況で日本企業にとって必要なのは，無駄をなくしてより効率性を高め，株主利益を高めるようなオーディナリー・ケイパビリティ（通常能力）・ベースの経営と多くの人は考えているかもしれない。しかし，それは間違いだ。

人口が急速に減少していく状況で，日本企業が株主利益重視経営を続けていけば，利益は上昇しても，売上高，生産性，そしてGDPが増加するわけではない。利益が増加すれば，外国人株主は喜ぶかもしれないが，その他の人々にはあまりメリットがないのだ。

しかし，売上高，生産性，そしてGDPが増加すれば，人々の給与は増加するかもしれないし，税収は増えるだろう。その結果，企業の利益も増加するかもしれない。

カリフォルニア大学バークレー校にてデイビット・ティース教授（右）と。

今後，日本国内では15歳から64歳までの生産年齢人口が減少し，65歳以上の高齢者人口が増加するために，若者の医療費負担が異常に増加することになる。そして，いま日本が抱えている膨大な負債も返済できなくなる可能性がある。

　このような事態を避けるために，いま日本企業に真に必要なのは，オーディナリー・ケイパビリティに基づく株主利益重視経営ではなく，付加価値生産性，売上高，そしてGDPを高めるような変化対応自己変革能力，つまりダイナミック・ケイパビリティ・ベースの経営が必要なのである。付加価値生産性，売上，GDPを高めることなくして，日本は将来の若者の医療費負担を軽減し，膨大な借金を返済することはできないのである。

　このような意味で，本書で展開されるダイナミック・ケイパビリティ論は，今日の日本企業にとって非常に必要な議論なのである。

　本書は，基本的には専門書であるが，第1章はダイナミック・ケイパビリティ論が，戦略経営論の歴史のなかで，どのようにして登場してきたのかを学説史的に説明しており，学部学生のテキストとしても利用できるだろう。その上で，第Ⅰ部を構成する第2章，第3章，そして第4章ではその学説の流れをより詳しく理論的に説明している。

　また，第Ⅱ部を構成する第5章，第6章，第7章そして第8章は，ダイナミック・ケイパビリティ論がどのようにして現実を説明でき，現実に応用できるのかに関する議論である。ダイナミック・ケイパビリティ論が果たして現実に役に立つのかどうか。今後も，このような応用研究が増えてくるものと期待している。

　そして，最後の第Ⅲ部を構成する第9章，第10章，そして第11章は，ダイナミック・ケイパビリティ論をめぐって，今日，アカデミックな世界で議論され

ているダイナミック・ケイパビリティ論のミクロ的基礎に関する研究が展開されている。ダイナミック・ケイパビリティをめぐる，より進んだ研究に関心がある人は，ぜひともこの第Ⅲ部の議論を読んでもらいたい。おそらく，研究のヒントを得ることができるだろう。

　最後に，本書の作成にあたって，慶應義塾大学名誉教授・常任理事である渡部直樹先生には，大変，お世話になった。感謝したい。そして，中央経済社の山本継社長，さらにこの本の編集を担当してくれた同社学術書編集部副編集長の市田由紀子さんに感謝を述べたい。みなさんのおかげで，非常に素晴らしい本を完成させることができたと思います。

2018年6月

三田山上にて

編著者　菊澤　研宗

目　次

はしがき　i

第1章　戦略経営論史
―ダイナミック・ケイパビリティ論登場まで　1

1. はじめに　1
2. ポーターの競争戦略論前史　2
   - 2.1　新古典派経済学・2
   - 2.2　産業組織論におけるハーバード学派とシカゴ学派・3
   - 2.3　ハーバード学派の限界とポーターの登場・6
3. ポーターの競争戦略論　7
   - 3.1　ポーターの5つの競争要因モデル（ファイブ・フォース・モデル）・7
   - 3.2　ポーターの競争戦略・10
     - 3.2.1　コスト・リーダーシップ戦略
     - 3.2.2　差別化戦略
     - 3.2.3　集中戦略
     - 3.2.4　組み合わせとスタック・イン・ザ・ミドル
   - 3.3　ポーターの企業の価値活動（内部分析）・13
   - 3.4　ポーターの戦略論の限界・16
4. 資源ベース論　19
   - 4.1　資源ベース・19
   - 4.2　プラハラード＝ハメルのコア・コンピタンス論・21
     - 4.2.1　コア・コンピタンスの定義
     - 4.2.2　コア・コンピタンス経営とは
     - 4.2.3　企業のコア・コンピタンスの事例

4.3　資源ベース論，ケイパビリティ論,
　　　　　そして取引コスト理論・26
　5．ダイナミック・ケイパビリティ論と現状　28
　　　5.1　企業家精神とダイナミック・ケイパビリティ・28
　　　5.2　ダイナミック・ケイパビリティ論・29
　　　5.3　共特化の原理・31
　　　5.4　ダイナミック・ケイパビリティ論をめぐる錯綜した
　　　　　現状・33
　　　　　5.4.1　ウィンターのダイナミック・ケイパビリティ論
　　　　　5.4.2　アイゼンハート＝マーティンのダイナミック・
　　　　　　　　ケイパビリティ論
　　　　　5.4.3　ヘルファット＝ペテラフのダイナミック・
　　　　　　　　ケイパビリティ論
　　　　　5.4.4　ティースの反論

[第Ⅰ部]　ダイナミック・ケイパビリティ論の理論研究

第2章　ダイナミック・ケイパビリティ論と資源ベース論　　42

1. はじめに　42
2. メタ理論としてのポパーの知識の成長理論　43
　　2.1　経験科学とメタ科学・43
　　2.2　経営戦略論の知識成長問題・43
　　2.3　ポパーによる知識の成長理論・45
3. 資源ベース論からダイナミック・ケイパビリティ論に至る知識の再構成　46
　　3.1　ポジショニング・アプローチから資源ベース論へ・46
　　3.2　初期の資源ベース論からケイパビリティ論へ・48

    3.3　ケイパビリティ論からダイナミック・ケイパビリティ論へ・50
  4. 資源ベース論からダイナミック・ケイパビリティに至る知識変化の評価　53
  5. おわりに　54

第3章　ダイナミック・ケイパビリティ論と取引コスト理論 ... 57

  1. はじめに　57
  2. 企業の境界問題　58
    2.1　企業の境界問題とは何か・58
    2.2　3つの企業境界・59
  3. 取引コスト理論　60
    3.1　取引コスト理論の基本原理・60
    3.2　取引コスト理論と企業境界・61
    3.3　取引コスト理論の限界・63
  4. ダイナミック・ケイパビリティ　64
    4.1　基本概念・64
    4.2　ダイナミック・ケイパビリティと企業境界・66
      4.2.1　ダイナミック・ケイパビリティの観点からみた取引コスト理論の限界
      4.2.2　第1の限界の克服
      4.2.3　第2の限界の克服
    4.3　ダイナミック・ケイパビリティ論と取引コスト理論・73
  5. おわりに　76

第4章 ダイナミック・ケイパビリティ論と進化経済学 79

1. はじめに　79
2. ネルソン=ウィンターの進化経済学　80
3. ウィンターのダイナミック・ケイパビリティ論と組織変化理論　83
    - 3.1 ダイナミック・ケイパビリティとは・83
    - 3.2 ダイナミック・ケイパビリティ形成の学習メカニズム・85
    - 3.3 組織進化プロセス・86
    - 3.4 ダイナミック・ケイパビリティの限界・87
4. オーディナリー・ケイパビリティ論と進化経済学　88
5. おわりに：ダーウィン主義とラマルク主義　90

[第Ⅱ部] ダイナミック・ケイパビリティ論の応用研究

第5章 ダイナミック・ケイパビリティ論の産業政策への応用
―日本型イノベーション・エコシステムの構築に向けて……96

1. はじめに　96
2. わが国におけるイノベーション政策の動向　97
    - 2.1 歴史的経緯・97
    - 2.2 クラスター戦略の理論的支柱・99
    - 2.3 過去の反省と新たな政策・99
3. イノベーション・エコシステムへのダイナミック・ケイパビリティ論の応用　100
    - 3.1 本格始動した日本型イノベーション・エコシステム・100

3.2　イノベーション・エコシステムの基底となる
　　　　ダイナミック・ケイパビリティ論・101
　　　3.2.1　ビジネス・エコシステムの定義
　　　3.2.2　ダイナミック・ケイパビリティ・フレームワー
　　　　　　クの理論構造
　　3.3　イノベーション・エコシステムと
　　　　ダイナミック・ケイパビリティ論の親和性・104
4．研究上の課題　106
　　4.1　ミクロ的基礎の具体化・107
　　4.2　企業家的精神の具現化・107
　　　4.2.1　アントレプレナーシップ・オリエンテーション
　　　4.2.2　起業家の情熱は業績を高めるか
　　　4.2.3　イノベーティブ・アントレプレナー
　　　　　　（革新的な起業家）
5．おわりに　110

第6章　ダイナミック・ケイパビリティ論の地方創生問題への応用
　　―地域ブランドとしての広島レモンの事例分析…………… 114

1．はじめに　114
2．産業政策としての地域ブランドをめぐる
　　通説批判　115
　　2.1　地域活性化と地域ブランド・115
　　2.2　地域活性化政策・116
　　2.3　失敗の理由・117
3．ダイナミック・ケイパビリティ論　118
　　3.1　ダイナミック・ケイパビリティ論登場の歴史・118
　　3.2　3つのダイナミック・ケイパビリティ・119

3.3　共特化の原理とビジネス・エコシステム・121
　4．地域ブランド「広島レモン」のダイナミック・
　　　ケイパビリティ分析　122
　　　4.1　ダイナミック・ケイパビリティⅠ：
　　　　　固有の地方資源と危機・脅威の感知・122
　　　4.2　ダイナミック・ケイパビリティⅡ：
　　　　　機会の捕捉・123
　　　4.3　ダイナミック・ケイパビリティⅢ：変容，共特化，
　　　　　そしてビジネス・エコシステムの形成・124
　5．おわりに　126

第7章　ダイナミック・ケイパビリティ論の米ソ軍事技術開発への応用 …… 130

　1．はじめに　130
　2．ダイナミック・ケイパビリティ・フレームワーク　131
　　　2.1　ダイナミック・ケイパビリティ論とは・131
　　　2.2　ダイナミック・ケイパビリティの構成要素・132
　　　2.3　オーディナリーとダイナミック・ケイパビリティの
　　　　　比較分析・133
　3．ソ連の軍事技術開発をめぐる
　　　軍事戦略的マネジメントの分析　135
　　　3.1　スターリンの軍事戦略的マネジメント：
　　　　　技能的適合力の強化・135
　　　3.2　フルシチョフの軍事戦略マネジメント：
　　　　　オーディナリー・ケイパビリティと
　　　　　技能的適合力強化・138
　　　3.3　ブレジネフの軍事戦略マネジメント：
　　　　　効率性と技能的適合力の強化・140
　4．米国の軍事技術開発をめぐる軍事戦略マネジメント　142

- 4.1 脅威の感知とDARPA設立：進化的適合力の強化・142
- 4.2 機会の捕捉とDARPA：進化的適合力の強化・145
- 4.3 組織的変容とDARPA：進化的適合力の強化・147
5. おわりに：米ソ軍事技術開発競争の比較ケイパビリティ分析　151

第8章 ダイナミック・ケイパビリティ論の日系多国籍企業への応用 ……… 155

1. はじめに　155
2. ティースのダイナミック・ケイパビリティ論　156
3. 多国籍企業のダイナミック・ケイパビリティ論　157
   - 3.1 海外進出，オーディナリー・ケイパビリティ，そしてダイナミック・ケイパビリティ・157
   - 3.2 競争的優位性の構築における子会社の役割・159
   - 3.3 多国籍企業におけるイノベーション・エコシステム・160
4. 日系多国籍企業に関するヒアリング調査と結果　161
   - 4.1 調査の概要・161
   - 4.2 質問項目・162
   - 4.3 調査結果・164
5. 事例研究の結果に関する分析　170
   - 5.1 対象企業の共通点・170
   - 5.2 成功例と失敗例の比較・171
     - 5.2.1 OCの移転に必要なダイナミック・ケイパビリティ
     - 5.2.2 ダイナミック・ケイパビリティの発揮と権限委譲
     - 5.2.3 グローバル戦略との一貫性
6. おわりに　174

[第Ⅲ部]　ダイナミック・ケイパビリティ論のミクロ的基礎研究

第9章 ダイナミック・ケイパビリティ論の ミクロ的基礎としての批判的合理主義
―批判的合理主義とハーパーの反証主義的企業家論………… 182

1. はじめに　182
2. ダイナミック・ケイパビリティ論の展開の系譜（ミクロ，マクロの観点から）　183
3. シュムペーター，ならびにカーズナーの企業家論に立脚するDC論の限界　186
4. ハーパーの企業家論　188
5. ハーパーの企業家論のDC論への援用　191
    - 5.1 「DCの生成」を惹起する「批判的構想力」・191
    - 5.2 いくつかのインプリケーション・192
        - 5.2.1 DC論を「知識の成長」として深化させていく
        - 5.2.2 変化への適応はDCの本質ではない
        - 5.2.3 DCは「開かれた組織」で実現する
        - 5.2.4 既存の企業研究に対する新しい説明の可能性
6. おわりに　193

第10章 ダイナミック・ケイパビリティ論の ミクロ的基礎としてのネオ・カーネギー学派
―ネオ・カーネギー学派をめぐる批判的考察………… 196

1. はじめに　196
2. ネオ・カーネギー学派とダイナミック・ケイパビリティ論の学説史的位置づけ　197
    - 2.1 ネオ・カーネギー学派の学説史的位置づけ・197

2.2 ティースのダイナミック・ケイパビリティ論の
学説史的位置づけ・199
3. 問題意識の共有と経営者の役割への着目　201
3.1 環境変化における限定合理的な意思決定・201
3.2 企業家的要素への着目・203
4. ネオ・カーネギー学派と
ダイナミック・ケイパビリティ論との関係　205
4.1 限定合理性に基づく企業モデルの差異・205
4.2 競合的アプローチとしてのネオ・カーネギー学派と
ダイナミック・ケイパビリティ論・207
5. おわりに　208

第11章　ダイナミック・ケイパビリティの ミクロ的基礎としてのリーダーシップ……211

1. はじめに：問題意識　211
    1.1 ダイナミック・ケイパビリティのミクロ的基礎
    としての現場組織・211
    1.2 ダイナミック・ケイパビリティのミクロ的基礎
    におけるリーダーシップの視点・212
    1.3 問題提起・213
2. 組織能力としてのダイナミック・ケイパビリティ　214
    2.1 組織能力としてのダイナミック・ケイパビリティの
    ミクロ的基礎・214
    2.2 ダイナミック・ケイパビリティが発現する現場組織・215
3. ダイナミック・ケイパビリティとリーダーシップと
の理論的関係　217
    3.1 現場の組織活動におけるリーダーシップの位置づけ・217
    3.2 ダイナミック・ケイパビリティ論と
    リーダーシップ論・218

        3.3 ダイナミック・ケイパビリティ, 組織活動, そして
            リーダーシップの理論的関係・220
    4. **経験的妥当性としての事例分析** 221
        4.1 海外チーム活動の経緯・221
        4.2 チームの協働とリーダーシップ・223
        4.3 考察：ダイナミック・ケイパビリティの
            ミクロ的基礎としてのリーダーシップ・225
    5. おわりに 226

索　引　231

第1章 戦略経営論史
―ダイナミック・ケイパビリティ論登場まで

1. はじめに

本書は，近年，経営学分野で話題になっているダイナミック・ケイパビリティ論について，以下のことを明らかにする。

- （第Ⅰ部） そもそもダイナミック・ケイパビリティ論とは何か。
- （第Ⅱ部） ダイナミック・ケイパビリティ論は
  どのように現実に応用できるのか。
- （第Ⅲ部） ダイナミック・ケイパビリティ論をめぐって
  どのような問題があるのか。

これらの議論を始める前に，ここではその下準備としてダイナミック・ケイパビリティ論が，どのような形で経営学分野に登場してきたのかを明らかにしたい。

ダイナミック・ケイパビリティ論は，今日，最新の研究として，多くの経営学分野の研究者に受け入れられているが，より具体的にいえば，戦略経営論，企業理論，そして多国籍企業論などの分野でその研究は主に注目されているように思える。

その中でも，特に，戦略経営論分野において，その研究動向と発展は，多くの研究者の関心の的となっているといえる。それゆえ，この章では，ダイナミック・ケイパビリティ論が，この戦略経営論の流れの中でどのように位置づ

けられるのか，について説明することから始めたい。

2．ポーターの競争戦略論前史

　現代の戦略経営論の出発点は，ポーター（M. Porter, 1998）の競争戦略論にあるといわれている。ポーターの競争戦略論の理論的基礎は，周知のように，新古典派経済学である。彼の戦略論の理解を深めるために，以下，まず新古典派経済学とそれに基づく戦略思考について簡単に説明することから始めてみたい。

2.1　新古典派経済学

　新古典派経済学は，今日，市場の経済学あるいはミクロ経済学とも呼ばれている標準的な経済学である。新古典派経済学では，市場を構成する経済主体として基本的に消費者と企業家が仮定されている。そして，いずれの経済主体も完全に情報を収集でき，完全に情報を処理でき，そして完全にその結果を表現し，伝達できるという完全合理的な人間として仮定されている。

　このような完全な情報収集処理能力のもとに，一方で消費者は効用を最大化するために自らの労働力を供給し，財を需要する。他方，企業家は利益を最大化するために，労働力を需要し，財を生産し供給する。そして，このような多数の完全合理的な消費者と企業家によって，多様な市場が多数形成されることになる。

　ここで，もしある財をめぐる市場で需要よりも供給が多ければ，その財の価格は下がる。この場合，この低下した低い価格でも，なおその財を生産し供給できる能力のある企業は，市場に残るだろう。しかし，そのような低価格では赤字になるため，生産できない企業は市場から退出することになる。

　逆に，その財をめぐって供給よりも需要が多い場合，その財の価格は上昇する。この場合，その財の値段では高くて購入できない消費者は，市場から退場する。しかし，その値段以上に，その財を利用できる能力のある消費者は，こ

の高い価格でも購入できるため，市場に残ることになる。

　このように，市場価格の変化によって能力のある人々が市場取引に参入でき，能力のない人々は市場から退出することになる。それゆえ，市場では価格が需要と供給の調整役となって，資源は能力のない人々から流出し，能力のある人々のところに配分され，それゆえ資源は無駄なく効率的に利用されることになる。

　この意味で，市場システムは，価格メカニズムのもとに能力のある人々のところにヒト・モノ・カネなどの資源を配分する効率的資源配分システムであるといえる。そして，このことを厳密に数学的に説明している理論が，新古典派経済学なのである。

　しかし，注意しなければならないのは，新古典派経済学では市場を唯一絶対的な効率的資源配分システムとして説明するために，企業は「完全合理的」で「利益最大化」する経済人として擬人化され，しかもそのような企業が多数存在し，相互に競争していると仮定している点である。

　特に，企業が多数存在し競争的であるという点は，以下の戦略経営論的な議論にとって重要となる。もし企業が1つしかなく独占的であるならば，その企業は自分に有利になるように自由に価格を設定でき，無能で効率的に資源を利用することができないにもかかわらず，一方で資源を割安に購入でき，他方で生産物を必要以上に割高で販売できることになる。したがって，企業の数が少ない非競争的な市場では，社会全体としては非効率的な資源の配分と利用が起こるのである。

2.2　産業組織論におけるハーバード学派とシカゴ学派

　以上のような新古典派経済学の考え方のもとに，1950年代から60年代にかけて米国では国家的観点から，ある業界あるいは産業が独占的か競争的かを分析し，もしその業界や産業が独占的だと判定されたならば，反トラスト（独占禁止）法が適用され，対象となった独占企業は分割され，競争が強制的に促進された。そして，そのような独占禁止法の適用に対して，理論的根拠を与える学

問として,米国では「産業組織論」と呼ばれる研究分野が発展していた。

当時,この分野で活躍していたのは,メイスン(E. S. Mason),ベイン(J. S. Bain),ケイブス(R. E. Caves),そしてシェアラー(F. M. Sherer)などのハーバード学派の研究者たちであった。彼らは,いずれもある産業の構造(Structure)と企業行為(Conduct)がその成果(Performance)を決定するという因果論的な「構造−行為−成果(S−C−P)」パラダイムに基づいて議論を展開していた。特に,産業構造要因(S)として,産業の「集中度」,「参入障壁」,そして「商品差別化」などが注目された(**図表1.1**)。

このような構造−行為−成果(S−C−P)パラダイムに基づく産業分析の具体的な事例として,例えば1960年代の米国自動車産業についてみてみよう。

まず,産業構造(S)の特徴である買い手と売り手の数について考察すれば,当時の米国自動車業界では売り手の規模の分布は,ゼネラルモーターズ(GM)とフォードがクライスラー,アメリカン・モーターズ(AMC)よりも大きく,特にGMとフォードが多くの買い手(ディーラー)を持っていた。それゆえ,当時の産業状況は売り手が少数で,その規模は不均衡であり,他方,買い手は非常に多くいたのである。また,自動車業界の参入障壁は非常に高く,多大な投資と高度な技術的ノウハウが求められる業界でもあった。これが,当時の米

図表1.1 構造−行為−成果(S−C−P)パラダイム

構 造(S)
買い手と売り手の数(集中度),規模の分布,参入障壁,製品差別化,費用構造,需要の価格弾力性

↓

行 為(C)
共謀,価格戦略,製品戦略,R&D,広告

↓

成 果(P)
産業の収益性,産出量の成長,雇用,技術進歩

国自動車業界の産業構造（S）であった。

このような産業構造（S）のもとに，この業界の企業行為（C）に注目すれば，当時は共謀戦略および価格戦略が中心に展開されていた。つまり，競争優位にあったGMとフォードが中心となってまず価格を設定し，クライスラーとAMCがその価格に追従するという共謀行為，つまり価格に関して暗黙の共謀が展開されていたのである。

このような産業構造と企業行為によって，この業界の成果として自動車産業の収益性が決定されていたわけである。これを図式化すると，**図表1.2**のようになる。

以上のような構造－行為－成果（S－C－P）パラダイムでは，一般に「集中度」が業界の競争状態を規定する重要な要因とみなされ，その業界が独占か競争かを決定する最も重要な要因とみなされることになる。つまり，「集中

図表1.2 1960年代　米国自動車産業

構　造（S）
●買い手と売り手の数　●規模の分布 GM，フォードはクライスラー，AMCよりも大きい。 GM，フォードは多くの買い手（ディーラー）を持っていた。 （売り手は少数，買い手は無数） ●参入障壁 自動車産業への参入障壁は非常に高い。 （規模の経済性が重要で，大規模な参入が求められる） （高度な技術的ノウハウが求められる）

↓

行　為（C）
●共謀　●価格戦略 GMとフォードが価格設定し，クライスラーとAMCが追従行為 （価格に関して暗黙の共謀展開）

↓

成　果（P）
●自動車産業の収益性は高い

度」が政府による寡占市場政策として企業分割を含む構造規制を実行するための最も重要な要因だとみなされたのである。

　しかし，このようなハーバード学派の議論に対して，フリードマン（M. Freedman），スティグラー（G. J. Stigler），そしてデムセッツ（H. Demsetz）などのシカゴ学派の研究者たちは，その業界の集中度の高さは優れた企業が競争に勝ち残った結果であり，非難されるべきものではないと主張した。

　むしろ，ある業界の参入障壁が著しく高かったり，あるいはある業界が著しく独占化が進んでいたりするのは，実は政府による介入や規制によるものだとした。したがって，シカゴ学派の研究者たちは規制緩和（反政府介入）と消極的反トラスト政策の実行を強く主張したのである。

2.3　ハーバード学派の限界とポーターの登場

　こうした論争のなか，1980年代にレーガン政権が誕生すると，レーガン大統領は規制緩和の流れを定着させ，米国の産業政策をめぐってシカゴ学派の考えを積極的に取り入れた。

　しかも，この頃，ハーバード学派の因果論的なフレームワーク（S−C−Pパラダイム）をめぐって反証事例も徐々に出現し始めていた。つまり，S→C→Pの因果論的な流れに反して，逆に企業行為（C）が産業構造（S）に影響を与え，また成果（P）が逆に企業行為（C）に影響を与えるというケースが確認され始めていた。例えば，企業の特許獲得行為（C）は参入障壁になるという形で産業構造（S）に影響を与え，成果（P）が企業の研究開発（R&D）費の大きさ（C）に影響を与えることが確認されたのである。

　このように，産業構造（S）を重視する状況決定論に基づくハーバード学派は窮地に追い込まれ，シカゴ学派に対抗するための新たな理論武装の必要性にせまられていたわけである。こうした状況で，ハーバード学派の中から登場してきたのが若きポーターであった。

　本来，S−C−Pフレームワークは，政府が経済政策を展開するために，国家的視点からみた産業構造分析のためのツールであった。つまり，このフレー

ムワークに基づいて，もしある産業が独占的ならば，独占禁止法を適用し，経済政策として企業が分割され競争が促進されることになる。このような競争政策によって，業界レベルで資源は効率的に配分され利用されることになる。

しかし，ポーターは，この同じフレームワークが国家的観点ではなく，個別企業の観点から経営戦略のツールとして利用できることを明らかにした。彼によると，新古典派経済学が説明する理想的な完全競争均衡状態にある産業は，個別企業にとって参入すべきではない最悪の産業となる。というのも，そのような完全競争均衡状態にある産業では，理論的には最終的にすべての企業の最大利益はゼロになるからである。つまり，国家的観点からみて最も効率的な産業は，個別企業的観点からみて最も魅力のない産業なのである。

それゆえ，企業はそのような産業への参入は極力避け，可能な限り不完全競争状態にある産業を見つけ出すか，あるいはたとえ完全競争的な状態にあったとしても積極的にイノベーションを起こして意図的に不完全競争状態を創り出し，独占化を進めるような戦略的行動を展開する必要がある。

このように，企業の戦略的行動のためのツールとして，ハーバード学派のS－C－Pフレームワークを新たに解釈し直したのが，ポーターなのである。

3．ポーターの競争戦略論

3．1　ポーターの5つの競争要因モデル（ファイブ・フォース・モデル）

では，個別企業が参入すべき魅力的な産業をどのようにして見出すことができるのか。ポーターは，ハーバード学派のS－C－Pパラダイムに基づき，まず産業内に発生する競争圧力を5つの観点から徹底的に分析し，どの業界に参入して戦うかを決定する必要があるとする。つまり，競争圧力の弱い業界を見出す必要があるとする。そして，そのツールが**図表1．3**のポーターの「5つの競争要因モデル」である。

図表1.3 5つの競争要因モデル

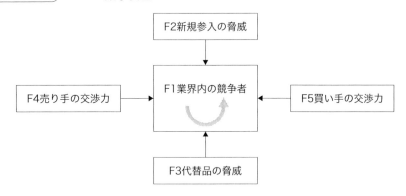

(F1) 同業者間の敵対関係

　もし業界内にライバル企業が多く存在し，競争が激しいならば，その業界で販売される製品価格は下がるので，利益は低下する。それゆえ，この業界への参入は避ける必要がある。

(F2) 新規参入の脅威

　もし潜在的なライバルが多く存在するならば，その業界の競争圧力は強く，それゆえそのような業界では企業は製品価格を下げざるをえないので，利益は低下する。それゆえ，このような業界への参入は避ける必要がある。

(F3) 代替品の脅威

　もし潜在的な代替品が多いならば，その業界の競争圧力は強いので，その業界では製品価格を下げざるをえない。それゆえ，このような業界では高い利益を望むことはできないため，この業界への参入は避けるべきである。

(F4) 売り手（供給者：サプライヤー）の交渉力

　もし売り手の交渉力が強いならば，そのような業界では製品原価が上昇するため，企業の利益は低下する。それゆえ，このような業界への参入は避けるべきである。

(F5) 買い手（需要者）の交渉力

　もし買い手の交渉力が強いならば，そのような業界の競争圧力は強く，製品

図表1.4　パソコン業界の分析

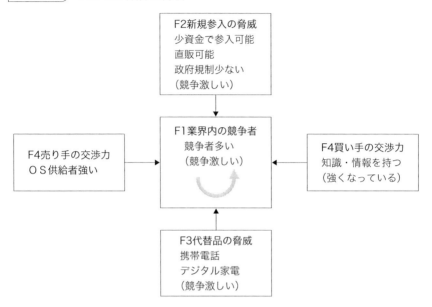

価格を下げざるをえず，それゆえ企業の利益は低下する。したがって，このような業界への参入は避けるべきである。

以上のようなポーターの5つの競争要因モデルをより具体的に理解してもらうために，このモデルを用いて，例えばパソコン業界を分析してみよう（**図表1.4**）。

（F1）　同業者間の敵対関係について

　パソコン業界ではライバル企業が非常に多く，競争が激しいため，パソコン価格は常に低下し続け，それゆえ個別企業にとって獲得できる利益は非常に小さい。

（F2）　新規参入の脅威について

　この業界は少ない資金でも参入可能であり，しかも直販も可能であり，さらに政府の規制も少ないため，潜在的なライバルは非常に多く存在している。それゆえ，この業界の競争圧力は非常に強く，常にパソコンの価格を下げざ

るをえず，したがって企業にとって得られる利益は小さい。

(F3) 代替品の脅威について

携帯電話やデジタル家電の動きが激しく，潜在的な競争圧力も非常に強い。それゆえ，パソコン価格を下げざるをえず，企業の利益は絶えず低下する可能性がある。

(F4) 売り手（供給者サプライヤー）の交渉力について

マイクロソフト社などのOSやソフト供給者の交渉力が非常に強く，パソコンをめぐる原価を大幅に下げることができない。それゆえ，企業利益は高まらない。

(F5) 買い手（需要者）の交渉力について

近年，パソコンに関する知識を持っている人が多くなってきているため，買い手（需要者）の交渉力も強い。それゆえ，パソコンの価格を下げざるをえず，企業利益は小さくなる。

以上のように，パソコン業界は5つの観点から分析すると明らかに競争が非常に激しい業界であり，革新的な技術や何か新しいものがなければ，この業界に参入しないほうが賢明であるといえる。

3.2 ポーターの競争戦略

さて，ポーターは，上記の5つの競争要因によって規定される競争環境において，もしある企業が参入可能な業界を見出し，そこに参入して競争相手に打ち勝とうとするならば，その業界内で企業がとりうる基本戦略は，3つの競争戦略に絞られると考えた。つまり，以下の3つの競争戦略を展開している企業が一般に成功していることに，彼は気づいたのである（**図表1.5**）。

(競争戦略1) コスト・リーダーシップ戦略

より効率的なコスト構造のもとに，製品を生産販売して競争に勝ち抜く戦略。

(競争戦略2) 差別化戦略

企業は業界内の他社と明確に差別化できる製品を生産販売して競争に勝ち抜

図表1.5　３つの競争戦略

		戦略の優位性	
戦略のターゲット		顧客に特異性が認められる	低コスト地位
	業界全体	差別化	コスト・リーダーシップ
	特定セグメント	集中	

く戦略。

(競争戦略３)　集中戦略

　コスト・リーダーシップ戦略あるいは差別化戦略をある特定の地域や特定の顧客に集中して展開し競争に勝ち抜く戦略。

3.2.1　コスト・リーダーシップ戦略

　これら３つの競争戦略のうち，コスト・リーダーシップ戦略について，さらに詳しく説明すれば，それは企業が業界内で最も安いコストで製品を生産でき，流通できることを競争上の優位として生き残る戦略のことである。

　これは，単なる商品の安売り戦略ではない。必要とあれば，いつでも安売り競争で勝ち抜けるような低コスト構造を確立するということである。低コストで製品・サービスを生産でき，最終的に価格競争上で競争優位を獲得できる戦略のことでもある。このようなコスト・リーダーシップ戦略は，一般に規模の経済性，学習・経験が生み出す経済性，高い市場占拠率，場所の優位性を利用することによって実現される戦略である。

　例えば，トヨタは，この戦略に従い固有のカンバン方式によって市場が必要とする乗用車だけを的確に生産し，低コストで生産販売を実現してきたといわれている。また，ヤマハのピアノは，品質をスタインウェイに近づけながらも，価格を下げることに成功した。そして，何よりも100円均一の100円ショップがとっている戦略は，このコスト・リーダーシップの典型的な事例であるといわ

れている。

さらに、海外に目を向けると、世界最大の小売りチェーンストアであるウォルマート（WalMart）もこの戦略を採用しているといわれている。ウォルマートの合言葉は、"Everyday Low Price"（毎日が安売り）である。もちろん、ウォルマートの場合、規模の経済性だけに依存しているわけではない。流通システムを工夫したり、地方都市に出店して、そこでナンバーワンになって独占化したり、さまざまな工夫を凝らした戦い方をしている。しかし、最終的にユーザーに訴える戦略として、ウォルマートに共通しているのは、低コスト構造に基づく戦略なのである。

3.2.2　差別化戦略

これに対して、差別化戦略とは顧客が他社の製品よりも明らかに価値があると認めるような特徴的な製品を提供することによって競争上の優位を確立する戦略であり、品質、安全性、デザイン、ブランド、信頼性、修理のしやすさ、そして耐久性などが重要となる。

例えば、モスバーガーは、これまでマクドナルドと全く逆の戦略、つまり高級志向戦略を展開して成長してきた。また、コーヒーのスターバックスは、他社と差別化を図るために、濃くて香りの強いコーヒーであえて勝負してきた。さらに、IT業界でいえば、アップル社は差別化戦略の代表例だったといえるだろう。値段が多少高くても、ブランド力があり、デザインが優れており、それゆえ若者を中心に根強い人気を誇ってきたのである。

3.2.3　集中戦略

最後に、集中戦略とは上記の2つの戦略を産業全体に適用するか、あるいは特定のセグメント（市場）に集中するかという戦略のことである。つまり、ある産業内の特定の顧客、特定の地域、特定の商品、あるサービス領域に特化してコスト・リーダーシップや差別化戦略を展開するかどうかといった戦略のことである。

例えば，ロームという半導体の会社は，他社がやりたがらない製品の生産に特化するという戦略つまりニッチ（隙間）戦略で成功した企業である。また，周知のように，ダイムラー社の自動車ベンツは，富裕層つまりセレブだけを対象にして成功してきた企業である。さらに，農業器具メーカーであるクボタは日本の農家だけをターゲットとし，狭い農地に対応する軽量・小型農業機械を製造して力強く生き残ってきた企業である。このように，特定の市場で勝負することが「集中戦略」になる。

3.2.4 組み合わせとスタック・イン・ザ・ミドル

以上のように，戦略を組み合わせた「差別化・集中戦略」または「コスト・リーダーシップ・集中戦略」はもちろん可能であり，競争戦略として非常に効果的である。

しかし，ポーターによると，コスト・リーダーシップ戦略と差別化戦略の両立は難しいという。というのも，そこには経済的なトレードオフが存在するからである。つまり，コスト優位と差別化優位をともに追求すると，いずれの効果も中途半端になってしまうからである。

たとえば，コスト・リーダーシップと差別化戦略をともに展開する企業は，コスト優位だけを追求する企業よりも明らかにコストを下げることはできないし，差別化だけを追求する企業よりも差別化することはできない。このような安売りなのか，差別化なのか，はっきりしない企業は「スタック・イン・ザ・ミドル」（Stuck in the Middle：中途半端はだめ）に陥り，失敗することになるとポーターは主張した。

3.3　ポーターの企業の価値活動（内部分析）

さて，ポーターによると，以上のような競争戦略を実行するためには，企業外部の業界分析のみならず企業内部の分析も必要だという。彼によると，**図表1.6**のように企業活動は9つの価値を生み出す活動に分解され，それぞれの活動の価値分析を通して自社内に競争優位の源泉を見つけることができるとい

図表1.6　バリュー・チェーン

う。

　9つの企業の価値活動とは，以下のような5つの主要活動と4つの支援活動に分析されうる。すなわち，主要活動は(1)購買物流，(2)製造，(3)出荷物流，(4)販売・マーケティング，(5)サービス活動に分析され，支援活動は(6)全般管理（財務・会計・法務），(7)人的資源管理，(8)研究開発，(9)調達活動に分析される。

　しかも，それぞれの活動はコストとマージン（利益）から構成されており，そのマージンの合計が企業の全付加価値となる。それゆえ，企業内部では各活動が価値連鎖（バリュー・チェーン）となっており，企業はこのバリュー・チェーンの分析（付加価値分析）を通して，自社の強みと弱みを明確に認識できるという。そして，この認識に基づいて，先に説明した3つの競争戦略のうちのどの戦略を遂行することが企業にとって有効なのかを理解できることになる。

　例えば，このような付加価値分析の例として，あるジーンズ製造会社の例を取り上げてみよう。その会社は，ジーンズを製造し，次にブランド管理と広告（マーケティング）を行い，最後にジーンズを製品として小売に流通させて利益を得ている企業だとしよう。

ジーンズ製造 → ブランド管理と広告(マーケティング) → 卸売 → 小売 → 消費者

　いま，この企業が，以下の3つの流通プロセスを通してジーンズを販売し，その結果として利益を得ているものとする。

(流通プロセス1)　まず，自社でジーンズを製造し，それをノンブランドで卸売業者へと販売し，そしてこの卸売業者が小売業者へ販売するという流通プロセス。いま，この流通プロセスで得られる利益をAとしよう。

　　ジーンズ製造 → 卸売 → 小売 →

(流通プロセス2)　次に，自社でジーンズを製造し，それを自社ブランド製品として仕上げ，それを卸売業者に販売し，さらに卸売業者がこれを小売業者へ販売する。この流通プロセスで得られるこの企業の利益をBとしよう。

　　ジーンズ製造＋自社ブランド → 卸売 → 小売 →

(流通プロセス3)　最後に，ジーンズを自社で製造し，それを自社ブランド製品として流通させ，直接自社で小売業者へ販売する。このプロセスで得られる利益をCとしよう。

　　ジーンズ製造＋自社ブランド＋流通 → 小売 →

　以上のことから，各部門の付加価値は，以下のように計算される。

　　製造部門の付加価値　　　＝ A
　　自社ブランドの付加価値 ＝ B − A
　　流通の付加価値　　　　　＝ C − B

ここで，もし製造利益（A）が大きいならば，この企業はコスト・リーダーシップ戦略を展開することが効果的となるだろう。もし自社ブランドの付加価値（B − A）が高いならば，この企業は差別化戦略を展開することが効果的となるかもしれない。そして，もし流通の付加価値（C − B）が高いならば，この企業はコスト・リーダーシップ戦略を展開することが効果的であろう。
　以上のような戦略論体系が，マイケル・ポーターの競争戦略論の概要である。

3.4　ポーターの戦略論の限界

　さて，このようなポーターの競争戦略論は，今日，ミンツバーグによって，ポジショニング論として特徴づけられているが，実はその本質は状況決定論である。つまり，業界や産業状況が企業の戦略行動を決定するというのが，ポーターの戦略論の本質なのである。これは，ポーターの議論が，S − C − P（構造 − 行為 − 成果）パラダイムという産業組織論におけるハーバード学派の伝統的フレームワークに基づいているからである。
　経済学は，これまで基本的に人間行動を心理学的に説明することを避けてきた。というのも，心理学は人間行動の原因を心理的要因，たとえば「欲求」で説明しようとするが，問題は「欲求」によってどんな人間行動も説明できてしまう可能性があるからである。どんな現象も説明できるということは強みではなく，実は弱みなのである。というのも，それは，結局，何も説明していないことに等しいからである。
　たとえば，ポパー（Popper, 1959, 1965）が似非科学の典型として取り上げたアドラー（A. Adler）の心理学の例を用いてみよう。アドラーの心理学の基本的な教義は，人間の行為がある種の「劣等感」によって動機づけられている，というものである。いま，危険な川に子供が落ちたとし，川辺に1人の男が立っていたとする。その男が取りうる行動は，川に飛び込んで子供を救うか，あるいはそうしないかである。
　もし川に飛び込んだとすると，その行動は，アドラー心理学では川に飛び込む勇気があることを示すことによって，彼は「劣等感」を克服しようとしたと

説明される。他方，もし彼が川に飛び込まなかった場合，取り乱すことなく川辺にとどまる意志の強さを示すことで，自らの「劣等感」を克服しようとしたと説明されることになる。

このように，アドラーの心理学ではどのような現象も説明でき，現実と矛盾しない。しかし，これは強みではなく，はじめから経験的テストをする意味がないという意味で，そのような説明は経験的にテスト可能性がないこと，それゆえその内容は経験と接することがないという意味で経験的内容がなく，ポパーによると似非科学となる。

このような事態を避けるために，経済学はできるだけ再現可能性を高め，テスト可能性を高めるために，心理ではなく，状況が人間行動を決定するように説明しようとするわけである。

実際，ポーターの状況決定論的な戦略論は経験的に多くの批判にさらされてきた。すなわち，同じ状況，同じ業界に置かれているにもかかわらず，実証研究の結果では，成功している企業群の戦略的な行動が異なっていた。また，産業構造の特徴が企業の特徴的な戦略行動や業績を決定するという因果命題が統計的に実証されなかった。

例えば，日本の携帯電話業界に注目すれば，NTTドコモ，au，そしてソフトバンクの業績はある程度好調であるが，前2社の自己資本比率が約70％で，ソフトバンクが約12％と著しく低い。この違いは，ソフトバンクがLBO（負債による買収）戦略を積極的に展開しているからである。同じ業界内で異なる戦略が展開されているのである。

さらに，ポーターの競争戦略論では，先に述べたようにコスト・リーダーシップ戦略と差別化戦略の両立は難しいとされている。というのも，ポーターによると，そこには経済的なトレードオフが存在するからである。コスト優位と差別化優位の両方を追求すると，「中途半端」になり，コスト優位を追求する企業よりもコスト下がらないし，差別化を追求する企業よりも差別化できないからである。

ところが，パソコン業界の企業群の行動を分析してみると，**図表1.7**のよ

図表1.7　パソコン業界の競争戦略

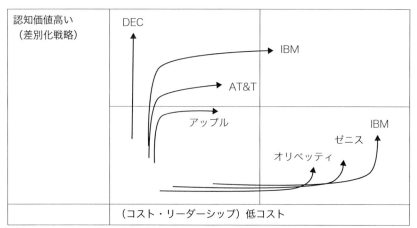

出所：Douma and Schreuder（1991）.

うに IBM は最初は差別化戦略を進めていたが，やがて差別化戦略とコスト・リーダーシップ戦略を同時に展開するようになった。また，アップル社も最初は差別化戦略を進めていたが，やがて差別化戦略とコスト・リーダーシップ戦略を同時に展開していった。さらに，業界全体としても，初期は2つの戦略グループに明確に分かれていたが，やがて業界全体が両方の戦略を追求するようになっていったのである。

したがって，このことからポーターの主張する3つの戦略の区別は，それほど重要ではないのではないか。さらに，「中途半端」でもよい場合がありうるのではないかといわれている。例えば，ヨーグルトの「ダノン」は品質は高くも低くもない。そしてまた，価格も安くも高くもない。しかし，この中途半端な商品は売れ続けているのである。ファミレス業界でも，低価格を追求するサイゼリヤや高品質を追求するロイヤルホストとは異なり，これらの中道を展開しているガストは多くの店舗を展開し，生き残っているのである。

以上のように，ポーターの競争戦略論は経験的にさまざまな問題を生み出しているのである。

4. 資源ベース論

4.1 資源ベース

　1980年代は，以上のようなポーターの競争戦略論を中心に，主に企業の外部環境に目が向けられ，企業内部はそれほど重視されていなかった。しかし，ポーターの競争戦略論をめぐってさまざまなアノマリー（変則事例）が多く出現するとともに，1990年代になると，企業の内部要素に注目する論文が次々と登場してきた。

　そうしたなか，かつて企業内の資源をベースにして企業を評価していたペンローズ（Penrose, 1959）の考えが，復活してくることになる。彼女は，企業を資源の集合体とみなし，何よりも経営者は企業家精神を発揮し，利益を得るためにリスクを負担する存在であると主張していたのである。

　さらに，ワーナーフェルト（Wernerfelt, 1984, 1995）は，戦略経営系のベスト学術雑誌であるストラテジック・マネジメント・ジャーナルで，企業は商品と商品との表面上の相互補完性あるいはシナジー効果に基づいて多角化戦略を展開するのではなく，企業に固有の共通の資源に基づいて多角化戦略を展開していると主張した。

　ワーナーフェルトは，企業の多角化戦略行動を注意深く考察したところ，多角化は企業に固有の資源（リソース）に基づいて展開されていることに気づいたのである。彼の考えによると，多角化戦略を展開する場合，既存の製品と新製品との表面的な相互関係が重要なのではなく，その背後にある何らかの共通の企業固有の資源（リソース）が重要であるとした。

　そして，企業はまずその資源が何かを明確に自己認識し，それをベースにして企業は多角化戦略を展開し，複数の製品を生産販売することがより効率的な活動だとした（**図表1.8**）。そして，このような資源を企業戦略の基本とする必要があることを指摘し，このような戦略思考を，彼は「資源ベース論

図表1.8　資源ベース論

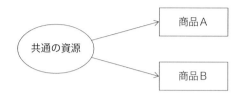

(Resource Based View : RBV)」と呼んだわけである。

　さらに，ルメルト（Rumelt, 1987）は，ある特定の産業内には「参入障壁」が存在し，それが産業内の企業グループを保護するように，同じ産業内にも特定の戦略を展開する企業グループが存在し，そのグループ内の各企業が持つ特定の資源が競争優位を生み出していることに気づいた。しかも，そのような特定の資源は同業他社がすぐに獲得することは非常に難しく，模倣することもできないとした。それゆえ，そのような企業に固有の資源は「移動障壁（mobility barriers）」となっており，「隔離メカニズム（isolating mechanisms）」として機能していることを指摘した。

　さらに，バーニー（Barney, 1991, 2001）は，資源ベース論を大幅に発展させた。彼によると，企業の競争優位を左右する要因は，ポーターが主張するような所属する業界の構造的特質や状況ではなく，企業が保有する固有の資源であるとした。

　企業内に蓄積されている稀少で，しかもその模倣には多大なコストがかかるケイパビリティは，他のタイプの資源よりも持続的競争優位をもたらす要因となる可能性が高く，企業は戦略的にケイパビリティの開発を目指す必要があるということ，これがバーニーの考えであった。

　特に，バーニーは，企業が競争優位を獲得するために必要な固有の資源やケイパビリティをめぐって，以下のように「VRIO（ブリオ）」と彼が呼ぶ必要条件を列挙した。

(1) ある経営資源が顧客に対して価値を直接的あるいは間接的に創造してい

るかどうか（Value：価値）。
⑵　その価値を創造する資源が業界内では希少資源であるかどうか（Rarity：希少性）。
⑶　その資源（能力）を他社が模倣することが不可能あるいは困難かどうか（Inimitability：非模倣可能性）。
⑷　自社が保有している資源を組織的に有効に活用できるかどうか（Organization：組織）。

このように，もし価値（V）を創造し，かつ希少（R）であり，そして模倣困難な（I）「資源」を，組織（O）が有効に活用できるならば，企業は持続可能な競争優位を獲得することができるということ，つまりバーニーのいうVRIO（ブリオ）の条件にマッチした経営資源あるいは経営能力を持つ企業は生き残れるだろうということである。

最近では，上記の⑷組織（Organization）の代わりに，非代替可能性（Non-substitutability），つまりその経営資源が代用可能かどうかという条件が用いられることが多い。そして，今日，その条件はVRIN（ブリン）と呼ばれ，多くの研究者がこの条件を受け入れているように思われる。

4.2　プラハラード＝ハメルのコア・コンピタンス論

さて，以上のような資源ベース論から発展したのは，プラハラード＝ハメル（Prahalad and Hamel, 1990）によって展開されたコア・コンピタンス論やケイパビリティ論である。

これらの名のもとに展開された議論の特徴は，企業に競争優位をもたらすのは，企業内の一連の固有の資源それ自体ではなく，それらを結合したり，配置したり，調整したりする組織能力あるいは経営者能力だと見なす点である。その典型的な議論として，ここではプラハラード＝ハメルのコア・コンピタンス論について説明する。

プラハラード＝ハメルは，1980年代の日本企業の急速な躍進に関心を持ち，

図表1.9　日米企業の違い

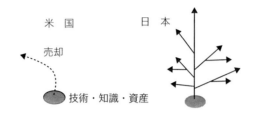

　なぜ日本企業は米国企業より強いのか，なぜ米国企業は日本企業よりも劣っているのか，という疑問に対して，米国企業は優れた技術や資産をすぐに売却したり切り売りしたりして手放してきたからだとした。

　そして，逆に日本企業は新しい知識や基本的な技術を地道に育てるとともに，そのような知識資産を積極的に購入し，それを長期的に温存し，既存の知識と組み合わせ，それをあたかも枝葉になるまで徹底的に育て上げて使い切る組織能力に，日本企業の強みがあると主張した。特に，さまざまな知識，技術，そして資産を結合して利用する能力つまりコア・コンピタンスに日本企業の強みがあると考えた（図表1.9）。

4.2.1　コア・コンピタンスの定義

　プラハラード＝ハメルによると，このコア・コンピタンスとは他社がまねできない企業の中核能力であり，経営戦略上の根源的な競争力につながるコア能力のことである。そのイメージとしては，例えば個別技術と個別技術をつなぐような能力であったり，組織内のさまざまな生産技術を相互に調整する能力であったり，あるいは複数の技術的な流れを統合する能力であったり，多様な事業集合をつなぎ合わせたりする「結合材的なもの」だとされる。

　特に，コア・コンピタンスとは，「未来に一番乗りするための特技能力」であり，以下のような性質を持つ技能の集合体であるともいわれている。

　(1)　顧客満足を喚起するもの。
　(2)　自社に固有であって他社にとって模倣しにくいもの。

(3) 多面的・多角的に活用できるもの。

4.2.2 コア・コンピタンス経営とは

　このようなコア・コンピタンス論によると，企業経営者はコア・コンピタンスのもとに経営資源を集中する必要がある。換言すれば，コア・コンピタンスと関係のない不得意分野については，アウトソーシング，つまり外部から調達すればいいわけである。特に，多角化する場合には，常に自社のコア・コンピタンスを基盤にして多角化を進めることが効率的となる。商品間の表面上の相互関係は意味がない。

　また，リストラする際にも，コア・コンピタンスに基づいて多様な事業の再構成がなされる必要があり，コア・コンピタンスに基づいてリエンジニアリング（業務の再構築）・継続的改善を行うことが，企業にとって効率的な経営となる。

　さらに，企業を再生させ，企業が生まれ変わる場合にも，コア・コンピタンスを中核とし，事業再生と戦略の練り直しが必要となる。つまり，企業に固有のコア・コンピタンスと関連しないような選択と集中は無駄なわけである。

　例えば，ある建設会社A社にとってのコア・コンピタンスが「交渉力」であるとしよう。いま，建設業界が変化し，この業界では「交渉力」だけでは仕事が受注できなくなったとしよう。つまり，規制が厳しくなり，「交渉力」だけではもはや公共工事を受注できなくなったという状況である。このとき，A社はこの「交渉力」を生かして違う業界に進出してみたところ，利益をえることができたとしよう。このとき，この「交渉力」こそが，この企業のコア・コンピタンスなのである（**図表1.10**）。

4.2.3 企業のコア・コンピタンスの事例

　以上のようなコア・コンピタンス論の具体的事例を紹介してみたい。まず，ホンダでは，かつて「エンジン開発技術能力」がホンダのコア・コンピタンスの1つであった（**図表1.11**）。というのも，そこから，草刈り機，除雪機，そ

図表1.10　A社のコア・コンピタンス

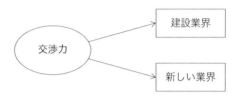

図表1.11　ホンダのコア・コンピタンス

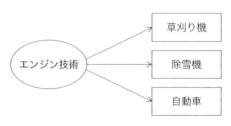

図表1.12　ソニーのコア・コンピタンス

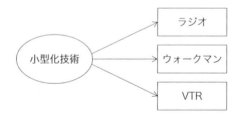

して自動車などが開発されていったからである。換言すると,「エンジン技術」がこれら一連の製品の結合能力となっていたのである。そして,現在も,このコア能力を用いて,ホンダは航空機も開発しているのである。さらに,ホンダは,アシモの「ロボット技術」を将来のホンダのコア・コンピタンスへと育てようとしているといわれている。

　また,かつてソニーでは,「小型化技術能力」がソニーのコア・コンピタンスだといわれていた(**図表1.12**)。つまり,そこから,ラジオ,VTR,8ミリカメラ,そしてウォークマンなどが次々と開発されていったのである。

図表1.13 シャープのコア・コンピタンス

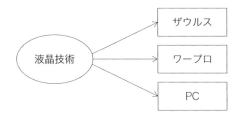

図表1.14 富士フイルムのコア・コンピタンス

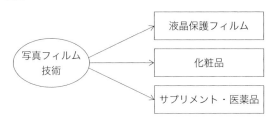

　さらに，シャープでは，「薄型液晶ディスプレイ技術能力」がコア・コンピタンスだといわれた（**図表1.13**）。というのも，そこからザウルスやワープロやPCなどが開発されてきたからである。まさに，液晶技術がシャープのさまざまな製品の接着財的な役割を果たしてきたのである。

　最近の例でいえば，富士フイルムは，写真フイルム技術能力がコア・コンピタンスだといえるだろう（**図表1.14**）。そこから，富士フイルムは液晶を保護する特殊なフィルムを開発したり，写真の乾燥を防ぐコラーゲンに関係するフィルム技術から化粧品，サプリメント，そして医薬品を次々開発しているのである。

　その他，マイクロソフト社ではOS開発力がコア・コンピタンスであったといわれる。また，セブン－イレブンでは，受発注管理の情報システムつまりPOS（物流効率の改善を実現）がコア・コンピタンスだといわれている。

4.3　資源ベース論，ケイパビリティ論，そして取引コスト理論

　以上のような資源ベース論あるいはケイパビリティ論をめぐって，今日，問題が少なくとも2つある。

　まず，この理論がいまだ科学的な理論ではなく，資源ベース・ビューあるいはケイパビリティ・ベース・ビューにとどまっているという方法論的な点である。つまり，この説は「科学的理論」というよりも，いまだ単なる「ものの見方」にすぎないという点である。

　そもそも資源，リソース，組織能力，コア・コンピタンス，そしてケイパビリティなどの基本的な用語自体の定義が統一されているわけではない。このことは，何を意味するのかといえば，もしこの理論にとって都合の悪い事例や事実が出てきたならば，考え方や用語のあいまいさをうまく利用すれば，いつでも容易に言い逃れができるということである。したがって，資源ベース論は有益な批判を無視してドグマ化し続ける可能性があり，それゆえこの理論はわれわれに知識の進歩をもたらさない可能性があるといえる。

　この意味で，資源ベース論はいまだ科学的な理論とは呼べない段階にあるといっていいだろう。それは，あくまでも1つの考え方あるいはものの見方という程度の知識でしかなく，この点に十分注意してこの理論を扱う必要があるだろう。クーン（Kuhn, 1962）の言葉でいえば，パラダイムが形成されていない前科学の状態といえるかもしれない。

　資源ベース論あるいはケイパビリティ論をめぐるもう1つの問題は，この理論では企業の短期的な競争優位は説明できるが，長期的にはそのような資源や能力は逆に硬直性を生み出す可能性があるということである。つまり，競争優位を生み出す固有の資源や能力が，レオナルド・バートン（Leonard-Barton, 1992）が主張するコア・リジディティ（硬直性）になる可能性があるということである。特定の資源やケイパビリティに固執すると，逆に企業は変化する環境の中では適応できず，自滅するか淘汰されることになるのである。

　たとえば，シャープはこれまで液晶技術を固有の資源あるいはコア・コンピ

タンスとみなし，この能力に資源の選択と集中を行ってきた。しかし，それがやがてシャープの活動を硬直化させ，急速に変化する環境に適応できなくなり，結局，シャープは経営困難に陥り，台湾の鴻海（ホンハイ）精密工業に買収されてしまったのである。

このような現象は，ウィリアムソン（Williamson, 1975, 1985, 1996）によって展開された取引コスト理論によって，理論的に説明できる。取引コスト理論では，すべての人間は(1)限定合理的であり，(2)隙あらばたとえ悪しき行動であっても利己的利益を追求する機会主義的な存在であると仮定される。このような人間同士の交渉取引では，相互に騙されないように駆け引きが発生する。そして，そのために，さまざまな非効率が発生する。このような人間関係上の非効率のことを，「取引コスト」という。

このような取引コストは，会計上に表れないコストであり，それゆえ見えないコストである。しかし，人間はこのコストの存在を認識し，このコストを含めて損得計算し，行動しようとする。あるいは，このような取引コストを最小化するように，何らかの制度を形成しようとする。このような観点から，既存のさまざまな制度の存在を説明したり，政策的に必要な制度政策を展開したりすることになる。

この取引コスト理論に基づいて，企業の戦略的な硬直性は，以下のように理論的に説明できる。いまある企業が固有の資源や固有のケイパビリティの形成維持に多額の投資を行ってきたとしよう。そして，この固有の資源やケイパビリティをめぐって多くのメリットを得ている利害関係者が企業の内外にいるとする。

しかし，環境が急激に変化し，その固有の資源や既存のケイパビリティでは，環境の変化に対応できない状況になっているとする。このとき，この企業はこれら固有の資源やケイパビリティを捨てて，新しい環境に適応することができるだろうか。おそらく難しいだろう。というのも，変化する環境に適応するためには，既存の資源や既存のケイパビリティに利害を持つ多くの関係者を説得する必要があり，そのために膨大な取引コストが発生することになるからであ

る。

　この交渉取引コストがあまりにも大きい場合，大改革を避け，現状を維持したほうが合理的となるような不条理な状況に陥ることになる。このような不条理な状況を，ウィリアムソンは「処置不可能（irremediable）」な状態と呼んでいる。こうして，組織や企業は合理的に失敗することになる。これが取引コスト理論による説明である。

　では，企業がこのような不条理な状態を避け，持続可能な競争優位を得るにはどうしたらいいのか。こうした研究上の問題を抱えていたのが，この分野の中心的な研究者であったヘルファットやペテラフ（Helfat and Peteraf, 2003）たちであった。彼女たちは，ダイナミックな資源ベース論が必要だと考えた。また，ネルソンと進化経済学を展開していたウィンター（Nelson and Winter, 1982）は，企業にはルーティンやケイパビリティを修正するより高次のメタ・ルーティンが存在することを比較的早い時期から主張していた。彼らは，ともに資源ベース論の延長線上で，次に登場するダイナミック・ケイパビリティ論を考えていたのである。

5．ダイナミック・ケイパビリティ論と現状

5．1　企業家精神とダイナミック・ケイパビリティ

　産業構造が企業の戦略的行動を決定するというポーターの競争戦略論は，多くの実証研究の結果によって必ずしも妥当ではないのではないかと批判された。こうした状況で，企業が保有している固有の資源が企業の固有の戦略的行動を決定し，そのような資源が企業の競争優位を生み出すことになるという資源ベース論が多くの研究者に支持された。

　しかし，環境が変化すると，逆にこのような固有の資源は企業を硬直化させ，企業の存続を危うくさせるものであることも明らかになった。こうした状況で登場してきたのが，カリフォルニア大学バークレー校教授デイビット・ティー

スのダイナミック・ケイパビリティ論である。

　ティースによると，企業がある資源に基づいて利益最大化行動を続けていけば，その行動を繰り返すようにルーティンやルールやパターンが形成されてくる。このようなルーティンやルールを形成する能力のことは，オーディナリー・ケイパビリティ（通常能力）と呼ばれる。そして，それらに基づいて行動し，プラスの利益が出ている場合，他の企業が模倣し，その産業に参入してくることになるだろう。そして，結果的にすべての企業の最大化利益がゼロとなったときに，模倣と参入は止まり，その産業は完全競争均衡状態となる。

　この状態は，経済学的観点からすると，最も効率的な資源配分状態であるが，個別企業の立場からすると，利益ゼロという最悪の事態となる。それゆえ，企業はこのような状態を避けようとするだろう。実際，シュムペーターがいうように，資本主義の歴史をみれば，完全競争均衡状態になる前に，必ずある企業がイノベーションを起こし，差別化して，プラスの利益を生み出している。その後，他の企業が模倣し，再び利益が小さくなり，再びある企業がイノベーションを起こして経済は発展している。これが資本主義の歴史なのである。

　このような歴史的流れの中で，企業は何をなすべきか。いかにしてゼロ利益状態を回避するか。この均衡状態を破壊することつまりシュムペーターのいう企業家精神が，ティースのいう企業のダイナミック・ケイパビリティに対応するのである。

　このダイナミック・ケイパビリティとは，ポーターのように環境状況の変化を感知し，それに対応させて資源ベース論のように企業に固有の資源を認識し，それを再構成したり，再構築したりして，最終的にオーケストラの指揮者のように全体的に企業内外の資産をオーケストレーションする能力のことである。それは，シュムペーターのいう破壊的イノベーションを生み出す能力でもある。

5.2　ダイナミック・ケイパビリティ論

　ティース（Teece, 2009）によると，安定した状況のもとで，利益最大化するように効率的な活動をさせる通常能力はオーディナリー・ケイパビリティと

呼ばれる。これは，企業の持つ技能的適合力を高める能力のことである。

これに対して，ダイナミック・ケイパビリティとは，企業が技術・市場変化に対応するために，資源ベースの形成・再形成・配置・再配置を実現していく，模倣不可能な能力のことである。これは，企業の進化的適合力を高める能力のことである。

ダイナミック・ケイパビリティは，決してゼロから新しいものを作り上げる能力ではない。これまでその企業が歴史的に競争優位を生み出してきたか過去のルーティン，ケイパビリティ，資源，知識，資産を再構成するより高次のメタ能力のことである。このように，企業固有の歴史を前提としているので，それは模倣不可能なのである。しかも，それは自社の資産や知識だけではなく，必要とあれば他社の資産や知識も巻き込んで再構成するオーケストレーション能力でもある。

さらに，ティースによると，ダイナミック・ケイパビリティは，以下の3つの能力に区別されうる。

(1) まず，環境変化に伴う脅威を感知する能力（感知：Sensing）。
(2) 次に，そこに見出せる機会を捉えて，既存の資源，ルーティン，知識をさまざまな形で応用し，再利用する能力（捕捉：Seizing）。
(3) 最後に，持続的競争優位を確立するために組織内外の既存の資源や組織を体系的に再編成し，変容する能力（変容：Transforming）。

そして，図表1.15のように，もし再び市場の新しい変化に伴う新たな脅威を感じ取るならば，再び同じプロセスをたどることになる。

以上のように，もし企業内に多くの固有資源，知識，そして技術があり，しかもトップがより多くの他社のトップとコミュニケーションを図り，より多くの知り合いがいれば，ダイナミック・ケイパビリティを発揮できる可能性がより高まるだろう。その目的は利益最大化ではなく，生存のためのゼロ利益回避あるいはプラスの利益である。

このダイナミック・ケイパビリティを用いて，企業は全く新しいものを生み出すのではなく，あくまで市場や環境の変化にしなやかに対応するように，歴

図表1.15 3つに分解されるダイナミック・ケイパビリティ

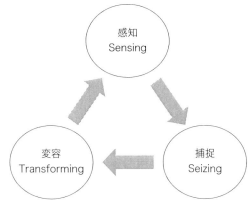

史的に形成されてきた既存の資源を再利用し，再構成し，そして全体をオーケストラのように再編成すること，そしてこれによって企業は一時的な競争優位ではなく，持続的な競争優位を確立することができる。このような戦略思考が，ダイナミック・ケイパビリティの戦略経営論なのである。

5.3 共特化の原理

　ここで，このダイナミック・ケイパビリティ論にとって重要なのは，環境の変化に対応して，企業が歴史的に形成してきた過去に競争優位をもたらした資源，資産を再構成，再配置，再利用する点にある。しかし，取引コスト理論で説明したように，現状を変化させ，変革するには，現状にメリットを得ている多様で多くの利害関係者を説得させる必要があり，そのために膨大な取引コストが発生することになる。

　したがって，ダイナミック・ケイパビリティに基づく変化や変革によって発生する取引コストよりも，より大きなベネフィットを生み出すように，既存の資産や知識を再構成，再配置，そして再結合する必要がある。この再構成，再配置，そして再結合に関して，ティースはある原理を示唆している。すなわち，「共特化の原理」である。

この共特化の原理は，範囲の経済と似ているが，必ずしも同じものではない。範囲の経済は，ある共通の資源のもとに，異なるビジネスを多角的に展開することによって得られるメリットであり，分離や分化することによって得られるメリットのことでもある。たとえば，シャネルなどのブランドネームのもとに，香水，バッグ，そして服を多角的に製造し，販売することは補完性を生み出して，範囲の経済を実現することになるだろう。

　これに対して，共特化の経済は2つ以上のものを統合・融合することによって得られる補完性のメリットのことである。それは，あたかも2つの異なるものを融合させて発生する化学反応のようなものである。

　たとえば，ティースによると，OSとアプリケーションの関係，自動車とガソリンスタンドの関係，クレジットカードとそれを使用できるお店の関係，美術館と館内カフェの関係などの関係である。それぞれ単独で特殊化した場合，必ずしも十分なメリットが得られるとは限らないが，これら特殊なもの同士が相互に結びつくことによって，より大きなメリットが発生するような特殊な資源や資産の補完的結合のことである。

　近年，デジタルカメラの発展によって危機に陥っていた富士フイルムが編み出した液晶画面とそれを保護する特殊フィルムの補完関係は，この共特化の原理が働いているように思える。また，日本国内でのユニクロとビックカメラのコラボである「ビックロ」の試みも興味深い。これは，一つの建物の中に外国人に人気のユニクロとビックカメラを共存させる戦略であり，日本に観光にきた外国人をターゲットとするものであり，より効率的に買い物ができる補完的な仕組みである。

　そして，ゲーム業界の雄である任天堂がソーシャル・ゲーム会社のDeNAと資本提携し，任天堂がソーシャル・ゲーム市場に参加する試みもまた共特化の観点から興味深い。さらに，最近，電車の各駅の売り場にローソンやセブン-イレブンなどが出店するという電鉄とコンビニのコラボも，共特化の観点からすると面白い。これらの新結合に共特化の経済性があれば，これらの特殊な結合もまたダイナミック・ケイパビリティに基づくものであるといえる。

さらに、ソニーがかつてプレステーションをもってゲーム業界に参入したとき、ソニーは単独でビジネスを展開したわけではなかった。サードパーティとしてソフト開発企業群や販売会社と協力し、ともにメリットが出るように戦った。このような企業間の関係を、ティースはビジネス・エコシステムと呼び、それも共特化の原理に基づく結合関係とみなしているのである。

環境が変化し、それに適応するように、既存の資源や資産、そして企業外の資源や資産さえ再構成、再配置する場合、この共特化の原理に従うことが重要だということ、これがティースのダイナミック・ケイパビリティ論なのである。

5.4 ダイナミック・ケイパビリティ論をめぐる錯綜した現状

以上のようなティースによって展開されたダイナミック・ケイパビリティ論(Teece, Pisano and Shuen, 1990)以後、戦略経営論分野では、アイゼンハート＝マーチン（Eisenhardt and Martin, 2000）、ウィンター（Winter, 2003）、そしてヘルファット＝ペテラフ（Helfat and Peteraf, 2014）などが、ダイナミック・ケイパビリティに関する独自の議論を積極的に展開しており、ダイナミック・ケイパビリティ論研究をめぐる状況は、今日、非常に錯綜した状況となっている。以下、そのような現状について簡単に紹介しておきたい。

5.4.1 ウィンターのダイナミック・ケイパビリティ論

ティースによって展開されたダイナミック・ケイパビリティ論が広く注目され始めると、当時、ネルソンと共に進化経済学（Nelson and Winter, 1982）を展開し、すでに高い名声を得ていたペンシルベニア大学ウォートン・スクール教授ウィンターも、進化経済学との関係でダイナミック・ケイパビリティに関する議論を展開してきた。

ウィンターによると、進化経済学的にいえば、企業はさまざまなルーティンの束から構成されているものとみなされる。ルーティンにはさまざまな種類があり、その1つとして既存の業務的なルーティンを修正するより高次のルーティンがあるという。ウィンターは、このようなルーティンのルーティンがダ

イナミック・ケイパビリティであると解釈し，進化経済学の立場から企業が持つ1つのルーティンとしてダイナミック・ケイパビリティを解釈した。

しかし，その後，ウィンターはティースの議論を批判する。ダイナミック・ケイパビリティは変化が激しい環境に対応して利用されるとされるが，オーディナリー・ケイパビリティ（通常能力）でも変化に対応できるとする。というのも，常に，世界は変化しているのであり，それゆえ企業はオーディナリー・ケイパビリティでも実際には変化に対応しているのであり，それゆえヘルファットと共にダイナミック・ケイパビリティとオーディナリー・ケイパビリティを区別することはできないと主張した（Helfat and Winter, 2011）。

さらに，ウィンター（Winter, 2003）は企業にとってめったに利用しないダイナミック・ケイパビリティを維持するコストは高いという。何よりも，企業にはその場その場で対応できるアドホックな問題解決能力つまり消火活動のような能力があり，これによって企業は急激な変化にも対応でき，かつこれを利用するほうがはるかに経済効率的であり，それゆえ企業にとってダイナミック・ケイパビリティは必ずしも必要ないとしている。

5.4.2　アイゼンハート＝マーティンのダイナミック・ケイパビリティ論

スタンフォード大学教授のアイゼンハート＝マーティン（Eisenhardt and Martin, 2000）が解釈するダイナミック・ケイパビリティ論は，今日，多くの支持者を得ている。彼女たちによると，ダイナミック・ケイパビリティはウィンターがいうように戦略的な組織的ルーティンであり，それは市場の変化に対応して経営者は既存の資源ベースを変化させようとする，つまり資源を統合したり，再結合したり，そして再配置したりして市場に対応し，新しい価値創造戦略を生み出す能力のことであるという。そして，このようなダイナミック・ケイパビリティの定義は，ティースたちの定義と変わらないという。

ダイナミック・ケイパビリティに関して，アイゼンハートたちによると，成功的な企業に横断的な共通点を持つという。たとえば，それは多面体的であり，経営者はさまざまな出発点から経路依存的にダイナミック・ケイパビリティを

発展させる。しかし，最終的には同じようなダイナミック・ケイパビリティで終わることになるという。そして，それはベスト・プラクティスなのだという。

また，ダイナミック・ケイパビリティは，想定されている以上に同質的なものであり，多様な状況とは無関係に状況横断的に代替的で取り替え可能なルーティンでもあるという。それゆえ，アイゼンハートたちによると，ダイナミック・ケイパビリティそれ自体は，持続可能な競争優位性を持たないということになる。

そして，アイゼンハートたちがいうダイナミック・ケイパビリティの最も重要な特徴の1つは，それが状況依存的であるという点である。適度にダイナミックな市場つまり比較的安定した産業構造，大まかな予測が可能な市場，それゆえ比較的安定した市場状況では，ダイナミック・ケイパビリティは従来から使用されているルーティンという伝統的概念と似たものとなるという。それは，既存の知識に依存し，集積的な既存の知識に組み込まれている。この場合，ルーティンの許容範囲は狭く，これに従って組織は厳密に正確に行動することになるという。

しかし，高速で変化する市場つまり産業構造が不安定で，流動的で予測しがたい市場状況では，既存の知識に頼ることはできない。つまり，市場状況が不安的なときには，ダイナミック・ケイパビリティはシンプルなルールとなり，組織はこれに従うことになる。この場合，ダイナミック・ケイパビリティは既存の知識に依存することなく，変化に対応するために新しい知識が生み出され，それに依存することになる。

したがって，ダイナミック・ケイパビリティは，高速で変化する市場ではシンプル・ルールとリアルタイムに生み出される新しい知識から構成されることになる。この場合，シンプル・ルールの許容範囲は非常に広いので，企業は複雑で変化適応的な動きが可能になるという。それはシンプル・ルールによってもたらされる動きでもあるという。

アイゼンハートたちによると，このような特徴を持つダイナミック・ケイパビリティは，高速で変化する市場では競争優位を維持することは難しいという。

また，安定した市場でも，ダイナミック・ケイパビリティの競争優位は外部企業によってだけではなく，企業内部からダイナミック・ケイパビリティの崩壊によって消滅することもあるという。つまり，彼女たちによると，競争優位はダイナミック・ケイパビリティそれ自身にあるのではなく，それによって形成される独自の資源の配置にあるのであり，シナジーを生み出す資源結合のことなのである。経営者がダイナミック・ケイパビリティを用いて展開する資源の再構成それ自体に長期的な優位性があるのであって，ダイナミック・ケイパビリティそれ自体に競争優位があるのではないということ，これがアイゼンハートたちの考えなのである。

5.4.3 ヘルファット＝ペテラフのダイナミック・ケイパビリティ論

さらに，アーレンド＝ブロミリー（Arend and Bromiley, 2009）は，ローダン（Laudan, 1977）によって展開された科学哲学に基づく科学的基準に基づいて，ダイナミック・ケイパビリティ研究を批判した。彼らによると，ダイナミック・ケイパビリティ論は，科学の基準を満たしていない。それは，ミクロ的基礎を欠いており，経験的妥当性も弱いという。それゆえ，研究者は戦略的変化に対して別のアプローチを採用することによってよりよく研究できるとした（Arend and Bromiley, 2009, p. 87）。

この批判にいち早く反応したのが，ダートマス大学のヘルファットとペテラフ（Helfat and Peteraf, 2009）たちであった。彼女らによると，ローダンが説明する科学的基準は理論を発展させるためのガイドラインとしては有効で重要であるが，現在，開発段階にあるダイナミック・ケイパビリティ・アプローチの価値を否定するために，その基準を使うことには同意できないとし，それは非生産的だと反論した。

このようなアーレンド＝ブロミリーの批判に触発されて，ヘルファット＝ペテラフ（Helfat and Peteraf, 2015）はダイナミック・ケイパビリティのミクロ的基礎づけの研究を始めた。そして，彼女らがたどった道は，経営者の心理学的な認知的ミクロ的基礎の分析であった。

ティースの関心は，経営者のみならず企業レベルのダイナミック・ケイパビリティにあったが，ヘルファットたちはそのミクロ的基礎に関心を持っていたために，経営者能力としてのダイナミック・ケイパビリティつまりダイナミック・マネジリアル・ケイパビリティ（DMC）に注目する。そして，どのようにして，このダイナミック・マネジリアル・ケイパビリティが，ティースが主張している3つのダイナミック・ケイパビリティ，つまり感知，捕捉，変容へと分離されるのかを説明しようとした（Helfat and Peteraf, 2015）。

　彼女たちは，ダイナミック・マネジリアル・ケイパビリティ（DMC）の認知的基礎を分析するために，さらに「マネジリアル・コグニティブ・ケイパビリティ（MCC）」という新しい概念を導入した。そして，この認知ケイパビリティは経営者個々人によって異なっており，その違いが経営者のダイナミック・ケイパビリティの違いをもたらし，それが変化の激しい状況で異なる企業パフォーマンスに導くことになるという。このような形で，彼女たちはダイナミック・ケイパビリティのミクロ的基礎づけを行ったのである。

　そして，このような心理学的な研究の方向は，やがてガベッティ，レヴィンサール，そしてオケーシオなどのネオ・カーネギー学派と結びつくことになる。そして，今日，この流れにウィンターも合流しているように思える。こうして，今日，反ティース派が勢力を増しているように思える。

5.4.4　ティースの反論

　以上のような混戦の中に，今日，ティースが展開しているダイナミック・ケイパビリティ論がある。ティースによると，ダイナミック・ケイパビリティはルーティンのルーティンではないとし，ウィンターの議論とは異なるという。もしウィンターが主張するように，ダイナミック・ケイパビリティをルーティンのルーティンとみなすならば，ティースによると，企業はより良いダイナミック・ケイパビリティを獲得するために，ルーティンのルーティンのルーティンを求めて，無限後退することになるという。

　また，ダイナミック・ケイパビリティは，アイゼンハートたちがいうように

模倣可能なベスト・プラクティスではないという。それは，企業固有の歴史を通して形成されたものであり，かつて競争優位を生み出した資源を再構成する能力なので，その歴史を共有できない他社は模倣することはできないのである。

さらに，ヘルファットたちのように，ダイナミック・ケイパビリティのミクロ的基礎を心理学的で認知的な能力に求めない。むしろ，ティースは経済学的なものに求めているように思える。というのも，心理学的な説明はどのような現象も説明できる可能性があり，それゆえ経験的に何も説明していないという危険性があるからである。

では，ティースのダイナミック・ケイパビリティとは何か。ぜひ以下の章を読んで，考えてみていただきたい。

参考文献

Arend, R. J. and Bromiley, P. (2009) Assessing the Dynamic Capabilities View: Spare Change, Everyone?, *Strategic Organization*, 7: 75-90.

Barney, J. B., (1991) Firm Resources and Sustained Competitive Advantage, *Journal of Management*, 17: 99-120.

Barney, J. B. (2001) "Is the Resource-Based Theory a Useful Perspective for Strategic Management Research? Yes," *Academy of Management Review*, 26: 41-56.

Barney, J. B. (2002) *Gaining and Sustaining Competitive Advantage*, 2nd ed., Prentice-Hall.（岡田正夫訳『企業戦略論（上・中・下）』ダイヤモンド社，2003年）

Collis, D. J. (1994) Research Note: How Valuable Are Organizational Capabilities?, *Strategic Management Journal*, 15: 143-152.

Collis, D. J. and Montgomery, C. A. (1998) *Corporate Strategy : A Resource-based Approach*, McGraw-Hill.（根来龍之・蛭田啓・久保亮一訳『資源ベースの経営戦略論』東洋経済新報社，2004年）

Douma, S. and Schreuder, H. (1991) *Economic Approaches to Organizations*, 1st ed., Prentice-Hall International.

Eisenhardt, K. and Martin, J. (2000) Dynamic capabilities: What Are They?, *Strategic Management Journal*, October-November Special Issue 21: 1105-1121.

Helfat, C. E. and Peteraf, M. A. (2003) The Dynamic Resource-based View: Capability Lifecycles, *Strategic Management Journal*, 24: 997-1010.

Helfat, C. E. and Peteraf, M. A. (2009) Understanding Dynamic Capabilities:

Progress Along a Developmental Path, *Strategic Organization*, 7(1): 91-102.
Helfat, C. E. and Peteraf, M. A. (2015) Managerial Cognitive Capabilities and the Microfoundations of Dynamic Capabilities, *Strategic Management Journal*, 36(6): 831-850
Helfat, C. E., and Winter, S. G. (2011) Untangling Dynamic Capabilities and Ordinary Capabilities: Strategy for the (n) ever-changing world, *Strategic Management Journal*, 32: 1243-1250.
菊澤研宗（2008）『戦略学―立体的戦略の原理』ダイヤモンド社。
菊澤研宗（2009）『戦略の不条理―なぜ合理的な行動は失敗するのか』光文社新書。
菊澤研宗（2016）『組織の経済学入門（改訂版）』有斐閣。
Kuhn, T. S. (1962) *The Structure of Scientific Revolutions*, University of Chicago Press.（中山茂訳『科学革命の構造』みすず書房，1971年）
Leonard-Barton, D. (1992) Core Capabilities and Core Rigidities: A Paradox in Managing New Product Development, *Strategic Management Journal*, Summer Special Issue, 13: 111-125.
Nelson, R. R. and Winter, S. G. (1982) *An Evolutionary Theory of Economic Change*, Havard University Press.（角南篤・田中辰雄・後藤晃訳『経済変動の進化理論』慶應義塾大学出版会，2007年）
Penrose, E. T. (1959) *The Theory of the Growth of the Firm*, Wiley.（日高千景訳『企業成長の理論』ダイヤモンド社，2010年）
Popper, K. R. (1959) *The Logic of Scientific Discovery*, London: Hutchinson.（大内義一・森博訳『科学的発見の論理（上）・（下）』恒星社厚生閣，1976年）
Popper, K. R. (1965) *Conjecture and Refutations: The Growth of Scientific Knowledge*, Harper & Low Company.（藤本隆志・森博・石垣寿郎訳『推測と反駁：科学的知識の発展』法政大学出版局，1980年）
Porter, M. E. (1980) *Competitive Strategy: Techniques for Analyzing Industries and Competitors*, Simon & Schuster.（土岐坤・服部照夫・中辻萬治訳『競争の戦略』ダイヤモンド社，1985年）
Porter, M. E. (1985) *Competitive Advantage: Creating and Sustaining Superior Performance*, Free Press.（土岐坤・中辻萬治・小野寺武夫訳『競争優位の戦略―いかに高業績を持続させるか』ダイヤモンド社，1985年）
Prahalad, C. P. and Hamel, G. (1990) The Core Competence of the Corporation, *Harvard Business Review*, May/June: 79-91.
Rumelt, R. P. (1987) *Theory, Strategy, and Entrepreneurship in: The Competitive Challenge*, D. J. Teece, ed., Ballinger: 137-158.
Teece, D. J. (2009) *Dynamic Capabilities and Strategic Management*: Organizing for Innovation and Growth, Oxford University Press.（谷口和弘・蜂巣旭・川西章弘・ステラ・S・チェン訳『ダイナミック・ケイパビリティ戦略―イノベーションを創発し，成長を加速させる力』ダイヤモンド社，2013年）

Teece, D. J. (2007) Explicating Dynamic Capabilities: The Nature and Micro Foundations of (Sustainable) Enterprise Performance, *Strategic Management Journal*, 28: 1319-1350.

Teece, D. J. (2012) Dynamic Capabilities: Routines versus Entrepreneurial Action, *Journal of Management Studies*, 49: 1395-1401.

Teece, D. J. (2014) A Dynamic Capabilities-based Entrepreneurial Theory of the Multinational Enterprise, *Journal of International Business Studies*, 45: 8-37.

ティース，D. J. 著（2018）『ダイナミック・ケイパビリティ・ベースの企業理論——ティースのダイナミック・ケイパビリティ論文のアンソロジー』（菊澤研宗・橋本倫明・姜理恵訳）中央経済社（近刊）。

Teece, D. J. and Pisano, G. (1994) The Dynamic Capabilities of Firms, *Industrial and Corporate Change*, 3: 537-556.

Teece, D. J., Pisano, G., and Shuen, A. (1997) Dynamic Capabilities and Strategic Management, *Strategic Management Journal*, 18: 509-533.

Wernerfelt, B. (1984) A Resource Based View of the Firm, *Strategic Management Journal*, 5 : 171-180.

Wernerfelt, B. (1995) The Resource-Based View of the Firm: Ten Years After, *Strategic Management Journal*, 16: 171-174.

Williamson, O. E. (1975) *Markets and Hierarchies: Analysis and Antitrust Implications*, Free Press.（浅沼萬里・岩崎晃訳『市場と企業組織』日本評論社, 1980年）

Williamson, O. E. (1985) *The Economic Institutions of Capitalism: Firms, Markets, Relational Contracting*, Free Press.

Williamson, O. E. (1996) *The Mechanisms of Governance*, Oxford University Press.（石田光男・山田健介訳『ガバナンスの機構——経済組織の学際的研究』ミネルヴァ書房, 2017年）

第 I 部

ダイナミック・ケイパビリティ論の理論研究

　第I部では，ダイナミック・ケイパビリティ論が既存の諸理論とどのような理論的関係にあるのかについて明らかにする。この理論的関係を明らかにすることによって，ダイナミック・ケイパビリティ論の理解はより深められるだろう。特に，以下では，ダイナミック・ケイパビリティ論と資源ベース論，取引コスト理論，そして進化経済学との理論的関係が研究される。

第2章 ダイナミック・ケイパビリティ論と資源ベース論

1. はじめに

　完全競争均衡状況では，すべての企業の利潤はゼロとなる。このようなゼロ利潤を回避し，いかにして競争優位を獲得すべきか。この問題を論じた研究は，これまで経営戦略論の領域において数多く生み出されてきた。例えば，ポジショニング・アプローチ，資源ベース論，知識ベース論，そしてダイナミック・ケイパビリティ論などである。

　しかし，ポジショニング・アプローチ以降，資源ベース論，そしてダイナミック・ケイパビリティ論へと展開されてきた経営戦略論の流れに，知識の成長と呼びうるような理論的な動きがあるのだろうか。もしそのような知識の成長といったものがなければ，これまでの経営戦略論の研究はナンセンスなものとなり，やがて学問として淘汰されることになるだろう。経営戦略論の流れに知識の成長があるのかどうかについて明らかにすることが，本章で扱う問題である。

　この問題を解決するために，以下，まずある研究分野が扱っている問題の変化や問題の移動を通して，その研究分野の知識が成長しているのかどうかを説明できるというポパー（K. R. Popper）による知識の成長理論について説明する。次に，この知識の成長理論に基づいて，資源ベース論からダイナミック・ケイパビリティ論への流れの中で扱われている問題がどのように変化し移動しているのかを分析する。そして，この問題の変化や問題移動の分析を通して，そこに知識の成長があるのかどうかを明らかにする。

2. メタ理論としてのポパーの知識の成長理論

2.1　経験科学とメタ科学

　資源ベース論とダイナミック・ケイパビリティ論は，今日，ともに経営戦略論の代表的な研究として扱われている。しかし，先行研究において両者の関係が十分に明らかにされているわけではない。このような理論と理論との関係を研究する研究は，事実について研究する経験科学と異なり，より高次のメタ科学と呼びうるものである。

　ポーター（M. E. Porter）のポジショニング・アプローチの後に（ポジショニング・アプローチへの批判から）出現した企業の資源や能力を扱った経営戦略論研究の流れを整理するメタ科学的研究は，これまでにも存在する。しかし，それらはいずれも論理的なフレームワークのない主観的な整理であって，客観的なものではない。何よりも，理論間関係を客観的に分析するには，より高次のメタ理論が必要なのである。

　このようなメタ理論として，この章では，今日，最も論理整合的といわれているポパーによる知識の成長理論に依拠する。以下，先行研究の問題点を示しながら，メタ科学としてのポパーの知識の成長理論について説明する。

2.2　経営戦略論の知識成長問題

　「資源ベース論」という名称は，主に1980年代のワーナーフェルト（B. Wernerfelt）やバーニー（J. B. Barney）などの競争優位の源泉を企業の内部要因の分析から明らかにしようとする立場に対して用いられてきた。しかし，それ以降のダイナミック・ケイパビリティ論に至るまでの経営戦略論の諸研究に対して，「資源ベース論」の名称をどこまで拡大して適用するかについては，論者によって見解が異なっている。

　たとえば，グラント（R. M. Grant）は，主に戦略や企業についての考え方

の差異に着目し,戦略論の諸研究を,資源ベース論,知識ベース論,そしてダイナミック・ケイパビリティ論に分類した。彼によれば,資源ベース論は「戦略の第一義的な基礎および収益性の主要な源泉としての企業の資源と能力の役割に関する研究」(Grant, 2002, p. 133) であり,バーニーやペテラフ(M. A. Peterlaf)の研究だけでなく,プラハラード(C. K. Praharad)とハメル(G. Hamel)によるコア・コンピタンス論などを含む。

これに対して,知識ベース論は「企業を知的資産の集合と捉え,価値創造のためにそれらの資産を創造し活用することが企業の役割だと考える」(Grant, 2002, p. 176) ものであり,コグート(B. Kogut)=ザンダー(U. Zander)やグラントの研究を指す。そして,ダイナミック・ケイパビリティ論は,「絶え間なく組織ケイパビリティを改良し,拡大し,再構成する能力」(Grant, 2002, p. 168) についての研究であり,ティース(D. J. Teece)やゾロ(M. Zollo)=ウィンター(S. G. Winter)の研究を意味する。

このような分析に対し,ヘルファット(C. E. Helfat)=ペテラフは,資源ベース論(Wernerfelt, 1984; Rumelt, 1984; Teece *et al.*, 1997他)は,ルーティン・ベース論(Nelson and Winter, 1982他)と知識ベース論(Kogut and Zander, 1992; Grant, 1996他)を含むものであるとする(Helfat and Peteraf, 2003, p. 998を参照)。それゆえ,彼女たちの考えでは,グラントによって知識ベース論やダイナミック・ケイパビリティ論として資源ベース論から区別された研究もまた,資源ベース論に含まれることになる。

このような先行研究は,個人的な観点から自由に既存のさまざまな研究を整理するものであって,それ以上の意味はない。つまり,整理を行う研究者たちの主観的な問題であって客観的な問題ではなく,それゆえ論争点はないのである。

しかし,資源ベース論と呼ばれる研究からダイナミック・ケイパビリティ論と呼ばれる研究への流れに「知識の成長」があるのかどうかという問題は,誰もがアプローチできる問題であり,それゆえ客観的問題といえるだろう。それは,事実問題ではなく,理論と理論との関係に関するより高次のメタ問題とな

る。このようなメタ問題を論理的に解くためにはメタ理論が必要なのであり，本章ではそのメタ理論としてポパーの知識の成長理論に依拠する。

2.3 ポパーによる知識の成長理論

資源ベース論からダイナミック・ケイパビリティ論への知識の流れを分析するための理論として，今日，最も論理整合的といわれているのが，ポパーによる批判的合理主義に基づく知識の成長理論である。

ポパーによると，普遍的な理論は論理的に真理として実証することはできず，それゆえ，すべての理論は仮説的であるという。例えば，「すべてのカラスは黒い」という自明の命題ですら真理として実証することはできない。というのも，この命題を真理として実証するには，過去，現在，未来のあらゆる空間で存在しているすべてのカラスが黒いことを検証する必要があるからである。これは，不可能である。

しかし，理論はこのように実証できないが，反証はできる。例えば，上記の命題は，有限の白いカラスを見出すことによって反証されることになる。つまり，知識や理論の実証と反証は非対称的なのである。このことから，ポパーは，科学の目的は真理を獲得することではなく，知識を批判することによって知識を成長させること，それゆえより真理に接近することであるとした。

このような科学観に基づく知識活動は，ポパーによると，下記のような問題（P_1），暫定的解決（TS_1），誤り排除（EE），問題（P_2）といった4つ組図式で表せる。

　　……問題（P_1）→暫定的解決（TS_1）→誤り排除（EE）→問題（P_2）→……

ここで，まず解決すべき問題（P_1）が明らかにされ，それに対する暫定的解決（TS_1）が示されると，この暫定的解決（TS_1）に対して，誤り排除（EE）がなされる。そして，それを受けて再び新しい問題（P_2）が明らかにされる，というプロセスが続いていく。

このプロセスにおいて，ポパーは，もし古い問題と新しく生じた問題が異なっている場合，知識の成長が生じると述べている (Popper, 1972, p. 288)。なぜならば，いままで知らなかった新しい問題を知ることになるので，われわれの知識は前よりも成長していることになるからである。

これに対して，もし古い問題と新しい問題が同じならば，退化的となる。というのも，環境が変化しているにもかかわらず，知識の動きは同じ状態にあるからである。知識自体は同じだが，環境の変化を考慮すると相対的にその知識は退化しているのであり，このような知的活動は環境に適応できず，淘汰されることになるだろう。

以上のような知識の成長理論に基づいて，以下，資源ベース論からダイナミック・ケイパビリティ論に至る知識の流れを再構成する。そして，そこにどのような問題移動が生じているのかを明らかにしてみたい。

3. 資源ベース論からダイナミック・ケイパビリティ論に至る知識の再構成

資源ベース論の展開を分析すると，ダイナミック・ケイパビリティ論に至るまでに3つのフェーズが存在している。ここでは，ポジショニング・アプローチへの批判から個別資源に着目した第1フェーズ，個別資源強化の逆機能の指摘を受けてコア・ケイパビリティに着目した第2フェーズ，そしてコア・リジディティの指摘を受けてダイナミック・ケイパビリティに着目した第3フェーズについて，それぞれより詳細に分析する。

3.1 ポジショニング・アプローチから資源ベース論へ

資源ベース論の生成段階において最初に設定された問題は，ポーターに代表されるポジショニング・アプローチにおける外部環境分析の偏重への批判に基づいている。

ポジショニング・アプローチは，ハーバード学派のS－C－P（構造－行為

－成果）パラダイムに基づくものであった。このアプローチでは，企業は資源を市場で容易に入手できることが前提となっている。それゆえ，業界状況の違いが企業の収益性を規定することになる。

しかし，企業が資源を獲得するにあたって，実際には制約があるはずだという批判がなされた（Wernerfelt, 1984, p. 172を参照）。さらに，多くの実証研究から，異業界間よりも同一業界内において，企業の長期的な収益性の差異が大きくなっていることが明らかになった（Rumelt, 1987他）。それゆえ，業界構造や業界状況が企業の戦略行為や収益性を決定しているわけではないことが問題として示された。

このような状況で，資源ベース論の第1フェーズでは，企業の競争優位性は業界構造や業界状況ではなく，企業の内部要因によって決定されるのではないかという議論が展開されることになる。この代表的論者としては，ルメルト（R. P. Rumelt），バーニー，そしてディーリックス（I. Dierickx）＝クール（K. Cool）などが挙げられる。

たとえば，ルメルトは企業の潜在的なレントを保護するものとして隔離メカニズム（isolating mechanisms）という概念を示した（Rumelt, 1984, p. 140-142を参照）。彼の主張は，隔離メカニズムが他社の模倣に対する防御壁として機能し，競合他社の参入を防ぐことによって，企業内の固有資源を守ることが可能となり，その結果として企業は競争優位を持続できるというものである。

また，ディーリックス＝クールは市場において取引不可能な資産に着目し，企業における資源の非流動性が競合他社による模倣を防ぐとともに代替困難性を高め，競争優位の獲得に寄与すると主張した（Dierickx and Cool, 1989, pp. 1505-1509を参照）。

さらに，これらの研究を受けて，バーニーは，経済価値，稀少性，模倣困難性，代替不可能性を有する個別資源を獲得するほど，企業は優位性を獲得できると主張した（Barney, 1991, pp. 105-106を参照）。なお，彼は，戦略的要素市場においていかに優位性をもたらす性質を有する資源の束の購入を行うか，そこで購入できない資源をいかに獲得するか，といった点についても論じており

（Barney, 1986, pp. 1233-1283を参照），そのような概念を踏まえて，経済価値，稀少性，模倣困難性，代替不可能性（VRIN）を有する個別資源をいかに獲得できるかが企業の優位性を左右すると主張した。

上述したルメルトやディーリックス＝クールの研究は，バーニーが指摘したような優位性をもたらす個別資源の性質のなかでも，特に模倣困難性や代替困難性に焦点をあて，隔離メカニズムや非流動性（取引不可能性）といった概念に着目した研究であった。

これらの第1フェーズの暫定的解決として示した研究群は，いずれも企業に優位性をもたらす個別資源の性質を分析し，それに特化する意義を示すものである。したがって，このフェーズの暫定的解決は，企業内の個別資源を強化するほど企業の競争優位性が高まるということを主張するものであったといえる。

3.2　初期の資源ベース論からケイパビリティ論へ

このような第1フェーズの研究に対して，個別資源を獲得しようとする組織メンバーの努力があまりに狭い範囲に絞られ過ぎると，逆に優位性を喪失する可能性が生じるという批判がなされた。

例えば，プラハラードとハメルは，それぞれの組織メンバーが技能を中心とした個別資源の蓄積・強化のための努力を行う際に，非常に狭い範囲に集中化した場合，自分の職能的経験を他者の職能的経験と新しい興味深い方法で混合するための機会を認識できなくなることを指摘した（Prahalad and Hamel, 1990, p. 82を参照）。

また，彼らは，各部門においても，「多くの資金に恵まれ，才能のある人材を大量に抱えていても，優位性を失う」（Hamel and Prahalad, 1994, p. 128）と表現される現象が生じる可能性があるとした。つまり，各部門が巨額の研究開発費を用いて専門的技術を開発し，専門的知識を有した人材を獲得し，稀少な個別資源を蓄積したとしても，そのような企業特殊的な個別資源の強化に伴って企業全体としての内部補完性が崩れてしまっては，優位性を維持することはできないということである。

このような批判を受け，競争優位を生み出す企業内の個別資源を強化すればその逆機能が発生するという新たな問題が明らかになる。そして，この問題を解決するために，資源ベース論は第2フェーズへと移行することになる。

　第2フェーズでは，企業内の個別資源をいかに活用できるかを考えることが個別資源強化の逆機能を克服し，競争優位性を構築するための鍵となるとの主張がなされた。そして，個別資源を活用するための資源について説明することに焦点があてられた。代表的なものとして，1990年代前半に多く出現したコア・コンピタンスやケイパビリティに関する研究が挙げられる。これらの研究は，個別資源とそれらを活用する能力を明確に区別し，特に後者の重要性に着目する点で共通していた。

　例えば，プラハラードとハメルによるコア・コンピタンス論は，「顧客に特定の利益をもたらすことを可能にする一連のスキルや技術」（Hamel and Prahalad, 1994, p. 219）であるコア・コンピタンスの強化が企業の競争優位性を高めることになると主張する。

　これに対し，ストーク（G. Stalk）等はコア・コンピタンスの重要性は認めるものの，それだけでは企業の優位性を説明するには不十分であるとする。彼らは，「戦略的に理解された一連のビジネス・プロセス」（Stalk, Evans, and Shulman, 1992, p. 62）であるケイパビリティの強化が企業の優位性を高めると主張した。

　さらに，コグート＝ザンダーは，コア・コンピタンス論などをもとに知識という概念に焦点をあて，「現在の獲得した知識を合成し応用する能力」（Kogut and Zander, 1992, p. 384を参照）である統合ケイパビリティの強化が企業に優位性をもたらすことになると主張した。

　以上のように，コア・コンピタンスもケイパビリティも組織能力を示すものではあるが，ウルリッヒ（D. Ulrich）＝スモールウッド（N. Smallwood）による分類に基づくと，両者が焦点をあてているものには違いがある（Ulrich and Smallwood, 2004, p. 480を参照）。彼らによれば，プラハラードとハメルによって競争優位の源泉であると主張されたコア・コンピタンスは，組織の技術的な

側面を強調した能力の概念である。これに対して，ストーク等によるケイパビリティおよびコグート＝ザンダーによる統合ケイパビリティについての研究は，社会的な側面を強調した概念であるとする。

しかし，コア・コンピタンスとケイパビリティは相互補完的な概念として捉えられる。つまり，技術的な強みであるコア・コンピタンスを形成・活用していくためには，社会的なケイパビリティが不可欠となるからである。したがって，コア・コンピタンスやケイパビリティという概念は，両者とも技術的な側面を強調するか社会的な側面を強調するかという違いはあるものの，あくまで個別資源そのものではなく，それらの個別資源間の補完性を高めるための組織的能力であると解釈できるだろう。

レオナルド・バートン（D. Leonard-Barton）は，「企業内部の個別資源間・活動間の補完性を高めるような企業独自の技術的・社会的システム，プロセス，ルーティンの集合」を「コア・ケイパビリティ」と呼ぶ（Leonard-Barton, 1992, 1995を参照）。この用語を用いると，第2フェーズの暫定的解決は，企業がコア・ケイパビリティを強化するほど競争優位性が高まるという主張として理解できるだろう。

さらに，第2フェーズでは，このコア・ケイパビリティが企業内部の知識構築活動によって強化されるという主張もなされている。この点にも，第2フェーズの特徴がある。つまり，企業特殊的な性質を有する独自のルーティンやプロセスを獲得し，模倣困難性を高めるための集団的学習のあり方を探るという企業努力の有用性が示唆されており，それゆえ第2フェーズで資源ベース論に学習論が導入されたと考えられる。

3.3　ケイパビリティ論からダイナミック・ケイパビリティ論へ

この第2フェーズに対して，レオナルド・バートンによる「コア・リジディティ（core rigidity）」の研究に代表されるような批判的議論が展開されることになる。レオナルド・バートンは，かつて成功的に競争優位の源泉となっていたコア・ケイパビリティは柔軟性を失ってイノベーションを阻害する可能性

を持っていると主張する（Leonard-Barton, 1992, pp. 118-121を参照）。つまり，彼女は，第2フェーズにおいて競争優位の源泉として特徴的であったコア・ケイパビリティがコア・リジディティへと変異した場合，企業が優位性を喪失する可能性を指摘したのである。

　より具体的に述べると，企業を取り巻く条件が同じならば，コア・ケイパビリティを生み出す相互依存的なシステムによって企業は優位性を維持できるだろう。しかし，環境が変化したにもかかわらず，それらのシステムがルーティン・ワークとして硬直化していると，コア・ケイパビリティはコア・リジディティへと変容し，企業は成功の土台そのものと格闘しなければならないのである（Leonard-Barton, 1995, p. 30を参照）。

　このようなコア・ケイパビリティ強化の逆機能としてのコア・リジディティの指摘を受け，競争優位を生み出すコア・ケイパビリティを強化すればするほど，逆にそれはコア・リジディティ化するという新たな問題が発生した。この新しい問題を解決するために，資源ベース論は第3フェーズに移行することになる。

　第3フェーズでは，市場変化に適応することこそがコア・リジディティを克服して優位性を持続する鍵であるとみなされ，市場変化への適応を可能にするための内部資源について説明することに焦点があてられた。この新たな問題に対して，いくつかの理論的方向性が示されたが，そのうちの1つが，ティース，ゾロ＝ウィンター，そしてヘルファットといった論者に代表されるダイナミック・ケイパビリティ論である。

　彼らの解決は，企業特殊的なダイナミック・ケイパビリティを強化するほど，企業の持続的な競争優位性が高まるという主張としてまとめることができるだろう。しかし，ダイナミック・ケイパビリティの概念は，論者によって多少異なっている。

　たとえば，ティース等はダイナミック・ケイパビリティを「タイムリーな反応や，急速でフレキシブルな製品イノベーションを達成することができ，内的および外的なコンピタンスを効果的にコーディネートして再配置する経営ケイ

パビリティ」(Teece et al., 1997, p. 516) と定義する。

　また，ゾロ＝ウィンターは「有効性の改善のために，組織がシステマティックにゼロレベルのケイパビリティを生み出し，修正することを通じた，集団的行動の安定した学習のパターン」(Zollo and Winter, 2002, p. 340) であるとする。さらに，ヘルファットは「組織が資源ベースを意図的に創造，拡大，修正する能力」(Helfat, 2007, p. 1) であると定義する。

　ゾロ＝ウィンターやヘルファットの見解とティースの見解は，ダイナミック・ケイパビリティの主要構成要素に関して大きな違いがある。ゾロ＝ウィンターやヘルファットは，組織のルーティンを変更・更新するためのより高次のルーティンをダイナミック・ケイパビリティと位置づけている。これに対して，ティースはルーティンを超えた経営者の企業家精神がダイナミック・ケイパビリティの核であると捉え，それをルーティンとしてのミクロ的基礎がサポートしていると考えている。

　しかし，ダイナミック・ケイパビリティがコア・ケイパビリティ自体を変更・更新する能力であるという点では，上述の研究群の見解は共通している。そして，企業はダイナミック・ケイパビリティを有することで，コア・リジディティの問題を克服することができるとされるのである。

　その根拠として，例えばティースはダイナミック・ケイパビリティを強化するほど進化的適合力 (evolutionary fitness) が高まると述べる (Teece, 2007)。彼は，第2フェーズで注目されていたようなオーディナリー・ケイパビリティを強化することは，既存の機能の効率性を示す技能的適合力 (technical fitness) を高めるにすぎないという。一方で，ダイナミック・ケイパビリティを強化し，ビジネス・エコ・システムを構成するサプライヤー，補完者，カスタマーといったさまざまなプレイヤーが有する外部資源をオーケストレーションし，イノベーションを促進することで，「いかに企業を生存させるか」(Teece, 2007, p. 1321) を示す進化的適合力を高めることができると主張するのである。

4. 資源ベース論からダイナミック・ケイパビリティに至る知識変化の評価

　以上のように合理的に再構成された資源ベース論からダイナミック・ケイパビリティ論に至る知識の流れを，ポパーによる知識の成長理論に基づいて評価してみたい。資源ベース論の3つのフェーズを再構成すると，以下のように整理できるだろう。

P_1「矛盾：業界構造・業界状況が企業の競争優位性を決定するというが，経験と一致しない」

↓

TS_1「解決：企業内の個別資源を強化すれば，競争優位性が高まる」

↓

EE「批判：個別資源強化の逆機能の指摘」

↓

P_2「矛盾：競争優位を生み出す企業内の個別資源を強化すれば，その逆機能が発生する」

↓

TS_2「解決：企業内のコア・ケイパビリティを強化すれば，競争優位性が高まる」

↓

EE「批判：コア・リジディティ（コア・ケイパビリティ強化の逆機能）の指摘」

↓

P_3「矛盾：競争優位を生み出すコア・ケイパビリティを強化すれば，逆にコア・リジディティ化する」

↓

TS_3「解決：企業内のダイナミック・ケイパビリティを強化すれば，競争優位性が高まる」

前述のように,ポパーによれば,新しく生じた問題が古い問題と異なっている場合に,知識の成長が生じたとされる（Popper, 1972, p. 288）。というのも,いままで全く知らなかった問題をわれわれは新しく知ることになるので,そこに認識の進歩と呼べるような知識の成長が見られるからである。

ここで再構成した資源ベース論の第1フェーズから第3フェーズへの知識の流れのなかで,この経営戦略論研究が扱ってきた一連の問題の内容は明らかに変化しており,同じ問題を扱っているわけではない。批判的議論を通して各フェーズで新しい問題が明らかにされ,新しい暫定的解決が提案されているといえるだろう。

したがって,ポパーの知識の成長理論によると,ダイナミック・ケイパビリティ論へと至る資源ベース論の研究活動には知識の成長がみられると結論づけることができる。もちろん,この一連の研究活動は,ポパーの主張する厳密な意味での経験科学的な活動とは必ずしもいえないが,そこに知識のドグマ化や知識の退化が起こっているわけではなく,問題の前進的移動が起こっているといえる。

5. おわりに

以上,本章では,ポーターのポジショニング・アプローチ以降,特に資源ベース論からダイナミック・ケイパビリティ論へと展開されてきた経営戦略論の流れに,知識の成長と呼びうるような関係があるのかどうかを問題として扱った。そして,この問題を解決するために,まずある研究分野が扱っている問題の変化や問題の移動を通して,その研究分野の知識が成長しているのかどうかを説明できるというポパーの知識の成長理論について説明した。

次に,メタ科学としてのこの知識成長理論に基づいて,資源ベース論からダイナミック・ケイパビリティ論への流れのなかで,解くべき問題がどのように変化し移動してきたのかを分析し,その流れを3つのフェーズとして再構成した。最後に,ポパーの見解に基づいて,分析と評価を行った。

その結果，それぞれのフェーズにおいて問題の内容は変化し，それに対して新しい暫定的解決が提案されていることが明らかになった。結論として，資源ベース論からダイナミック・ケイパビリティ論への理論展開には知識の成長があるといえる。つまり，従来の一連の経営戦略論の研究は，退化的な知識の流れではないといえるだろう。

参考文献

Barney, J. B. (1986) Strategic Factor Markets: Expectations, Luck, and Business, Strategy, *Management Science*, 32(10): 1231-1241.
Barney, J. B. (1991) Firm Resourses and Sustained Competitive Advantage, *Journal of Management*, 17(1): 99-120.
Dierickx, I. and Cool, K. (1989) Asset Stock Accumulation and Sustainability of Competitive Advantage, *Management Science*, 35(12): 1504-1511.
Grant, R. M. (2002) *Contemporary Strategy Analysis: Concepts, Techniques, Applications*, 4th edition, Blackwell.
Hamel, G. and Prahalad, C. K. (1994) *Competing for the Future*, Harvard Business School Press.
Helfat, C. E. (2007) Dynamic Capabilities: Foundations, in Helfat, C. E., S. Finkelstein, W. Mitchell, M. A. Peteraf, H. Singh, D. J. Teece, and S. G. Winter, *Dynamic Capabilities: Understanding Strategic Change in Organizations*, Blackwell: 1-18.
Helfat, C. E. and. Peteraf, M. A (2003) The Dynamic Resource-based View: Capability Lifecycles, *Strategic Management Journal*, 24(10): 997-1010.
Kogut, B. and Zander, U. (1992) Knowledge of the Firm, Combinative Capabilities, and the Replication of Technology, *Organization Science*, 3(3): 383-397.
Kogut, B. and Zander, U. (1996) What Firms Do? Coordination, Identity, and Learning, *Organization Science*, 7(5): 502-518.
Leonard-Barton, D. (1992) Core Capabilities and Core Rigidities: A Paradox in Managing New Product Development, *Strategic Management Journal*, 13(S1): 111-125.
Leonard-Barton, D. (1995) *Wellsprings of Knowledge: Building and Sustaining the Sources of Innovation*, Harvard Business School Press.
永野寛子 (2008)「資源ベース理論におけるコア・リジディティ概念の意義」『立正経営論集』41(1): 93-119.
永野寛子 (2009)「ダイナミック・ケイパビリティ・アプローチについての資源ベー

ス理論からの一考察―Teece, Pisano, and Shuen (1997) および Teece (2007) に着目して―」『経営哲学』6(2): 53-66.
永野寛子 (2010)「戦略論の系譜―資源ベース論からダイナミック・ケイパビリティへ―」渡部直樹編著『ケイパビリティの組織論・戦略論』中央経済社, pp. 176-193.
Nelson, R. R. and Winter, S. G. (1982) *An Evolutionary Theory of Economic Change*, The Belknap Press of Harvard University Press.
Peteraf, M. A. (1993) The Cornerstones of Competitive Advantage: A Resource-Based View, *Strategic Management Journal*, 14(3): 179-191.
Popper, K. R. (1963) *Conjectures and Refutations: The Growth of Scientific Knowledge*, Routledge and K. Paul.(藤本隆志・石垣壽郎・森博訳『推測と反駁―科学的知識の発展』法政大学出版局, 1980年)
Popper, K. R. (1972) *Objective Knowledge: An Evolutionary Approach*, Clarendon Press.(森博訳『客観的知識―進化論的アプローチ』木鐸社, 1974年)
Popper, K. R. (1976) *Unended Quest: An Intellectual Autobiography*, Open Court.(森博訳『果てしなき探求(下)―知的自伝』岩波書店, 2004年)
Porter, M. E. (1980) *Competitive Strategy*, Free Press.
Prahalad, C. K. and Hamel, G. (1990) The Core Competence of the Corporation, *Harvard Business Review*, 68(3): 79-91.
Rumelt, R. P. (1984) Towards a Strategic Theory of the Firm, in R. B. Lamb (ed.), *Competitive Strategic Management*, Prentice-Hall: 131-145.
Rumelt, R. P. (1987) "Theory, Strategy, and Entrepreneurship," in D. J. Teece (ed.), *The Competitive Challenge: Strategies for Industrial Innovation and Renewal*, Ballinger: 137-158.
Stalk, G., Evans, P. and Shulman, L. E. (1992) Competing on Capabilities: The New Rules of Corporate Strategy, *Harvard Business Review*, 70(2): 57-69.
Teece, D. J. (2007) Explicating Dynamic Capabilities: The Nature and Microfoundations of (Sustainable) Enterprise Performance, *Strategic Management Journal*, 28(13): 1319-1350.
Teece, D. J., Pisano, G. and Shuen, A. (1997) Dynamic Capabilities and Strategic Management, *Strategic Management Journal*, 18(7): 509-533.
Ulrich, D. and Smallwood, N. (2004) Capitalizing on Capabilities, *Harvard Business Review*, 82(6): 119-127.
Wernerfelt, B. (1984) A Resource-Based View of the Firm, *Strategic Management Journal*, 5(2): 171-180.
Zollo, M. and Winter, S. G. (2002) Deliberate Learning and the Evolution of Dynamic Capabilities, *Organization Science*, 13(3): 339-351.

第3章 ダイナミック・ケイパビリティ論と取引コスト理論

1. はじめに

　本章では，ダイナミック・ケイパビリティと取引コスト理論の関係について考察する。一般に，ダイナミック・ケイパビリティは，経営戦略論における資源ベース理論の延長線上にある概念として取り扱われることが多い。しかし，ダイナミック・ケイパビリティ論は単なる戦略論にとどまらない。実は，取引コスト理論，あるいは取引コスト経済学と呼ばれる経済理論とも深く関連している。

　取引コスト理論は，1991年にノーベル経済学賞を受賞したロナルド・H・コースの着想をもとに，オリバー・E・ウィリアムソンによって体系化された理論であり，組織の経済学を構成する主要な理論の1つでもある。その理論的な貢献は幅広く，企業の組織構造や戦略的行動から産業政策まで及んでいる。ウィリアムソンもその功績が評価され2009年にノーベル経済学賞を受賞していることからも，その貢献の大きさがうかがえる[1]。

　ところで，ダイナミック・ケイパビリティの主唱者の1人であるデイビット・J・ティースも，ウィリアムソンに師事していた時期があり，かつては取引コスト理論の応用研究を行っていた。それゆえ，ダイナミック・ケイパビリティ論と取引コスト理論に密接な関係がある，もっといえば取引コスト理論の延長線上にダイナミック・ケイパビリティ論が位置づけられるとしても何らおかしくはない。

　このような人間的なつながりもあるのだが，本章では，ウィリアムソンの取

引コスト理論とティースのダイナミック・ケイパビリティ論を再構成し，それが特に密接な関係を持つ企業境界の問題を通じて，その理論的な関連性を明らかにしてみたい。

　以下では，まず企業の境界問題について概説する。次に，ウィリアムソンによって展開された取引コスト理論の基本原理を説明し，取引コスト理論がどのように企業の境界問題に適用されるのかを明らかにするとともに，その限界について触れる。その後で，ティースによって提示されたダイナミック・ケイパビリティの概念について説明し，ダイナミック・ケイパビリティ論がどのように企業の境界問題に適用しうるのか，そして取引コスト理論の限界をどのように克服するのかについて明らかにする。最後に，取引コスト理論とダイナミック・ケイパビリティ論のより一般的な特徴を比較し，2つの議論の補完性について示す。

2．企業の境界問題

2.1　企業の境界問題とは何か

　現代の市場経済においては，実に多様な企業が経営活動を行っている。年間売上高が1兆円を超えるような大企業もあれば，家族だけで活動している零細な企業もある。また，多数の事業を並列的に行う企業もあれば，創業以来ただ1つの事業を継続している企業もある。さらには，原材料や部品の生産から製品製造，そして販売まで手がける企業もあれば，販売という単一の業務だけを引き受ける企業もある。

　これらはいずれも，企業組織と市場との間のどこにその境界線を引くのかという問題に関連している。例えば，大企業は，零細な企業がその規模を拡大し，市場との境界を拡張した結果とみなすことができる。同様に，高度に多角化した企業は，単一の事業を営む企業が事業範囲を拡大し，市場との境界を拡張した結果であり，生産活動から販売活動まで一手に引き受けるワンストップ型の

企業は，単一の業務を遂行する企業がその活動範囲を拡大し，市場との境界を拡張した結果として理解できる。

このように，企業組織と市場との境界線という観点から，さまざまな規模の企業が存在しているのはなぜかを問うのが，企業の境界問題である。また，この問題は，より戦略的な観点から，ある企業はどのような場合にその境界を拡張または縮小すべきなのかという問いとして再定義することもできる。

2.2　3つの企業境界

企業境界には，少なくとも3つの種類があるといわれている。生産規模，水平境界，そして垂直境界である。企業は，これら3つの方向に拡大したり縮小したりする（菊澤，2015）。

まず，生産規模とは，ある製品をいくつ生産するのかということであり，同一の事業を行う大企業と零細な企業を区別するものである。企業の生産規模は，一般に，規模の経済の大きさに依存するとされる。企業がある製品の生産量を増加させるとき，規模の経済によって生産性が向上するが，一定規模を超えると管理コスト負担の増大などによる規模の不経済が発生する。したがって，企業の生産規模は，生産量の増大に伴う規模拡大のメリット（規模の経済による限界費用の減少）とデメリット（規模の不経済による限界費用の増加）が等しくなる生産量で決定される。

次に，水平境界とは，何種類の製品を生産するのか，あるいは何種類の事業を行うのかということである。企業が複数の種類の製品を生産する多角化は，一般に，範囲の経済に基づいているといわれる。1つの企業が複数の製品を同時に生産するとき，複数の製品の生産に利用可能な資源の存在等を理由に，それぞれの製品を別個の企業が生産した場合に比べて生産性が向上する。しかし，この範囲の経済性は，同時に生産される製品，あるいは同時に行われる事業の関連性が乏しい場合には，管理コスト負担の増大などによって生産性の低下，すなわち範囲の不経済が発生する。したがって，企業の水平境界は，製品多角化のメリット（範囲の経済による限界費用の減少）とデメリット（範囲の不経

済による限界費用の増加）が等しくなる製品数や事業範囲で決定される。

　そして，垂直境界とは，ある製品に関する原材料調達，製造，物流，販売，アフターサービスといった業務活動の一連の流れにおいて，どの活動を自ら手がけ，どの活動を他の企業に任せるのかということである。企業がこれらの業務活動の範囲を拡大する垂直統合に関しては，上述の生産規模の拡大や多角化における規模や範囲の経済のような経済学的に有力な見解があるわけではないが，一般には，活動間の技術的依存性に基づいているといわれる。例えば，自動車メーカーとその部品を提供するサプライヤーの保有する設備の間に技術的な相互依存性がある場合，両者が統合して部品と自動車を同一企業内で生産することで生産性が向上する。それゆえ，企業の垂直境界は，こうした技術的な相互依存性の度合によって決定される。

3．取引コスト理論

3．1　取引コスト理論の基本原理

　取引コスト理論は，取引コスト経済学とも呼ばれ，ロナルド・H・コース（Coase, 1937）の着想をもとに，ウィリアムソンが体系化した理論的枠組みである。ウィリアムソン（Williamson, 1975, 1985, 1996）によれば，取引コスト理論では，限定合理性と機会主義という人間の行動仮定が置かれる。

　限定合理性とは，すべての人間は，情報を収集したり，処理・計算したり，伝達したりする能力に限界があるという仮定である。また，機会主義とは，すべての人間は，自らの利益を追求し，そのために情報を隠したり契約に違反したりするなど悪徳的に行動する可能性があるという仮定である。

　限定合理的で機会主義的な人間同士が取引する場合，取引相手が情報の隠ぺいや歪曲などによって自己利益を不当に高めようとする可能性がある。そのため，取引にはさまざまな経済的な無駄（非効率）が生じる。これが，取引コストである。例えば，契約する以前に取引相手の候補を探索したり調査したりす

るコスト，契約する際にその契約内容を交渉したり交渉結果に基づいて契約書を作成したりするコスト，そして契約した後に相手が契約通りに行動することを監視するコストがその一例である。

そして，取引コスト理論では，人々が取引コストを節約するように行動し（取引コスト節約原理），それゆえ取引コストを節約するためにさまざまな制度が形成されるものとみなす。こうした取引コスト節約制度は，利害の対立する人々の間の取引に秩序を与え，相互利益をもたらす仕組みとして機能するため，ガバナンス制度，あるいはガバナンス構造とも呼ばれる。

3.2 取引コスト理論と企業境界

ウィリアムソン（Williamson, 1975, 1985, 1996）は，取引コスト理論を企業の境界問題に適用した。取引コスト理論によれば，上述の生産規模，水平境界，垂直境界に関する従来の見解はいずれも十分なものとはいえない。というのも，規模の経済や範囲の経済，あるいは技術的な相互依存性を実現するだけであれば，企業間で契約を結ぶことで十分であり，必ずしも規模拡大や統合などにより企業境界を拡張する必要はないからである[2]。それゆえ，取引コスト理論に基づけば，これらの境界はいずれも取引コストの大きさによって決定されるのである。

さて，取引コスト理論では，企業組織が市場取引において発生する取引コストを節約するガバナンス制度の1つとみなされる。このとき，市場取引において取引コストが発生するのと同様に，部品製造部門と組立部門の間の取引のような企業組織内部の取引においても取引コストが発生する。この組織内部で発生する取引コストが高い場合には，同様の取引を市場で行ったほうが取引コストを節約できる。

そのため，取引コスト理論では，市場と企業組織が代替的な資源配分システムであり，代替的なガバナンス制度であるとみなされる。つまり，それらは取引状況に応じて，取引コスト節約原理に基づいて選択される代替的な仕組みなのである。

取引状況の中でも，ウィリアムソン（1985, 1996）によれば，資産特殊性が企業の境界決定にとってとりわけ重要な要素となる。資産特殊性とは，ある資産の価値が特定の取引に限定されている程度，言い換えれば，その価値を減少させずに他の取引に転用できない程度のことである。資産特殊性が高い場合には，取引における駆け引きが激しくなり，取引コストが高くなる。

例えば，自社製品専用の部品を必要とする自動車メーカーと，その部品を製造するための金型を持つサプライヤーとの取引では，資産特殊性が高い。というのも，特注の部品の金型は，他の自動車メーカーとの取引に転用できないからである。このとき，自動車メーカーは，他のサプライヤーへの乗り換えをちらつかせ，その特殊な金型で製造された部品を安く買いたたこうとする可能性がある。サプライヤーは，すでに特殊な金型への転用不可能な投資をしており，この自動車メーカーとの取引がなくなれば，この投資のすべてが無駄になるため，この値下げ要求に応じざるを得なくなるだろう。

それゆえ，**図表3.1**のように，横軸を資産特殊性の程度 k，縦軸を取引コスト（あるいは，ガバナンスコスト）とすれば，資産特殊性が高いほど取引コストも高くなるため，取引コスト曲線は右上がりとなる。しかし，資産特殊性の上昇に伴う取引コストの増大の程度は，企業の選択したガバナンス制度によって異なっている。**図表3.1**における3つの取引コスト曲線は，それぞれ市場，企業組織，そしてその両者の中間的な位置づけであるハイブリッド（中間組織）という3つのガバナンス制度に対応し[3]，資産特殊性の程度によって，最も取引コストを節約する望ましいガバナンス制度が異なることを示している。

まず，資産特殊性が低い場合，市場によるガバナンスが取引コストを大きく節約し，企業組織やハイブリッドによるガバナンスよりも効率的となる。というのも，資産特殊的でない取引では，市場価格の変動によって取引相手との駆け引きが大幅に抑制されるからである。

次に，資産特殊性が高い場合には，企業組織によるガバナンスが取引コストを大きく節約し，市場やハイブリッドによるガバナンスよりも効率的となる。というのも，管理者の権限と命令によって，市場を通じた資産特殊的な取引で

図表3.1 資産特殊性と代替的なガバナンス制度

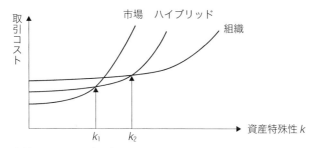

出所:Williamson (1996) p.108をもとに筆者作成。

発生するような当事者間の駆け引きが抑制されるからである。

すでに述べたように,取引当事者が選択するガバナンス制度は市場と企業組織のみではない。これらは,いわばガバナンス制度の両極端であり,その間には多様なハイブリッドあるいは中間組織と呼ばれるガバナンス制度がある。たとえば,長期契約,提携,そしてフランチャイズ契約などがそうである。これは,まさしく市場と組織の中間的な性質をもったガバナンス制度であり,資産特殊性が中程度の場合,すなわち,市場によるガバナンスでも組織によるガバナンスでも高い取引コストが発生する場合に効率的となる。

したがって,**図表3.1**のように,取引コスト節約原理に従う企業は,資産特殊性が低い($k \leq k_1$)場合には,市場によるガバナンスを選択してその境界を維持または縮小する。資産特殊性が中程度($k_1 < k \leq k_2$)の場合にはハイブリッドによるガバナンスを選択してその境界を曖昧な形で拡張する。そして,資産特殊性が高い($k_2 < k$)場合には,組織によるガバナンスを選択してその境界を拡張するだろう。

3.3 取引コスト理論の限界

以上のような取引コスト理論の予測は,一定程度の経験的証拠によっても支持されており[4],いまでは企業の境界問題に対する支配的な理論となっている(Teece, 2010a)。しかし,取引コスト理論も企業の境界問題を完全に解決でき

たわけではない。取引コストは企業境界を決定する重要な要因であるが、それが唯一の要因ではないことが指摘されているからである（Teece, 2010b）。

なかでも、ティースは、取引コスト理論に対して以下の2つの限界を指摘している（Teece, 2010a, 2014）。

(1) 取引するための市場の存在が前提とされている
(2) 取引コスト以外の条件が一定であると仮定されている

まず、(1)に関しては、取引コスト理論では、取引するための市場が形成され、潜在的な取引相手がいることが大前提になっているが、実際には、企業にとって必要な資源や補完的資産の市場が十分に形成されておらず、適切な取引相手が見つからない場合もある。このような場合には、限定合理的で機会主義的な人間同士の取引において発生する取引コストはほとんど問題とならないだろう。

また、(2)に関して、取引コスト理論では、一般に、取引コスト以外の条件が一定であると考えられているが、実際には他の条件が一定でない場合もよくある。仮に市場に十分な数の取引相手が存在するとしても、選択されるガバナンス制度の違いが生産コストなどの差を生み出す可能性がある。

もし以上のような点が重要であるならば、取引コスト理論は企業の境界決定を適切に説明することができないだろう。これらの限界を克服するために、ティースは以下で議論するケイパビリティ、あるいはダイナミック・ケイパビリティという概念によって取引コスト理論を補完する必要性を指摘し、企業の境界問題に対するより十分な解決を提示しようとしているのである。

4．ダイナミック・ケイパビリティ

4.1　基本概念

ケイパビリティとは、「ある業務や活動を実施するために資源を利用する能力」（Teece, 2014a, p. 14）のことである。この能力は企業自身によって構築されたり増強されたりするものであるため、一般に企業によって異なるものであ

る。

　ケイパビリティは，オーディナリー・ケイパビリティとダイナミック・ケイパビリティに大別される（Teece, 2012, 2014a, 2014b）。オーディナリー・ケイパビリティとは，「同じ製品を，同じ規模で，同じ顧客に対して生産・販売する」（Winter, 2003, p. 992）能力であり，強力なオーディナリー・ケイパビリティを持つ企業は，既存の製品に関連する従来の業務活動をより効率的に実行することができる。

　それに対して，ダイナミック・ケイパビリティとは，ティースら（Teece, Pisamo, Shuen, 1997）によって最初に提示された概念であり，「技術・市場変化に反応するために，その資産ベースの形成・再形成・配置・再配置を実現していく（模倣困難な）能力」（Teece, 2009, p. 118, 邦訳 p. 119）をいう。これは，環境変化に対応するために，企業内外の既存の有形・無形の資産を再構成する，より高次のメタ能力である。

　ティース（Teece, 2014b）によれば，強力なダイナミック・ケイパビリティは優れた戦略と組み合わせられることによって，変化の激しい現代のビジネス環境における企業の持続的な競争優位につながる。

　たとえば，菊澤（2014）は，写真フィルム市場の急激な衰退という大変化に直面したコダックと富士フイルムの対応とその後の経営状況の違いをダイナミック・ケイパビリティの観点から分析している。デジタルカメラの普及によって写真フィルム需要は大きく低下し，写真フィルムを中核事業としていたコダックと富士フイルムはいずれも窮地に陥った。

　しかし，その後の結末は全く違っていた。コダックは写真フィルム事業へのこだわりを捨てきれず，最終的に破産に追い込まれたのに対し，富士フイルムはダイナミック・ケイパビリティを活用して，その危機を乗り越え，さらなる成長を遂げたのである。富士フイルムは，写真フィルム技術を含む既存の資産を再構成し，その技術を化粧品や液晶保護フィルムに転用できることを見出し，現在の市場環境に適合するそれらの新事業に注力したのであった。その結果，いまでは，化粧品事業や液晶保護フィルム事業は従来の写真フィルム事業に代

わる富士フイルムの主力事業の1つになっている（**図表1.14参照**）。

このように，現代のビジネス環境は変化が激しく，写真フィルム事業のようにそれまで企業成長を支えてきた中核事業が急速に衰退することも珍しくない。また，グローバル化に伴い企業の海外進出の機会も増え，従来とは全く異なるビジネス環境に自ら対峙しなければならなくなっている。

こうした状況では，どれほど強力なオーディナリー・ケイパビリティを持ち，効率的に業務活動を実施できる企業であっても，それが環境に適していないという理由で淘汰される可能性がある。そこで企業の生存や持続的な繁栄のために必要となるのが，既存のオーディナリー・ケイパビリティを含む資産を再構成する能力，すなわちダイナミック・ケイパビリティなのである。

4.2　ダイナミック・ケイパビリティと企業境界

4.2.1　ダイナミック・ケイパビリティの観点からみた取引コスト理論の限界

さて，上述のように，ティース（Teece, 2010a, 2014a）は，ウィリアムソンによって展開された取引コスト理論の限界を指摘し，企業境界の問題を理解するためには契約や取引の問題だけでなく，ケイパビリティにも着目すべきだと主張した。取引コスト理論の主唱者であるウィリアムソンもまた，取引コスト理論は，ケイパビリティのような企業ごとに異なる能力に関する研究によって補完されうるとしている（Williamson, 1999）。

以下では，ダイナミック・ケイパビリティの観点からどのようにして企業の境界問題を捉えることができるのか，そしてそれがどのような形で取引コスト理論の限界を克服できるのかについて示してみたい。

すでに述べたように，取引コスト理論には次のような限界がある。

(1) 取引するための市場の存在が前提とされている
(2) 取引コスト以外の条件が一定であると仮定されている

これら2つの限界は，ケイパビリティあるいはダイナミック・ケイパビリ

ティの観点から，次のように関連づけられる。第1の限界は，取引コスト理論は外部のオーディナリー・ケイパビリティの利用の仕方，特にそのガバナンス制度を議論しているに過ぎないということである。つまり，外部の必要なオーディナリー・ケイパビリティにアクセスする際に，市場を通すべきかその取引を同一企業内で行うべきかだけが議論されている。

そのため，取引コスト理論では，そもそも誰の保有するオーディナリー・ケイパビリティを活用するのかという問題や，あるいは自社にも市場にも適切なオーディナリー・ケイパビリティが存在しない場合にはどのように対処すればよいのかという問題が無視されているのである。

そして，第2の限界は，取引コスト理論が想定している外部のケイパビリティを利用する場合においても，選択するガバナンス制度によって活用されたり構築されたりするオーディナリー・ケイパビリティが異なるため，ケイパビリティの概念を考慮する必要があるということである。

これらの限界は，ケイパビリティの観点から見出せるものであり，それゆえ，オーディナリー・ケイパビリティとダイナミック・ケイパビリティの概念を適切に取り入れることによって克服できる可能性がある。

4.2.2　第1の限界の克服

取引コスト理論では，市場に十分な数の潜在的な取引相手がいることが前提とされているが，実際には，必要な資源や補完的資産の市場が十分に形成されていない場合もある。このように未発達で取引の少ない「薄い」市場（Teece, 2009）では，取引コストとは無関係に，適切なオーディナリー・ケイパビリティを持つ潜在的な取引相手がいないという単純な理由で，企業は自らのオーディナリー・ケイパビリティを活用してその境界を拡張する（Teece, 2010a）。

例えば，あるメーカーが初めて海外市場に進出する場合や，革新的な製品を発明し市場に流通させる場合には，市場には，その製品に関する十分な知識を持ち，それを消費者に伝えるために十分な販売ケイパビリティ（オーディナリー・ケイパビリティの一種）を持った販売業者はいないかもしれない。この

とき，そのメーカーは，社内にすでに販売ケイパビリティが構築されているならば，自社のケイパビリティを生かしてその製品を直営店で販売するだろう。

ここに，資産特殊性に基づく取引上の駆け引きの問題がないことは明白である。ティース（Teece, 2010a）が指摘するように，この場合には，契約に伴う駆け引き以前に，単に適切な取引相手がいない，あるいは必要な資産やケイパビリティを取引できないことが問題なのである（取引不可能性の問題）。

しかし，グローバル化が進展し，環境や技術変化も激しい近年のビジネスの状況においては，進出国の市場の商慣行や法規制が自国と大きく異なったり，企業が非常に革新的な製品を発明したりと，外部の販売業者の販売ケイパビリティだけでなく，自社の既存の販売ケイパビリティも用いることができないこともあるだろう。このように適切な取引相手も存在せず，自社にも十分なオーディナリー・ケイパビリティが構築されていない場合，取引コストやオーディナリー・ケイパビリティよりも，企業の持つダイナミック・ケイパビリティが企業の境界に大きな影響を与える。

もし企業が強力なダイナミック・ケイパビリティを持つならば，既存の資産やケイパビリティを再構成し，状況に適したオーディナリー・ケイパビリティを自社内に構築することができる。それゆえ，その再構成された自社のオーディナリー・ケイパビリティを活用して企業の境界を拡張するだろう。

あるいは，強力なダイナミック・ケイパビリティを持つ企業は，他企業も巻き込んで資産を再構成し，十分なオーディナリー・ケイパビリティを持つ企業群からなる市場を形成することもできる。このとき，企業は，新たに形成された市場の取引相手の持つオーディナリー・ケイパビリティを活用するだろう。

一方で，脆弱なダイナミック・ケイパビリティしか持たない企業は，既存の資源やケイパビリティを適切に再構成することはできない。そのため，優れたオーディナリー・ケイパビリティを持つ企業が市場に運よく現れればそれを活用するが，多くの場合，適切に企業境界を設定することができずに，目の前の利益獲得の機会を逃すことになるだろう。

以上の議論について例を挙げるならば，他の多くの電子機器メーカーは販売

業者を利用して自社製品を販売しているのに対して，アップルが直営店であるアップルストアを展開したのには，取引コストよりも，オーディナリー・ケイパビリティやダイナミック・ケイパビリティが深く関わっている（Teece, 2010a）。アップルは，これまでiPod，iPhone，iPadなど人々のライフスタイルを変える非常に革新的な製品を次々と生み出してきた。

　ところが，その製品が革新的であればあるほど，単に販売業者を通じて製品を市場に流通させるだけでは消費者の購買行動にはつながらない。というのも，消費者にとっては，利便性，快適さ，新しいライフスタイルといったその製品の提供する価値が理解しにくいからである。そのため，アップルは，十分な製品知識を持ち，その使用方法や製品が提供する新たな価値を消費者に伝達できる販売スタッフを通じて，自社製品の魅力を消費者に伝達し認識させなければならなかったのである。

　とはいえ，iPhoneなどの製品は非常に革新的であるため，十分な販売ケイパビリティを持つ販売業者を市場で探すのは容易ではない。おそらく社内の従来製品に関する販売ケイパビリティも十分なものではなかっただろう。そこで，アップルは，ダイナミック・ケイパビリティを用いて，従業員教育や最新の販売端末の利用を含めて既存の販売ケイパビリティを再構成し，店舗の立地やデザインを含む適切な販売ケイパビリティを自社内に構築したと考えられる。そして，アップルは，自社の販売ケイパビリティを活用してアップルストアを開業し，その革新的な製品を普及させることに成功したのである。

　これらのことは菊澤（2015）を若干修正する形で以下のように要約できる。

(1) 市場が厚く，市場に適切なオーディナリー・ケイパビリティを持つ取引相手が十分にいる場合，企業は取引コスト節約原理に基づいて，他者のケイパビリティを利用するために，市場あるいは提携を利用するか，あるいはその企業を買収して境界を拡張するかを決定する。

(2) 市場が薄く，市場に適切なオーディナリー・ケイパビリティを持つ取引相手がいない場合，企業は自社のオーディナリー・ケイパビリティに基づいてその境界を拡張する。

(3) 市場が非常に薄く,市場に適切なオーディナリー・ケイパビリティを持つ取引相手がおらず,自社も十分なオーディナリー・ケイパビリティを持っていない場合,企業はダイナミック・ケイパビリティに基づいて自社の既存のケイパビリティを再構成してその境界を拡張するか,必要なケイパビリティを持つ企業群から成る新市場を創造する必要がある。

4.2.3　第2の限界の克服

　取引コスト理論の第2の限界は,取引コスト以外の条件が一定であると仮定されているが,実際には選択されるガバナンス制度によって生産コスト等が異なる場合もあり,必ずしも取引コスト以外の条件は一定ではないということである。この点についても,ケイパビリティの観点からその限界を克服できる可能性がある。

　取引コスト理論では,資産特殊性が高い場合,取引コストを節約するためにその取引は同一企業内で行われるべきである。しかし,実際には,企業は,たとえ資産特殊性が高く市場での取引コストが高いとしても,あえて取引相手と市場で契約を結ぶことがある。例えば,半導体業界では,かつては半導体の設計と製造は同一企業内において行われるのが通常であったが,近年では,工場を持たずに設計だけを行う設計メーカーと,製造だけを行う受注メーカーとの間で契約が結ばれ,分業体制が構築されている。

　この場合,工場を持たない設計メーカーは,容易に受注メーカーを変更することができない。変更するためには,臨時的な作業の発生や作業の遅延が避けられないからである。それゆえ,取引コストの観点からは従来のように設計と製造を同一企業内で行うことが望ましい。

　しかし,現実はその逆である。というのも,先進的な半導体製造工場の最小効率規模は大きいため,自社工場で自社の設計した半導体だけを生産するとコストが割高となり,高い取引コストを負担してでも優れた生産ケイパビリティ(オーディナリー・ケイパビリティの一種)を持つ大規模な受注メーカーに製造を委託したほうがより効率的なのである(Teece, 2010b)。

また，これと反対のケースも想定することができる。つまり，取引コスト理論に基づけば市場取引が望ましいにもかかわらず，ケイパビリティの学習や構築，あるいは補完的資産のコントロールのために企業が買収や統合を行うこともありうる。

　例えば，新規事業に取り組む企業は，そのための十分な生産ケイパビリティや販売ケイパビリティを学習したり構築したりするために，すでに優れたオーディナリー・ケイパビリティを持つ企業を買収する可能性がある。このとき，その優れた外部企業と市場で取引せずにその企業を買収するのは，高い資産特殊性から生じる契約上の駆け引きを回避するためではない。今後の事業展開のために企業内部でオーディナリー・ケイパビリティを構築したり増強したりするためである。

　このように，企業は，その取引にかかわる資産が相互依存的なものではなく，かえって自社内で多くの取引コストを負担することになるとしても，企業境界を拡張する可能性がある。

　さらに，企業は，外部のオーディナリー・ケイパビリティを現状のまま活用するだけではない。環境変化に直面して新たなビジネス環境に適応したり，新たな市場を創造したりする企業は，社内の既存の資源やオーディナリー・ケイパビリティと，社外のオーディナリー・ケイパビリティを結合させたり再構成したりする。つまり，企業はその強力なダイナミック・ケイパビリティに基づいて，既存の資源を再構成して新たなビジネスモデルを構築したり新たな機会を捉えたりするために，資源やオーディナリー・ケイパビリティを持つ外部企業を買収したり統合したりする可能性がある。

　例えば，上述の富士フイルムは，化粧品事業や医薬品事業という新規事業での機会を捉えるために，関連する技術やケイパビリティを持つ企業を次々と買収したのである。富士フイルムはこれらの技術やケイパビリティを，写真フィルム技術など自社が保有する既存の資源やケイパビリティとうまく結合することで，新たなビジネス機会を捉えようとしたのである。

　一方で，脆弱なダイナミック・ケイパビリティしか持たない企業は，新たな

機会を捉えるために，外部のオーディナリー・ケイパビリティを内部化する可能性は低いだろう。というのも，そのケイパビリティを自由に取り扱えるようになったとしても，大きな価値を生み出すようにそれを再構成することは難しいからである。そのため，こうした脆弱なダイナミック・ケイパビリティしか持たない企業は，自らの境界を拡張させることなく，より強力なダイナミック・ケイパビリティを持ち，既存のオーディナリー・ケイパビリティを適切に再構成できる企業と市場取引や提携を行ったほうがよいだろう。

　以上のように，市場，組織，そして提携の間の選択はガバナンスの方法の違いだけではなく，ケイパビリティの違いを生み出すことがある。すなわち，生産ケイパビリティなどのオーディナリー・ケイパビリティはガバナンスの内生変数となりうる（Teece, 2010a）。このようなケイパビリティの違いが取引コストの節約よりも重要である場合，企業は，取引コスト節約原理に従わずにその企業境界を決定する。

　これらのことは以下のように要約できる。

(1) 市場が厚い場合，企業は取引コスト理論に基づいて，その境界を決定する。
(2) 取引コストを節約するガバナンス制度が外部のオーディナリー・ケイパビリティの違いを生み，その違いが取引コストの差以上に重要である場合，企業は外部のオーディナリー・ケイパビリティを基準にその境界を拡張するかどうかを決定する。
(3) 新たな市場機会に直面した場合，企業はそのダイナミック・ケイパビリティに基づいて，外部の既存のケイパビリティを再構成するためにその境界を拡張するかどうかを決定する。

　以上のように，企業の境界問題をめぐって，ケイパビリティ論やダイナミック・ケイパビリティ論は取引コスト理論の限界を克服する可能性がある。それと同時に，ダイナミック・ケイパビリティ論でも取引コストの重要性は変わら

ず認識されている（Teece, 2010a, 2010b, 2014a）。この意味で，ダイナミック・ケイパビリティは，取引コスト理論と対立する概念というよりもそれを補完する概念だといえる。

4.3　ダイナミック・ケイパビリティ論と取引コスト理論

　最後に，企業の境界問題をめぐる相違も踏まえつつ，より一般的な観点からダイナミック・ケイパビリティ論と取引コスト理論の特徴を整理し，その可能性と課題について明らかにしたい。

　両者の特徴を示す主要な観点は，互いに関連する以下の3つである。

⑴　企業活動の目的
⑵　経営者の役割
⑶　企業の異質性

　第1に，ダイナミック・ケイパビリティ論における企業活動は機会と深く関連しているのに対し，取引コスト理論における企業活動は機会主義と深く関連している（Teece, 2009, 2014a）。

　ティース（Teece, 2009, 2011, 2014a）によれば，ダイナミック・ケイパビリティはセンシング（感知），シージング（捕捉），トランスフォーミング（変革）という3つの能力から成っている。センシングとは，環境変化に伴う機会や脅威を認識し評価する能力であり，シージングとは，感知した機会を捉えるために既存の資源を再利用する能力である。そして，トランスフォーミングとは，資源を体系的に再編し，継続的に更新する能力である。このことから明らかなように，ダイナミック・ケイパビリティは企業内外の既存の資源を再構成して，市場に存在する機会を識別し捉えるために活用される能力である。

　それに対して，取引コスト理論は，人間の機会主義を仮定し，機会主義を抑制することに焦点を当てている。そのため，取引コスト理論では，事業から生じる価値を取引相手の機会主義から保護する制度として企業を捉えており，企

業が新たな機会を捉えて価値を創造したり，新たな機会や市場を創出したりするという側面が無視されている。

　取引コスト理論の主張するように，企業組織が取引コスト節約制度としての機能を持つことは確かであるが，ダイナミック・ケイパビリティ論で主張されるように，企業が機会を捉えて環境変化に適応したり，イノベーションを起こして新市場を創出したりすることもまた事実である。この点から，ダイナミック・ケイパビリティ論と取引コスト理論は企業活動の異なる側面を捉えているといえる。

　第2に，ダイナミック・ケイパビリティ論と取引コスト理論では，経営者の役割が全く異なっている。ティース（Teece, 2012, 2014a）によれば，経営者はダイナミック・ケイパビリティを保持し，企業家精神やリーダーシップを発揮して，企業内外の資源を結合したり再構成したりする，決定的に重要な主体である。

　それに対して，取引コスト理論における経営者の役割は非常に小さい。ウィリアムソンの議論における経営者は，取引コストを最小化するようにガバナンス制度を選択し，企業境界を決定するだけの存在である（Teece, 2014a）。取引コスト理論における経営者には，ダイナミック・ケイパビリティ論における経営者のように，新たな機会を発見したり，新たなビジネスモデルを創造したりする企業家的な役割は求められていない。

　そして，第3に，ダイナミック・ケイパビリティはその企業独自のプロセスやルーティンに支えられた模倣困難な能力であるため，ダイナミック・ケイパビリティ論は必然的に企業レベルの異質性に着目するものである（Teece, 2014a）。それゆえ，なぜ企業ごとに収益性が異なるのかという問題までも説明しうるフレームワークである。

　それに対して，ウィリアムソン（Williamson, 1999）も認めていることだが，取引コスト理論では個別企業の異質性にほとんど言及せず，むしろ企業一般に対する見解が提示されている。すなわち，「一般に」企業は資産特殊性が高い場合にその境界を拡張する，という具合である。そのため，その企業の経営者，

第3章 ダイナミック・ケイパビリティ論と取引コスト理論

保有する資源，そして戦略の違い等はほとんど考慮されていない。

　以上の3つの観点から，取引コスト理論とダイナミック・ケイパビリティ論を比較すると，まず，取引コスト理論に比べてダイナミック・ケイパビリティを評価できる点が挙げられる。それは，企業理論における未解決の問題，特に現代の市場環境において重要となる企業活動を明らかにできる可能性があることである。このことは，より具体的には，(1)環境変化に適応し機会を捉える，あるいは自ら市場を創造するという企業活動の目的，(2)企業家精神やリーダーシップを発揮するという経営者の役割，そして(3)企業ごとの独自性や収益性の差への着目に表れている。

　上述のように，これらの点はいずれも取引コスト理論では軽視されてきた。ダイナミック・ケイパビリティ論は，取引コスト理論では捉えきれないこうした企業の側面を捉えており，それゆえ企業活動のより良い理解のために取引コスト理論を補完するものだといえる。

　しかし，ダイナミック・ケイパビリティ論は，取引コスト理論に比べ，理論的な厳密さという点でいくつかの課題を抱えている。ウィリアムソン（Williamson, 1975, 1985, 1996）は，(1)機会主義という人間の行動仮定を置き，(2)経営者の役割を取引コストの節約に限定して心理的あるいは属人的な要素をできる限り排除し，そして(3)企業レベルの異質性よりも理論の一般性を重視することで，取引コスト理論を経済理論として体系化することに成功した。

　それに対して，ダイナミック・ケイパビリティ論では(1)機会を捉えるという大雑把な概念や，(2)経営者個人の能力や企業家精神という心理的あるいは属人的な要素を取り入れ，(3)企業レベルの異質性を重視することで，理論としての厳密性や一般性に不十分な点があることは否めない。

　このような課題もあるものの，世界中の優れた研究者たちがダイナミック・ケイパビリティに注目していることを踏まえれば，取引コスト理論を超えて企業理論を次のステップへと発展させるためには，こうしたダイナミック・ケイパビリティ論の研究が欠かせないものであることは間違いないだろう。

5. おわりに

　本章では，ダイナミック・ケイパビリティと取引コスト理論の関係について考察した。取引コスト理論は，これまでに企業の境界問題をはじめとする企業理論の構築に大きな理論的貢献をしてきた。しかし，特に現代のように変化が激しくグローバル化が進んだ事業環境においては，取引コスト理論だけに基づいて企業活動を理解したり，適切な企業行動について提言したりすることは難しい。

　現代の環境では，企業はもはや取引コストを節約するためだけにその境界を拡張しようとするわけではないのである。むしろ，経営者が企業家精神を発揮し，ダイナミック・ケイパビリティを活用して市場機会を捉えるために，企業はその境界を拡張するのである。近年のソフトバンクによるアーム（半導体設計会社）の買収，グーグルによるロボット関連企業の買収，そしてトヨタによるAI技術研究拠点の開設などが好例である。これらは，いずれも機会主義を回避して取引コストを節約するための企業拡大ではなく，次世代のビジネスにおいて新たな価値を創造することを目的とした拡大とみなすことができる。

　このような現代の急速に変化する環境の中で重要となる企業行動を支え，それを説明しうるのがダイナミック・ケイパビリティなのである。この意味で，ダイナミック・ケイパビリティ論は，取引コスト理論の限界を克服し，新たな企業理論を切り拓く可能性があるだろう。

注
1　ウィリアムソンの展開した取引コスト理論の貢献については，Teece（2010b）に詳しい。
2　特に，水平境界の問題について，Teece（1980）に詳しい。
3　市場と企業組織のガバナンス制度としての特徴と相違については，Tadelis and Williamson（2013）に詳しい。
4　例えばDavid and Han（2004）を参照。

参考文献

Coase, R. H. (1937) The Nature of the Firm, *Economica*, 4(No. 3): 387-405.
David, R. and Han, H. (2004) A Systematic Assessment of the Empirical Support for Transaction Cost Economics, *Strategic Management Journal*, 25(No. 1): 39-58.
菊澤研宗 (2014)「組織の合理的失敗とその回避―取引コスト理論とダイナミック・ケイパビリティ」『三田商学研究』第56巻6号:87-10.
菊澤研宗 (2015)「ダイナミック・ケイパビリティと垂直的統合:取引コスト,ケイパビリティ,そしてダイナミック・ケイパビリティ」『三田商学研究』第58巻2号:75-86.
Tadelis, S. and Williamson, O. E. (2013) Transaction Cost Economics, in R. Gibbons and J. Roberts eds. *The Handbook of Organizational Economics*, Princeton: Princeton University Press: 159-189.
Teece, D. J. (1980) Economies of Scope and the Scope of the Enterprise, *Journal of Economic Behavior and Organization*, 1(3): 223-247.
Teece, D. J. (2009) *Dynamic Capabilities and Strategic Management: Organizing for Innovation and Growth*. Oxford: Oxford University Press. (谷口和弘・蜂巣旭・川西章弘・ステラ・S・チェン訳『ダイナミック・ケイパビリティ戦略―イノベーションを創発し,成長を加速させる力』ダイヤモンド社,2013年)
Teece, D. J. (2010a) Forward Integration and Innovation: Transaction Costs and Beyond, *Journal of Retailing*, 86(3): 277-283.
Teece, D. J. (2010b) Williamson's Impact on the Theory and Practice of Management, *California Management Review*, 52(2): 167-176.
Teece, D. J. (2011) Dynamic Capabilities: A Guide for Managers, *Ivey Business Journal*, March/April.
Teece, D. J. (2012) Dynamic Capabilities: Routines versus Entrepreneurial Action, *Journal of Management Studies*, 49(8): 1395-1401.
Teece, D. J. (2014a) A Dynamic Capabilities-Based Entrepreneurial Theory of the Multinational Enterprise, *Journal of International Business Studies*, 45(1): 8-37.
Teece, D. J. (2014b) The Foundations of Enterprise Performance: Dynamic and Ordinary Capabilities in an (Economic) Theory of Firms, *The Academy of Management Perspectives*, 28(4): 328-352.
Teece, D. J., Pisano, G. and Shuen, A. (1997) Dynamic Capabilities and Strategic Management, *Strategic Management Journal*, 18(7): 509-533.
Williamson, O. E. (1975) *Markets and Hierarchies: Analysis and Antitrust Implications*. Free Press. (浅沼萬里・岩崎晃訳『市場と企業組織』日本評論社,1980年)
Williamson, O. E. (1985) *The Economic Institution of Capitalism: Firms, Markets, Relational Contracting*, Free Press.
Williamson, O. E. (1996) *The Mechanisms of Governance*. Oxford University Press.

（石田光男・山田健介訳『ガバナンスの機構：経済組織の学際的研究』ミネルヴァ書房, 2017年）

Williamson, O. E. (1999) Strategy Research: Governance and Competence Perspectives, *Strategic Management Journal*, 20(12): 1087-1108.

Winter, S. G. (2003) Understanding Dynamic Capabilities, *Strategic Management Journal*, 24(10): 991-995.

第4章 ダイナミック・ケイパビリティ論と進化経済学

1. はじめに

　ダイナミック・ケイパビリティ論と進化経済学は，これまで相互に影響を与え合ってきた。一方で，進化経済学は，ダイナミック・ケイパビリティ論の先行研究としてその役割を果たし，しかもケイパビリティの変化や生成に関しても論理的な基礎づけを行い，その理論展開に貢献してきた。他方，進化経済学は，ダイナミック・ケイパビリティ概念を取り入れることによって，組織進化の枠組みをより明確にする機会を得てきたといえるだろう。

　進化経済学者のシドニー・ウィンターは，今日，ダイナミック・ケイパビリティ論者の1人として，進化経済学の枠組みから経営者の戦略的意思決定に対する指針を提示し，注目を浴びている。しかし，ウィンターは，ダイナミック・ケイパビリティ論の重要な論者であるヘルファットと共に，2011年にダイナミック・ケイパビリティ概念に対する疑念を提示し，ダイナミック・ケイパビリティ論において大きな議論を巻き起こした。そして，その疑念を晴らすことによって，彼はダイナミック・ケイパビリティ論を進化経済学の枠組みの中に捉えようとした。

　本章の目的は，進化経済学者であるウィンターによって，どのようにダイナミック・ケイパビリティ論が進化経済学の枠組みの中に捉えられうるのかを明らかにし，しかもこのようなウィンターの新たな枠組みが，本来の進化経済学のダーウィン主義的枠組みとは異なるもの，つまりラマルク主義であることを明示することにある。

2. ネルソン＝ウィンターの進化経済学

　進化経済学では，ダイナミック・ケイパビリティはより高次のルーティン，つまりルーティンのルーティンとみなされる。ダイナミック・ケイパビリティ論に対する進化経済学の貢献について議論する前に，ここではまずネルソン＝ウィンター (Nelson and Winter, 1982) の進化経済学について要約することから始めたい。

　ネルソン＝ウィンターが取り組んでいた問題は，経済現象を深く理解するために，環境の変化を予測できない企業が，それぞれ不完全な予測に基づいてさまざまな行動を行い，それによって生まれるプロセスをモデル化することにあった。なぜなら，彼らによれば，企業が予期もしないような環境変化に置かれるとき，あるいは企業がイノベーションによって環境を変化させ，その帰結が予測できないとき，累積的でダイナミックな経済変化を捉えることができるからである。

　経済現象を説明する標準的理論である新古典派経済学では，企業は完全合理的で利益最大化原理のもとに最適な行動を選択するものとみなされる。それゆえ，環境が劇的に変化しても，企業はその変化の結果である均衡価格を完全に予測でき，すぐに最適な行動を選択することができる。また，企業はイノベーションによる環境変化の帰結も予測できる。そのため，新古典派経済学では，経済変化は常に新たな均衡状態に至るまでの一時的な変化にすぎないのである。

　そこで，ネルソン＝ウィンターは，環境変化の帰結を予測できない企業を想定するために，カーネギー学派，特にサイアート＝マーチ (Cyert and March, 1963) に依拠して，企業を行動に至る意思決定手続きないし意思決定ルールを持つ"組織"とみなした[1]。つまり，企業はあらゆる客観的に利用可能な選択肢の中から所与の企業目的に対して最適な行動を選択するという新古典派企業論に反して，企業はルーティン集合からなり，ルーティンに従って行動するという見方を提案したのである。

ネルソン=ウィンターによると，ルーティンとは規則的で予測可能な行動パターンのことであるが，それはまた暗黙的であり，スキルのようなものであるとする。しかも，彼らによると，ルーティンには2種類あり，直接行動を導くより低次のルーティンと，"それを変化させるルーティン"として，学習ないし探索にかかわるより高次のルーティンつまりルーティンのルーティンがあるとした。企業が直面する最も重要な問題に関する意思決定や戦略といったものはルーティン化されていないように思われるが，彼らによれば，ルーティンを変化させる手続きもまたルーティン化されているという[2]。

　ルーティンは，組織の知識の貯蔵庫ないしメタ・スキルとしての役割を果たす。なぜなら，企業は経験から得た知識をルーティンに反映させ，その機能を高めていくからである。そして，そのために企業は組織メンバーにルーティンに従うように管理したり，従うことを評価――昇進や昇給――したりするのである。

　環境が劇的に変化しても，新古典派経済学のように企業が極大化行動を瞬時に選択できれば，企業はルーティンに囚われずに行動できるだろう。しかし，現実の人間は，新古典派経済学が仮定しているように完全合理的ではない。進化経済学では，限定合理的な人間が仮定されているのである。それゆえ，限定合理的な人間から構成される組織にとっては，新たな環境の基準を予測することは困難なために，現行のルーティンを基準として行動することが合理的な選択となる。あるいは，たとえ新たなルーティンを探索することになるとしても，企業が保有している既存のルーティンに強く依存することになる。

　さらに正確に分析すれば，企業行動は，現行のルーティンの収益性を基準として，それを複製するか，縮小するか，あるいは現行の環境で収益性の高い他企業のルーティンを模倣するか，あるいは探索ルーティンに従って新たなルーティンを獲得して行動する――ルーティンの変更――か，といったルーティンの遂行あるいはルーティンの変化かという形で捉えられることになる。

　また，ルーティンは，組織メンバーの動機が各々によって異なることから生じるコンフリクトを休止させる役割を果たす。それゆえ，組織メンバーは，新たに生じる利益をめぐってメンバー間で発生するコンフリクトを避けるために，

ルーティンの変化に対して抵抗する傾向を持つ。

　さて，ネルソン＝ウィンターは，このような企業のルーティンを生物の遺伝子にたとえ，それらが環境によって淘汰されるとみなすことで，経済変化を次のような進化プロセスとして説明した。

　ある産業において，環境に適応していないルーティンを持つ企業は事業から撤退させられることになり（＝生物では死），環境に適応したルーティンを持つ企業は成長することになる（＝生物では繁殖）。しかも，環境に適応したルーティンは他の企業によって模倣され（＝文化的な淘汰に特有のメカニズム），これによってポピュレーションにおけるルーティンの分布はある方向へと変化していくことになる。

　つまり，環境による淘汰が，結果として産業におけるある特定のルーティンの割合を増やすように作用することになる。そして，このような産業レベルのルーティンの分布の変化としての経済変化は，企業行動に焦点を当てることによって経路依存的な特徴を持つことが認識できる。さらに，産業内である特定のルーティンが普及することによって，企業の選択行動はより効率的になり，そのルーティンはさらに産業内で増加することになる[3]。

　ただし，ネルソン＝ウィンターは，企業を取り巻く環境が常に変化する可能性があることを強調する。というのも，ある企業が新たなルーティンを遂行したり，あるいは別の企業がルーティンを修正したりするからであり，また産業内の各企業のルーティンが一定であっても，産業レベルでは総投入，総産出，そして価格水準などの市場条件が変化したりすることがありうるからである。

　一般に，ルーティン化とイノベーションは対立した行動とみなされるが，ルーティンは探索ルーティンによってだけではなく，ルーティンを遂行する過程でも，あるいは他の組織の優れたルーティンを模倣する過程でも変化するという意味で，イノベーションと両立する。

　また，彼らによれば，既存のルーティンが環境によって淘汰されると，企業の収益性は減少するので，"産業における個々の企業のルーティンが一定"ということはほとんどあり得ないという。したがって，彼らによれば，そのため

経済変化は環境によってその方向が定められるが，その変化はその方向が絶えず変化することになるというダイナミックなプロセスとみなされる。

以上のように，ネルソン＝ウィンターは，進化経済学の名のもとに，ルーティンとしての企業行動を分析単位とすることによって，経済変化の経路依存的でダイナミックな特徴を明らかにしたのである。

3．ウィンターのダイナミック・ケイパビリティ論と組織変化理論

これまで述べてきたように，ネルソン＝ウィンター（Nelson and Winter, 1982）の目的は，もともと経済現象の解明にあった。しかし，その後，多くの研究者が制度変化や組織変化に関心を持ち始めると，ウィンターも組織変化に関するモデル化に関心を持ち始めた[4]。より具体的にいえば，進化経済学の枠内で「組織変化において企業・経営者がいかなる役割を果たすのか」という問題を扱い始めた。

それは，ウィンターにとって進化経済学（Winter, 1982）を発展させるものであった。というのも，ウィンター（Winter, 1987）によると，進化経済学では，企業はルーティンに従って行動するにすぎない存在であるかのように扱われ，それゆえ企業に対して指針を示すには明らかに限界があるからである[5]。ウィンターは，ネルソン＝ウィンター（1982）の進化経済学に，新たな概念を採り入れることによって，この問題を解決しようとしたのである。

3.1 ダイナミック・ケイパビリティとは

ウィンターは，2000年以降，個別組織の変化を問題にするにあたって，ケイパビリティを分析単位としている。企業はケイパビリティ集合からなるという見方である。

彼にとって，ケイパビリティとは，企業の存続と繁栄にとって重要なルーティンないしルーティン集合のことである。ルーティンには，経営者のコント

ロールなしに，直接環境との相互作用で変化するものも含むのに対して，ケイパビリティは，経営者が知り，コントロールをする対象であるという。つまりウィンターは，企業を，単に外的な刺激に対して反応するだけの存在というよりも，その変化をコントロール可能な存在として位置づけたのである。

ウィンターによれば，このような企業にとって重要になるのが，ケイパビリティを生み出す学習である。そしてその学習が企業において体系的・持続的に行われているならば，その学習は，ティースらが1997年の論文で提示したダイナミック・ケイパビリティである[6]と主張する。

ウィンターは，ゾロとの共同研究（Zollo and Winter, 2002）において，ダイナミック・ケイパビリティを，「組織の有効性を改善するために，組織が体系的に業務的（operating）ケイパビリティ[7]を生み出したり，修正したりする，学習され安定した集団的行動のパターンである」（Zollo and Winter, 2002, p. 340）と定義している。

ゾロ＝ウィンターは，ティースらがネルソン＝ウィンター（Nelson and Winter, 1982）の進化経済学に基づき，「企業を，パフォーマンスのフィードバックに基づいて進化する，業務的ルーティンと管理的ルーティンとみなしている」（p. 340）点で共通しているが，ティースら（Teece, Pisano and Shuen, 1997）の考えとは，以下の3点で異なるとしている。

(1) ティースらが，ダイナミック・ケイパビリティを急速に変化する環境で求められるケイパビリティとしているのに対して，ウィンターらは，安定している環境であっても企業にとって必要だという。というのも，環境変化が急速ではないが，方向を予測できず，方向性が定まらない場合でも，企業のコア・コンピタンスはコア・リジディティに変わりうるからである[8]。長期的には，企業環境は常に変化しているのであり，それゆえダイナミック・ケイパビリティは常に必要なのである。

(2) ウィンターらによると，彼らのダイナミック・ケイパビリティの再定義は，ダイナミック・ケイパビリティをアビリティと定義するティースらのトートロジー化を避けるために，ダイナミック・ケイパビリティが扱う対

象が業務的（あるいはオーディナリー・）ケイパビリティ，つまり通常能力であることを明確にする意義を持つという。
(3) 学習され安定したパターンと体系的という言葉が示しているように，ウィンターらにとって，ダイナミック・ケイパビリティは持続的で構造化されたものを意味している。すなわち，ダイナミック・ケイパビリティとは，将来の企業の利益を増やすことを目的とする体系的な取り組みであり，業務的（あるいはオーディナリー・）ケイパビリティという企業の通常利益を生み出すための手続きを修正し，変化させる能力である。具体的には，ダイナミック・ケイパビリティは，企業の研究開発能力，リストラクチャリングやリエンジニアリング能力，買収後の統合能力として理解される。

ゾロ＝ウィンターによると，ダイナミック・ケイパビリティは，ネルソン＝ウィンター（1982）の進化経済学における探索ルーティンであり，業務的なルーティンを修正する高次のルーティンでもある。それゆえ，彼らによると，企業は基本的に業務的（あるいはオーディナリー・）ケイパビリティとダイナミック・ケイパビリティから構成されるものとみなされる。このように，ダイナミック・ケイパビリティという概念を用いることによって，進化経済学の枠内で企業変革や組織変革を説明できることを明らかにしたのである。

3.2 ダイナミック・ケイパビリティ形成の学習メカニズム

さて，ゾロ＝ウィンターによると，ダイナミック・ケイパビリティは特定の安定した学習によって生み出され，それゆえそのような学習メカニズムが存在することになる。企業の学習メカニズムとは，(1)経験を蓄積し，(2)知識を明瞭化（articulation）し，そして(3)知識を成文化することであり，そのメカニズムは業務的（あるいはオーディナリー・）ケイパビリティによるフィードバックを知識に変換する企業の意識的な行動でもある。

そして，ダイナミック・ケイパビリティは，この学習メカニズムの共進化（もしくは相互作用）によって形成されることになる。ただし，業務的（ある

いはオーディナリー・）ケイパビリティは，ダイナミック・ケイパビリティによって変更されるだけではなく，この学習メカニズムによって，直接，修正させられたり生み出されたりすることもありうるという。

しかも，学習メカニズムには，以下のようにコストがかかる。それゆえ，学習メカニズムからダイナミック・ケイパビリティが形成されるとき，そのコストはダイナミック・ケイパビリティにかかるコストとして理解されることになる。

(1) まず，経験の蓄積には，蓄積させる特定の場（locus）にかかわるコストが発生する。より具体的にいえば，それは学習に対して責任を持つ部門あるいはチームを作ったり，役割を定めたり，スペシャリストを雇ったりするコストのことである。

(2) 次に，知識の明瞭化とは，会議やパフォーマンスを評価するプロセスなどを通して組織メンバーが相互に議論し，互いの経験から業務的ケイパビリティに対して理解を深めることである。組織メンバーが相互に議論するには，時間やエネルギーが必要になるので，コストが発生する。

(3) 知識の成文化とは，知識を改善するためのツールを作り上げること，あるいはそれをアップデートするかどうか，そしてどのようにアップデートするのかを決めて実行することである。そのために時間や資源が必要となり，コストが発生する。加えて，知識の成文化が不十分であるとき，業務的ケイパビリティの応用が期待はずれであったり，不適切であったりした場合にもコストが発生する。さらに，業務的ケイパビリティを遂行するために形式化や構造化を行った結果，組織の慣性が増加するというコストも発生する。

3.3　組織進化プロセス

前述のように，ウィンターが新たに解こうとした問題は，企業変化や組織変化の解明である。ゾロとの研究で，ウィンターは，企業進化を，以下のように企業が保有する知識の進化サイクルとして理解した。

古典的な進化論には，複製という段階は存在しない。しかし，遺伝子の進化

第4章 ダイナミック・ケイパビリティ論と進化経済学　87

figure 4.1　企業活動を通じた知識の進化サイクル

とは異なり，企業の活動を通じた知識の複製は企業能力に依存し，その企業の変異段階に影響を与えるため，1つの段階とみなされる。また，内的淘汰という企業内の選択が進化サイクルに加わり，環境による淘汰はフィードバックとして変異の段階で機能するものとされる。したがって，個別企業の進化においては，企業内の選択（内的淘汰）が重要な役割を果たし，環境淘汰は企業の活動を通じて知識の変異段階に作用することになる（図表4.1）。

　ここで，知識とは企業によって変換された業務的（あるいはオーディナリー・）ケイパビリティによるフィードバックであるという意味で，知識の変異は学習メカニズムやダイナミック・ケイパビリティによって生じるものと理解される。つまり，企業進化は，学習メカニズムやダイナミック・ケイパビリティによって生み出された業務的ケイパビリティが環境によって変異を起こし，内的に淘汰されるというサイクルで展開されるのである。

3.4　ダイナミック・ケイパビリティの限界

　さらに，ウィンター（Winter, 2003）は，企業進化におけるダイナミック・ケイパビリティの有効性の限界を明確にするために，以下のように主張する。
　環境変化が発生し，企業が予期しない問題に直面したとき，企業はその問題に対してアド・ホックに消火活動のような行動をとりうる。このようなパターン化されていない方法による企業の環境適応を，ウィンターは"アド・ホックな問題解決"という。彼によると，企業は，"アド・ホックな問題解決"か，ダイナミック・ケイパビリティのいずれかの方法によって変化に対応することができるという。
　しかし，ダイナミック・ケイパビリティは，専門化された資源に対する長期

のコミットメントを意味するため、その維持にはコストがかかるのである。それゆえ、たとえ企業がダイナミック・ケイパビリティを保有していても、変化の少ない産業では、アド・ホックな問題解決を行うライバルよりも、より多くのコストを負担することになるのである。

　また、たとえ企業が変化に直面し、ダイナミック・ケイパビリティによって新たに業務的（あるいはオーディナリー・）ケイパビリティが生み出されても、そのケイパビリティによって環境に適応できず、それゆえ利益を得られないこともありうる。あるいは、企業があまりにも多くの変化を試みると、業務的ケイパビリティが頻繁に破壊され、その結果、生み出されるリターンよりもそのコストのほうが高くなる可能性もある。

　したがって、ダイナミック・ケイパビリティによって、既存のケイパビリティの退化が部分的に回避されたり、持続可能な競争優位が生み出されたりするかもしれないが、企業はダイナミック・ケイパビリティに対する投資に見合うだけのリターンを獲得できる保証はないのである。それゆえ、ウィンターは、環境の変化に対応するために、ダイナミック・ケイパビリティが"アド・ホックな問題解決"よりも、経済的に優れているとは限らないと主張するのである。むしろ、コストの観点からすると、アド・ホックな問題解決能力のほうが効率的なのである。

4．オーディナリー・ケイパビリティ論と進化経済学

　以上のようなウィンターによる企業進化を解明する試みは、組織進化における企業・経営者の意思決定が果たす役割を示すことによって、企業への指針を導出している。そして、ウィンターにとって、企業進化や組織進化にとってダイナミック・ケイパビリティは必ずしも必須の要素ではないということである。この点は、2011年に発表されたウィンターとヘルファットとの共同研究によって、さらに明確に説明されている。

　ヘルファット＝ウィンター（Helfat and Winter, 2011）が問題としているの

は，ダイナミック・ケイパビリティとオーディナリー（あるいは業務的）・ケイパビリティの違いがあいまいであるという点にある。ヘルファットとウィンターは，オーディナリー・ケイパビリティを，現在，企業が生きている通常の方法とし，ダイナミック・ケイパビリティはそのオーディナリー・ケイパビリティを変化させるものとみなす。この見方は前述のように，ティースら（Teece, Pisano, and Shuen, 1997）により進化経済学に基づいて導入され，いまでもダイナミック・ケイパビリティ論において一般的な見方である。

以上のように，ダイナミック・ケイパビリティとオーディナリー・ケイパビリティとでは，目的と意図する成果において異なるが，ヘルファットらはこれらの間に明確なラインを描くことはできないとする。というのも，変化は常にある程度は起こっており，それゆえダイナミック・ケイパビリティのみならずオーディナリー・ケイパビリティでも変化に対応しているからである。何よりも，両者の違いは，観察者の距離の違いや期間の長さにすぎないということ，つまり近くで見れば変化に対応しているように見えるが，遠くから見れば通常の動きに見えるし，短期的に見れば変化に対応しているように見えるが，長期的に見れば変化していないように見えるということにすぎないという。

また，ダイナミック・ケイパビリティ論では，ダイナミック・ケイパビリティは急進的な（あるいは不連続な）変化に対応する能力とみなされ，オーディナリー・ケイパビリティは急進的ではない変化に対応する通常能力として区別されているが，変化が大きいかどうかは，程度の問題であり，いずれも変化に対応しているので，これら両者を本質的に区別することは困難だという。

さらに，同じ1つのケイパビリティがオーディナリーな目的で使用されたり，ダイナミックな目的で利用されたりする場合もある。具体的には，新製品のみならず既存の製品の両方で用いられるマーケティングのケイパビリティのように，両者を区別することは不可能だという。

以上のことから，ダイナミック・ケイパビリティを大きな変化に対応する能力とし，オーディナリー・ケイパビリティを微細な変化に対応する能力として境界線を引くことは困難であり，両者に本質的な違いはないということである。

何よりも，ウィンターによると，ダイナミック・ケイパビリティは，進化経済学の探索ルーティンとして捉えることによって，つまり進化経済学の枠組みで捉えることによって実り豊かになるのである。

5．おわりに：ダーウィン主義とラマルク主義

　ネルソン＝ウィンター（Nelson and Winter, 1982）の進化経済学によって，産業レベルにおける企業のルーティン分布の進化プロセスの特徴が明らかにされた。その後，ウィンターは個別企業レベルの組織変革，変化，そして進化に関心を持った。そして，企業の存続にとって重要なダイナミック・ケイパビリティが企業・経営者によってコントロールされうるものであり，また組織進化の分析単位となるオーディナリー・ケイパビリティが内的に淘汰されうることを明らかにし，企業経営に対してインプリケーションを引き出した。

　ウィンターの議論は，進化経済学に基づき，企業にとって環境変化に適応し存続するためにはダイナミック・ケイパビリティが重要であり，それが重要となる条件を明示することによってダイナミック・ケイパビリティ論におけるケイパビリティの論理的基礎づけを行うものであった。

　このようなウィンターの議論は，彼をダイナミック・ケイパビリティ研究者の1人として位置づけただけでなく，進化経済学を発展させるものであった。環境による淘汰が企業に対してフィードバックとして影響し，またダイナミック・ケイパビリティが必ずしも企業にとって良い成果をもたらすとは限らないという彼の議論は1982年のネルソン＝ウィンター（Nelson and Winter, 1982）の進化経済学のダーウィン主義的な枠組みに基づくものであるかのように思われる。

　しかし，実際には，ウィンターは産業内の企業群のルーティンではなく，個別企業内のルーティンの変化プロセスのみに焦点を当てている。それゆえ，産業レベルにおいてはルーティンが，各企業それぞれ独自に変化することになる。

　それに対して，1982年の進化経済学の枠組みでは，産業レベルでルーティン

の構成が変わることで，ルーティンを評価する環境基準が定まる[9]ことを想定し，産業レベルの視点から組織ルーティンの模倣を重要な企業の選択とみなしていた。しかし，最近のウィンターは，企業が他企業のルーティンを模倣することをほとんど問題にしていない。

これに対して，ネルソンもダイナミック・ケイパビリティの概念を用いて，組織進化に焦点を当てる研究を行っている。そして，ウィンターと同様に，ルーティンの将来の有効性に関して，企業が独自のビジョンを持ち，その実現に向けて継続的に取り組むべきだと主張する。

しかし，ネルソンはあくまで個別企業の組織変化を，産業内の企業間の相互作用から個体群としてのルーティンの方向が生まれていくプロセスのなかで捉えている。つまり，企業によって選択された方向は，環境による淘汰に耐えるとき，企業変化は起こるのであって，企業自身によって変化していくのではない。環境に適応しなければ，企業は淘汰されるのである。

また，ネルソンは，ルーティンには，物的技術と社会的技術の側面があり，これらの共進化が産業を進化させることになるという。企業の持ついかなるルーティンが産業を進化させるか，そして企業が独自にルーティンを複製し，改善するばかりでなく，産業内で普及しているルーティンを模倣することも重要な選択であるとする。このように，ネルソンは産業レベルにおける企業の持つルーティン分布の変化を解明する枠組みから，企業変化の可能性を探究しているのである。

以上のように，ウィンターは，進化経済学の進化概念をより明確にし，その枠組みから企業への指針を示すことを試みたが，その試みは1982年の進化経済学やそれ以降のネルソンのダーウィン主義的な進化論の枠組みとは異なり，ラマルク主義的な学習論的な教化枠組みへと変化しているように思える。

ラマルク主義が生物学や認識論でその妥当性に疑問が提示されていること，またもともと経営学者を中心として注目を集めたのが，産業レベルから組織進化に焦点を当てるダーウィン主義的枠組みであったことを考えると，進化経済学はウィンターが行っているようなラマルク主義ではなく，ネルソンが行って

いるダーウィン主義的枠組みからダイナミック・ケイパビリティ論の研究成果を取り入れ，さらなる展開を目指していく必要があると思える。そして，その展開は同時に，ダイナミック・ケイパビリティ論の発展にも貢献するものと期待できる。

注
1　ただし，ネルソン＝ウィンターは，彼らの枠組みは企業行動と経済環境とを結びつけるプロセスを強調している点でカーネギー学派とは異なるとしている。
2　新古典派経済学では，企業行動を，所与の選択集合の中から所与の目的に対して最適な行動を選択した結果とするのに対して，ネルソン＝ウィンターは，選択集合と選択することの双方をルーティンとみなす。それは，例えば，自動車の運転というルーティンには，道路からはみ出さないようにしたり，ハンドルを急に切って横滑りをしないようにしたり，前方の自動車に追突しないようにしたりする選択を伴うことと，ルーティンが運転手によって異なるそのような選択の熟練を表すことを意味する。
3　このプロセスは1982年の著作ではモデルに組み入れていた程度の扱いであったが，Dosi and Nelson（1994）は「転がる雪だるまメカニズム」と呼び，経済変化が経路依存的である理由として強調している。
4　ネルソンも，ウィンターと同様の問題意識の下，ダイナミック・ケイパビリティの概念を引用する理論を展開しているが，後に議論するように，ウィンターとは異なる枠組みとして捉えられる。本章では，ダイナミック・ケイパビリティ論としてのウィンターの理論展開に着目する。
5　ウィンター（Winter, 1987）はネルソン＝ウィンター（Nelson and Winter, 1982）を運命論的アプローチと呼んでいる。
6　具体的には，ニューコア社が学習によって得た，CSP技術による市場向きの製鉄を生産するケイパビリティが，ダイナミック・ケイパビリティによって生み出されたと説明している。
7　ゾロ＝ウィンターは業務的ルーティンとしていたが，後にウィンターが修正しているためここではそれを反映させている。
8　ゾロとウィンターは，1999年のワーキングペーパーではHenderson and Clark（1990）とMarch and Levinthal（1993）も引用していたが，2002年の論文ではLeonard-Barton（1992）のみを引用している。
9　ネルソンはドシとの共同研究（Dosi and Nelson, 1994）において，環境による淘汰の基準が最も顧客の嗜好と一致している，補完的なルーティンが多く存在するといった偶発的な要因から決まると論じている。

参考文献

Cyert, R. and March, J. (1963) *A Behavioral Theory of the Firm*, Englewood Cliffs, N. J.: Prentice-Hall.
Dosi, G. and Nelson, R. (1994) An Introduction to Evolutionary Theories in Economics, *Journal of Evolutionary Economics*, 4: 153-172.
Dosi, G., Nelson, R. and Winter, S. (2000) *The Nature and Dynamics of Organizational Capabilities*, Oxford University Press.
Helfat, C. E., Finkelstein, S., Mitchell, W., Peteraf, M. A., Singh, H., Teece, D. J. and Winter, S. G. (2007) *Dynamic Capabilities: Understanding Strategic Change in Organizations*, Blackwell Publishing Ltd.(谷口和弘・蜂巣旭・川西章弘訳『ダイナミック・ケイパビリティ』勁草書房、2010年)
Helfat, C. E. and Winter, S. G. (2011) Untangling Dynamic and Operational Capabilities: Strategy for the (N)ever-Changing World, *Strategic Management Journal*, 32(11): 1243-1250.
Murmann, J., Aldrich, H., Levinthal, D. and Winter, S. (2003) Evolutionary Thought in Management and Organization Theory at the Beginning of the New Millennium, *Journal of Management Inquiry*, 12(1): 22-40.
Nelson, R. (1991) Why Do Firms Differ, and How Does It Matter?, *Strategic Management Journal*, 12: 61-74.
Nelson, R. and Winter, S. (1982) *An Evolutionary Theory of Economic Change*, Harvard University Press.(後藤晃・角南篤・田中辰雄訳『経済変動と進化理論』慶應義塾大学出版会、2007年)
Teece, D. (2009) *Dynamic Capabilities and Strategic Management: Organizing for Innovation and Growth*, Oxford University Press.(谷口和弘・蜂巣旭・川西章弘・ステラ・チェン訳『ダイナミック・ケイパビリティ戦略――イノベーションを創発し、成長を加速させる力』ダイヤモンド社、2013年)
Teece, D., Pisano, G., and Shuen, A. (1997) Dynamic Capabilities and Strategic Management, *Strategic Management Journal*, 18: 509-533.
渡部直樹 (2000)「2つの進化論と組織行動」『三田商学研究』第43巻特別号:31-50.
Winter, S. (1987) Knowledge and Competence as Strategic Assets, in D. J. Teece, ed., *The Competitive Challenge: Strategies for Industrial Innovation and Renewal*, Cambridge, M. A Ballinger: 159-184.(石井淳蔵・奥村昭博・金井壽宏・角田隆太郎・野中郁次郎訳『競争への挑戦』白桃書房、1988年)
Winter, S. (2000) The Satisficing Principle in Capability Learning, *Strategic Management of Journal*, 21: 981-996.
Winter, S. (2003) Understanding Dynamic Capabilities, *Strategic Management Journal*, 24: 991-995.
Zollo, M. and Winter, S. (2002) Deliberate Learning and the Evolution of Dynamic Capabilities, *Organization Science*, 13: 339-351.

第 II 部
ダイナミック・ケイパビリティ論の応用研究

　第II部では，ダイナミック・ケイパビリティ論がどのように現実に応用されうるのかについて紹介したい。特に，ダイナミック・ケイパビリティ論が，産業政策論，軍事産業論，そして多国籍企業論にどのように応用されうるのか。その応用研究を通して，ダイナミック・ケイパビリティ論の理解はより深まるだろう。

第5章 ダイナミック・ケイパビリティ論の産業政策への応用
―日本型イノベーション・エコシステムの構築に向けて

1. はじめに

　本章では，ダイナミック・ケイパビリティ（以下，「DC」という）論の日本型イノベーション・エコシステムへの応用を試みる。DCをあえて日本語に訳すならば「変化対応的な自己変革能力」（菊澤，2014）となろう。すなわち，環境の変化に対応して既存の資産，資源，知識などを再構成し，相互に組み合わせて持続的な競争優位を作り上げる能力である。さらに言うと，必要とあれば他企業の資産や知識も巻き込んで，有形・無形の資産をオーケストラのように構成する能力でもある。

　筆者は，研究者の立場から日常的に「産学連携による事業創成」および「起業家育成」に携わり，産学官金連携による地域イノベーション・エコシステム構築への取り組みを間近に見ている。そのような視点でDC論を読み解くとき，この理論とイノベーション・エコシステム（＝生態系）という概念に強い親和性を覚えるのである。そこで，本章では，DC論を応用することで，日本型イノベーション・エコシステムの概念枠組みに理論的解釈を与えてみたいと思う。さらに，エコシステムを形成するためには，多様な実務者と協働する機会が多いことを踏まえ，本理論を実践に活かすための研究上の課題にも触れておきたい。

　本章の構成は次のとおりである。第2節では，1995年に科学技術基本法が制定されて以来続くわが国におけるイノベーション政策の動向を振り返る。第3

節では，DCフレームワーク（以下，「DCF」という）を紹介した上で，近年，本格的に始動した日本型イノベーション・エコシステムとDC論の親和性について独自の解釈を与える。第4節では，DC論を実践で生かす際に解き明かさなければならない研究上の課題を挙げ，第5節で本章のまとめとする。補足ではあるが，本研究はDC論それ自体に関する網羅的レビューや本理論をめぐる学問的問題[1]の検討を目的とするものではないことを事前に述べておく。

2．わが国におけるイノベーション政策の動向

2.1 歴史的経緯

わが国では，1996年，第1期科学技術基本計画の中で産学官連携の促進が政策課題として掲げられ，第2期間中の2001年には経済産業省による産業クラスター計画，2002年には文部科学省による知的クラスター創生事業がそれぞれ打ち出された。それ以降も，産学官連携を通じた地域イノベーションの促進にかかる施策が継続的に実施されている（**図表5．1**参照）。

しかし，「産学連携を通じて社会実装（事業化）に繋がった割合は16％，その成果が事業の売上に大いに貢献した割合が6％」（日本経済団体連合会，2016）にとどまり，残念ながら，これらの施策は期待された成果にはつながらなかった。その理由の1つとして，「科学技術コミュニケーション活動に関して，科学技術や研究者等と社会の距離はいまだ遠い」といった問題点が指摘されている（科学技術等推進委員会，2014）。

これらの課題を踏まえ，2015年には，新たに科学技術イノベーション総合戦略ならびに第5期科学技術基本計画が策定された。その重要政策分野の1つとして「『地方創生』に資する科学技術イノベーションの推進」が掲げられている。一方，わが国の地域政策である「まち・ひと・しごと創生総合戦略」においては，これまでの地域クラスター政策の反省点を明示した上で，日本型イノベーション・エコシステムの形成に向けた取り組みが始まっている。

第Ⅱ部　ダイナミック・ケイパビリティ論の応用研究

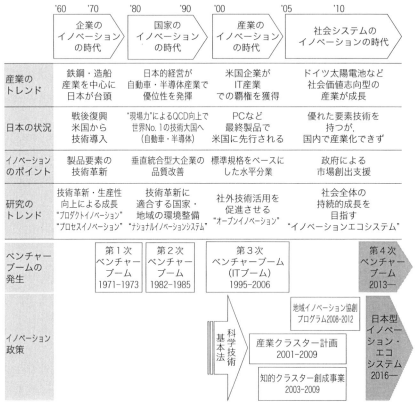

図表5.1　わが国におけるイノベーション政策の動向

出所：経済産業省（2016），野村（2016），姜（2017）をもとに筆者作成。

　地域イノベーションにかかる新たな施策の1つが，2016年9月に公表された文部科学省補助事業「地域イノベーション・エコシステム形成プログラム」である。本プログラムには，32大学・機関が応募し，その結果，浜松市，福岡県，北九州市，茨城県を拠点とする4者が採択された。また，経済産業省でも，文部科学省の取り組み同様，「戦略的基盤技術高度化・連携支援事業」などいくつかの新たな施策を打ち出している。**図表5.1**は，わが国におけるイノベーション政策の動向をまとめたものである。

2.2　クラスター戦略の理論的支柱

　ここでは，過去のイノベーション促進策として打ち出されたクラスター政策の理論的支柱を簡単に振り返っておこう。

　2000年に入ってから，日本経済再生の切り札として期待されたのがクラスター戦略である。クラスターとは，元来，ぶどうの房のような「塊」を示し，ポーター（1998）はクラスターを次のように定義した。「クラスターとはある特定の分野に属し，相互に関連した企業と機関から成る地理的に近接した集団である。集団の結びつきは，共通点と補完性にある」。クラスターの基盤となったのは「ダイヤモンド・モデル」（ポーター，1998）である。このモデルは，「需要要件」「要素要件」「企業戦略および競争環境」「関連・支援産業」の4つの要素から構成され，競争力の根源は生産性向上にあること，そして，ダイナミックに生産性を向上していくためにはイノベーションが欠かせないこと，さらに，イノベーションを奨励する要因として先の4つの要素があることを基本概念としていた（石倉，2003）。

　経営戦略論の系譜をたどるとき，外部環境分析を重視するポーター（Porter, 1980）のポジショニング・アプローチと，企業内部における模倣困難な独自の資源こそが競争優位の源泉であると主張するワーナーフェルト（Wernerfelt, 1984），バーニー（Barney, 1986）らを起点とする資源ベース論は，とかく対立軸で語られることが多い。しかし，ポーター（Porter, 1998）が示した「ダイヤモンド・モデル」では，資源の活用に重きを置いた点は注目に値する。すなわち，同モデルでは，マクロ政策で限界のある経済開発や活性化の鍵を握るミクロの考え方を基盤として，競争力の根源である生産性は，ある事業環境における人的資源，金融資源，天然資源をどう用いるかによって左右されるとし（石倉，2003），地域独自の資源活用を推奨したのである。

2.3　過去の反省と新たな政策

　先に述べたとおり，わが国のクラスター政策は期待された成果を出すことが

できなかった。その反省点として，次の3つが挙げられている（首相官邸HP）。(1)イノベーションの実現に向け，各プレーヤーのミッションが不明確であるとともに，ミッションの達成に全力を傾注する仕組みがなかった。(2)地域完結主義に陥り，地域外との連携がなかった。(3)各プレーヤー間で人材や技術を流動化させる仕組みがなかった。

これらの反省点を踏まえ，橋渡し機能を持つ機関による地域外との連携（全国の資源を積極的に活用），人材や技術の流動化の促進を進めることが方針として明示され，その結果，新たに始動したのが日本型イノベーション・エコシステム形成への取り組みである。

エコシステムという用語は，近年，ビジネス用語としても定着した感がある。これは，新規の事業を立ち上げる際，多種多様な関係者たち—いわゆる「プレーヤー」と呼ばれる大企業・中小企業およびベンチャー企業，金融機関やベンチャー・キャピタル，大学などの研究・教育機関，各種規制当局や政府機関等—が自律的に活動し，かつ競争と補完関係の中でイノベーションの創出を加速していく様子を生態系（エコシステム）になぞらえたものである。そして，アメリカ型でもドイツ型でもないわが国独自のエコシステムを指して日本型イノベーション・エコシステムと呼んでいるのである。

3. イノベーション・エコシステムへのダイナミック・ケイパビリティ論の応用

3.1 本格始動した日本型イノベーション・エコシステム

野村（2016）は，近年始動した日本型イノベーション・エコシステム形成への取り組みに対し明確な懸念を示している。それは，政府によるトップダウンの地域イノベーション戦略は，ともすると全国一律・横並びの戦略策定，さらには特定産業の維持・固定化につながりかねず，将来の技術革新やイノベーションの動向，環境変化等を踏まえた地域自身の構造変革への取り組みという

イノベーション本来の視点が薄まるのでは，というものである。イノベーションは，国の指示により創出されるものではない。各地域に存在する企業あるいは企業家たちが，産業構造や経済，社会に変革をもたらそうと自主的に取り組むことから生まれるものである。野村（2016）の指摘は，エコシステムを形成する多様なプレーヤーの組織的知識，すなわち，ミクロ的基礎に含まれる知識とその活用の重要性を意識したという点で，非常に的を射たものといえよう。

このミクロ的基礎と，エコシステムの中核に位置すると考えられる企業，そして，それら企業の経営者が持つ「企業家的精神」に着目し，従来の資源ベース論を発展させた理論こそが，ティース（Teece, 2007, 2014）によって展開されるDC論なのである。

3.2 イノベーション・エコシステムの基底となるダイナミック・ケイパビリティ論

3.2.1 ビジネス・エコシステムの定義

ティースら（Teece, Pisano, and Shuen, 1997）は，DCを「急速に変化する環境に適応するために，内部と外部の能力（ケイパビリティ）を統合し，形成し，再編成する企業能力」と定義した。また，企業はビジネス・エコシステムに埋め込まれた存在であるとして，エコシステムにおける外部の資源を活用することでイノベーションを実現するとしている（Teece, 2011；図表5．2参照）。さらに，ティースら（Teece, Pisano, and Shuen, 1997）は，企業が内部に保有する資源は有限であるということを前提として，企業外部に存在するエコシステムの参加者との共進化や相互関係というものに着目し，企業内部・外部に存在する資源をコーディネートする能力（オーケストレーション機能）を構築することの重要性を強く主張している。

DC論で重要なのは，環境の変化に応じて企業が既存の資源，資産を再構築，再結合する点にあり，ティース（2014）は，これに関して「共特化の原理」を示している。これは，特殊なもの同士が相互に結びつくことによって，より大きなメリットが発生するような特殊な資源や資産の結合を意味する[2]。これは

図表5.2　ビジネス・エコシステム

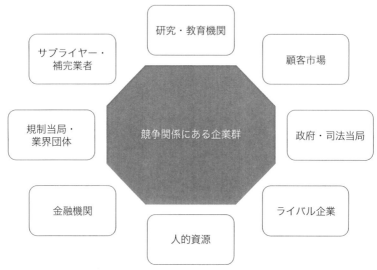

出所：Teece (2011).

　まさに，各地域が持つ有形・無形の多様な資産，資源，知識の結合と各プレーヤーの競争と補完関係によりイノベーション創出を図ろうとする日本型イノベーション・エコシステムを規定する原理といえるのではないだろうか。

　ティース（Teece, 2011）が示したビジネス・エコシステムの中核には「企業群」が位置するが，時に，その中心に「研究・教育機関」，「規制当局・業界団体」あるいは「公的機関」が鎮座することもあろう。その際の文脈は「イノベーション・エコシステム」あるいは「社会エコシステム」として読み替えることになる[3]。

3.2.2　ダイナミック・ケイパビリティ・フレームワークの理論構造

　ティース（Teece, 2011）が主張するDCは，ミクロ的基礎を構成する3種類の活動と調整能力とみなされ，ここでいう，3種類の活動とは，①感知（Sensing），②捕捉（Seizing），③変容（Transforming）を指す。

感知とは，ビジネス・エコシステムの他の要素を分析しながら，技術的機会の模索や市場調査を徹底し，顧客の声に耳を傾ける本来的に企業家に備わっている能力のことである。次に，捕捉とは，機会に対処し，そうすることで生まれる価値を捉えるための資源を動員することを指す。すなわち，顧客を満足させ，価値を引き出すようなビジネスモデルをデザインすることと関係し，そのために必要な資本や人材を確保することも含まれている。さらに，変容とは，刷新を続けることをいい，急進的な新たな機会に対処しなければならないときに，最も必要とされるケイパビリティである。そして，エコシステム内で有形・無形の資産を成功的に構築し，オーケストレーションする（調整する）企業が上手に利益をあげるとしているのである（Teece, 2011）。

　さらに，ティース（2014）は，DCは単独では機能せず，それは競争優位をもたらすように効果的な戦略と結びつけられなければならないとしてDCFの理論構造を示している（**図表５.３**参照）。その理論構造は，強いDC，VRIN資源—すなわち，価値があり（Valuable）・希少であり（Rare）・模倣が困難で（Inimitable）・代替できない（Non-Substitutable）資源—，そして，良い戦略が共存することが，長期にわたる企業の財務的成功の必要十分条件であり，優れたパフォーマンスは良い戦略と結びつくと同時に，感知・捕捉・変容する強いDCを必要とすることを表している。

　また，**図表５.３**からも見て取れるとおり，ティース（Teece, 2009）は，DCを構成する経営者の意思決定スキルに焦点を当てている。これはいうならば，経営者が，不確実性のもとで，できる限りバイアスのない判断を下さざるを得ない状況に直面することを意味し，そこで必要とされるのが，経営者の企業家的精神に基づいた経営判断としての意思決定スキルなのである（永野，2015）。

　この企業家的精神は，反復することが不可能な個人的知識であり，暗黙的な性質を持つものと考えられ，ティース（Teece, 2009）のいうDC概念においては，その中核をなすものとされている。それゆえ，ミクロ的基礎を構成する３種類の活動（感知，捕捉，変容）と調整能力（オーケストレーション機能）

図表5.3 ダイナミック・ケイパビリティ・フレームワークの理論構造

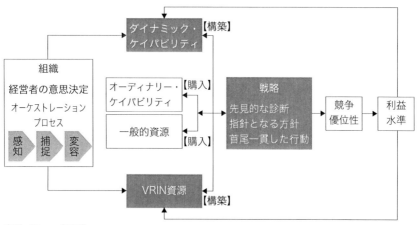

出所：Teece（2014）．

から構成されるDCは，企業家的精神を基礎とする経営者の判断により，VRIN資源，そして，良い戦略との共存が図られると解釈できるのである（**図表5.3**）。

3.3 イノベーション・エコシステムとダイナミック・ケイパビリティ論の親和性

科学技術振興機構研究開発戦略センター（2010）は，社会の持続可能性を脅かす問題の解決を目指したイノベーションを創出する「問題解決を目指すイノベーション・エコシステム」の枠組みを示している（**図表5.4**参照）。

同センターでは，イノベーション・エコシステムを次のように定義している。「イノベーション創出のプロセスは多様な経済的・社会的要素が複雑に絡み合う不確定なものであり，結果を予測することは不可能である。この複雑で不確実なプロセスをうまく調整し，イノベーションを効率よく創出するには，さまざまな要素の間での競争と協調を通じて，単なる要素の足し合わせ以上の創造的活動が恒常的に行われるシステムが必要である。それは自律的なダイナミク

スを持つエコシステムというべきものである。

イノベーション・エコシステムでは，多様な経済的・社会的要素がネットワーク化し，要素間およびネットワーク間において多様な相互作用が行われ，新しい価値が生み出される。そのプロセスにおいて各要素は共に進化し，それに伴いネットワークや相互作用も変化する。これらの最適化によって創出されるイノベーションも，時間，場所，目的によって進化する。つまりイノベーションを取り巻く環境はダイナミックに変動するものであり，そこから持続的にイノベーションを創出する体系全体が，イノベーション・エコシステムである」（科学技術振興機構研究開発戦略センター，2010より一部抜粋）。

同センターでは，科学的な知識のインプットをイノベーション創出のスタートとし，一連のプロセスの流れのなかで「経済的価値の増大」と「社会的価値

図表5.4　イノベーション・エコシステムの俯瞰図

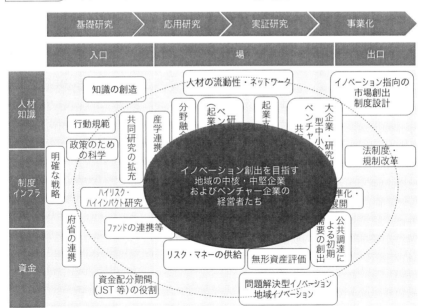

出所：科学技術振興機構研究開発戦略センター（2010）をもとに筆者作成。

の増大」を図り，結果的に「社会経済的価値の増大」に結びつくとしている。

　この一連の流れを，企業経営に置き換えて表現するならば，イノベーション・エコシステムが目指す「社会経済的価値の増大」は，「利益の源泉となるイノベーション創出による競争優位性の維持」すなわち「長期にわたる企業の財務的成功」となろう。さらに，**図表5.4**における縦軸「人材・知識・制度・インフラ・資金」は，経営資源でいうところの「人・モノ・金・情報」を指し，横軸の「基礎研究から事業化」までの流れは，企業の「バリュー・チェーン」と置き換えることができる。すなわち，企業が「長期にわたる企業の財務的成功」と「競争優位性の維持」を目指すのであれば，これは**図表5.3**に示したDCFの理論構造と重なってくるのではないだろうか。その結果，DCFの中核をなす（企業家的精神を有する）企業経営者たちを，**図表5.4**の中心に位置づけることにより，DC論がイノベーション・エコシステムという概念を説明しうる理論的基底になりうると筆者は考えるのである。

　事の真相を調べるのは別の機会とするが，ベンチャー企業の集積地であり，起業家たちのメッカである米国シリコンバレーに近接するカリフォルニア大学バークレー校で教鞭をとるティースが，これまで数多くのスタートアップ企業を観察し，イノベーション・エコシステムが形成される現場からDCFの理論構造を描くヒントを得たとしても全く不思議ではない。

4．研究上の課題

　ただし，ティース（Teece, 2007, 2014）が展開するDC論を，実践の場で生かそうとするとき，解決すべき研究上の課題が2つあることをここで指摘しておきたい。1つは，DCを構成する要素であるミクロ的基礎の具体化であり，もう1つは，企業家的精神の具現化である。永野（2015）が指摘するように，ミクロ的基礎は反復可能性があるものの，企業家的精神は再現性が低く，形而上学的性格を帯びているため，その取り扱いの難しさを克服する必要があるのである。

4.1 ミクロ的基礎の具体化

　ミクロ的基礎を構成する3種類の活動とは，感知・捕捉・変容を指す。感知とは，ビジネス・エコシステムの他の要素を分析しながら，技術的機会を模索し，市場を調査し，そして顧客の声に耳を傾ける能力である。具体的にいえば，経営者（企業）が持つ，情報収集力や，新分野・新技術への察知力といえよう。次に，捕捉とは，機会に対処し，そうすることで生まれる価値を捉えるための資源を動員する能力を指す。これは，事業化やビジネスモデルの構築力と言い換えることができよう。そして，変容とは，刷新を続けることをいい，急進的な新たな機会に対処しなければならないときに，最も必要とされる能力を指す。これは，事業拡大能力や業務提携の提案力，あるいは外部環境への適応力ともいえよう。

　これらのミクロ的基礎を構成する組織的能力と，それら能力を有する企業属性（産業分類，企業規模等）の特徴を示すことにより，DCを具備する企業群像を明らかにすることは可能であろう。その結果，実践上，企業が目指すべき方向性を具体的に示すことができると思われる。

4.2 企業家的精神の具現化

　一方，DC概念の中核をなす企業家的精神の具現化は相当難解である。なぜなら，これは，経営者の暗黙的な個人的知識だからである。ティース（2012, 2014）は，ネットフリックスのCEOであるリード・ヘイスティングスや，アップルのCEOであったスティーブ・ジョブズに対して経営者の企業家的精神を見出しているが，この解釈は，「環境に適応できていれば経営者の企業家的精神があったのだろう」（永野，2015）というトートロジーに陥りかねない。とはいえ，DCを維持するためには，企業家的精神を持つ経営者の存在を欠くことはできない。

　「企業家的精神」に関する経験科学的な議論は不可能なのだろうか。この課題解決のヒントを提供しているのが入山（2013）である。入山（2013）は，世

界の起業研究からわが国への示唆を論じるなかで,「起業家精神とは何か」という人間の内面性にかかわる部分を明示しようとしたいくつかの先行研究を紹介している。本節では,それらの中の4つの先行研究の概要を記しておくものとする。

　ただし,その大要を示す前に,「企業家」と「起業家」という語句に対する本章のスタンスを示しておきたい。「企業家」と「起業家」では,「会社」を経営する者と「事業」を立ち上げる者という意味の違いがあるが,筆者は,本章の中で「起業家」は「企業家」に内包されるものとして使用している。その理由はシュムペーター(1912)の「企業家」および「企業者」の説明によるところが大きい。

　シュムペーター(1912)は,「(イノベーションを意味する)新結合の担い手は企業ないし企業家」であり「企業者」であるとし,「企業者とはあくまでも新結合を遂行する経済主体だから,ルーティン的な事務処理をしているだけの経営者は企業者ではない」と一蹴している(吉川,2009)。そして,非連続的な変化である新結合の具体的な場面として次の5つを挙げている。①新しい商品の創出,②新しい生産方法の開発,③新しい市場の開拓,④原材料の新しい供給源の獲得,⑤新しい組織の実現である。これらの場面が,あるときには業を起こすことにより現実化することを考慮し,本文脈の中では,イノベーションを担う主体となりうる「企業家」の中に「起業家」を含めているのである。続けて,「起業家精神」に言及した先行研究の概要を紹介する。

4.2.1　アントレプレナーシップ・オリエンテーション

　コービンとスレイビン(Covin and Slevin, 1989)は,小規模企業が成功するために経営幹部に必要な「姿勢」(posture)に着目し,特に革新性(innovative)・積極性(proactive)・リスク志向性(risk-taking)の3つが重要だと指摘した。「革新性」とは新しいアイディアを積極的に取り入れる姿勢であり,「積極性」は前向きに事業を開拓する姿勢,そして,「リスク志向性」は不確実性の高い事業に好んで投資する姿勢のことである。

彼らはこれら3要素を定量化するために，ペンシルベニア州の161社の小企業の企業幹部にアンケート調査を行い，9つの質問項目に対し得られた結果を定量化した。そして，この定量化された「経営幹部の姿勢」指数と企業業績の関係を統計的に検証したところ，事業環境が不安的なときには，経営幹部がこの3つの条件を満たしている企業ほど業績が良くなるという傾向が示された。

4.2.2　起業家の情熱は業績を高めるか

バウムとロック（Baumand and Locke, 2004）は，いざ会社の経営を始めたとき，起業家の情熱（Passion）はプラスに働くものなのだろうかという疑問を解明しようと，北米のベンチャー経営者229人と，単一的な産業群における106人の共同経営者に対して6年にわたる継続的調査を行った。この研究結果から，経営者の情熱はコミュニケーションの活性化を促進し，ベンチャーの成長につながる，という情熱の「間接的な効果」が確認された。

一方，チェンら（Chen, Yao and Kotha, 2009）は，起業家の情熱が資金調達に有利に働くかどうかを調査した。この研究では，事業計画プレゼンテーションに参加したベンチャー・キャピタルが，起業家のプレゼンテーションに情熱を感じるほど，その起業家のベンチャーに投資する確率が高まることを，室内実験やフィールドワーク・データによる統計解析から明らかにしている。

4.2.3　イノベーティブ・アントレプレナー（革新的な起業家）

クリステンセンら（Dyer, Gregersen and Christensen, 2008）は，「これまでに存在しなかった製品・サービス・技術を生み出した起業家」を「革新的な起業家」と名付け，彼らの「思考パターン」に着目して研究を行った。彼らは，革新的な事業を生み出す人はどのような思考パターンを持つべきなのかについて解き明かすため，世界中の「革新的な起業家」にインタビュー調査を行い，彼らの思考パターンに共通点を見つけることにした。インタビューの結果，革新的な起業家たちに共通する思考パターンは4つにまとめられると主張した。それは，①質問力，②観察力，③仮説検証力，④ネットワーク思考力，である。

さらにこの研究では，インタビュー調査で得られた結果を踏まえて定量分析も行っている。彼らは，この4つの思考パターンについてのアンケート調査を382人の起業家・経営幹部（72人の成功あるいは失敗したことのある革新的な起業家たちと310人の経営幹部）に行い，そのデータを因子分析などで解析した。その結果，やはり「これら4つの思考パターンがある人ほど，革新的な事業を生み出す確率が高い」との結論を得たのである。本研究では，「起業家精神」という内面性の強いものを，定性的および定量的，両方のアプローチで分析することにより，よりその分析の説得性が増していると入山（2013）は指摘している。

　これらの内容は，今後，「企業家的精神」の具現化を考える際，貴重な手掛かりとなるであろう。いずれにせよ，本課題を哲学的な議論として深めるのか，あるいは，再生可能なレベルまで証拠として蓄積し精緻化を行うかについては引き続きの検討が必要である。幸いなことに，近年，わが国においても各自治体がエコシステムの形成を意識するところが増え，地域経済のイノベーションの担い手としてベンチャー企業および企業家たちの存在感が増してきている[4]。これは，本研究の議論を深めるチャンスといえよう。

5．おわりに

　本章では，近年始動した日本型イノベーション・エコシステムにDC論を応用することで，その概念枠組みに理論的解釈を与えることを目的として論考を進めてきた。一連の考察により，ティース（Teece, 2011, 2014）が展開するDCFがエコシステムの理論的基底になりうることを示した。ただし，日本型イノベーション・エコシステムの中核プレーヤーである企業経営者（企業群）に対して，実践レベルで目指すべき方向性を具体的に提示するためには，定性・定量研究による相当数の証拠の積み上げが必要であることも指摘した。それゆえ，筆者は，本研究を，DC論の日本型イノベーション・エコシステムへ

の応用に関する一連の研究の導入部分と位置づけるのである。

注
1　菊澤（2016）pp. 301-303参照。
2　ティース（Teece, 2009）は，共特化のたとえとして，OSとアプリケーションの関係，自動車とガソリンスタンドの関係を用いて説明している。すなわち，単独で特殊化した場合，必ずしも十分なメリットが得られるとは限らないが，これら特殊なもの同士を相互に結び付けることによって，より大きなメリットが発生するような特殊な資産や資源の結合のことである。これら共特化の原理は，国内の事例でもみられる。例えば，浜松地域における農業と光・電子技術の結合によるフルーツの収穫時期を教えてくれるグローブ装置の開発や，刃物と光技術の結合によるダイヤモンド工具の開発，あるいは，ふすま業者と光・電子技術の結合によるレーザー計測の実現とクラウドを用いたビッグデータ化によるサービス提供などである（詳細は，「光・電子技術を活用した未来創成ビジョン」（http://www.pref.shizuoka.jp/sangyou/sa-580/other/documents/photonvision.doc）参照）。
3　宮城県女川町における「社会エコシステム」の創生事例など（山崎，2017）。
4　前田（2017）は，都市の規模により，わが国に点在するエコシステムを「ローカルベンチャーモデル」「リサーチパークモデル」「中核都市モデル」「大都市モデル」の4つに分類した上で，秋田県五城目町（ローカルベンチャーモデル），静岡県浜松市（リサーチパークモデルと中核都市モデルのグラデーション），大阪府（大都市モデル）という要領で「がんばる地域のベンチャーエコシステム20事例」を紹介し，ベンチャーが切り拓く地域について言及している。ここで紹介された地域には，ベンチャー企業が集積し，イノベーション創出の担い手である企業家たちが集っている。（詳細は，経済産業省（https://meti-journal.jp/p/57）参照）。

参考文献
Barney, J. B. (1986) Strategic Factor Markets: Expectations, Luck, and Business Strategy, *Management Science*, 32(10): 1231-1241.
Baum, R. J. and Locke, E. A. (2004) The Relationship of Entrepreneurial Traits, Skill, and Motivation to Subsequent Venture Growth, *Journal of Applied Psychology*, 89(4): 587-598.
Chen, Xiao-Ping, Yao, X. and Kotha, S. (2009) Entrepreneur Passion and Preparedness in Business Plan Presentations: A Persuasion Analysis of Venture Capitalists' Funding Decisions, *Academy of Management Journal*, 52(1): 199-214.
Covin, J. G. and Slevin, D. P. (1989) Strategic Management of Small Firms in Hostile and Benign Environments, *Strategic Management Journal*, 10(1): 75-87.
独立行政法人科学技術振興機構研究開発戦略センター（2010）『戦略提言　問題解決

を目指すイノベーション・エコシステムの枠組み』HP より入手。
Dyer, J. H., Gregersen, H. B. and Christensen, C. (2008) Entrepreneur Behaviors, Opportunity Recognition, and the Origins of Innovative Ventures, *Strategic Entrepreneurship Journal*, 2(4): 317-338.
石倉洋子 (2003)「今なぜ産業クラスターなのか」石倉洋子他『日本の産業クラスター戦略―地域における競争優位の確立』有斐閣。
入山章栄 (2013)「起業家家精神は分析できる―世界の起業研究はいま何を語るのか」『ダイヤモンド・ハーバード・ビジネス・レビュー』August: 89-98。
姜理恵 (2017)「大学発ベンチャー企業の資金調達の現状と課題―産学連携の現場から―」『証券経済学会年報』第51号別冊, 1-8-1：1-8-8。
菊澤研宗 (2014)「ダイナミック・ケイパビリティとは何か」『ダイヤモンド・ハーバード・ビジネス・レビュー』(articles/-/2965-2965?page=3)。
http://www.dhbr.net/articles/-/29652017 (2017年3月1日アクセス)
菊澤研宗 (2016)『組織の経済学入門―新制度派経済学アプローチ〔改訂版〕』有斐閣。
経済産業省 HP (2016)「日本の強みを活かした元気の出るイノベーションエコシステム構築に向けて―日本の R&D を取り巻く現状と課題」。
http://www.meti.go.jp/policy/economy/gijutsu_kakushin/kenkyu_kaihatu/20fy-pj/kyouka.pdf (2017年3月1日アクセス)
永野寛子 (2015)『資源ベース論の理論進化―企業における硬直化を巡る分析』中央経済社。
野村敦子 (2016)「イノベーション・エコシステムの形成に向けて―EU のスマート・スペシャリゼーション戦略から得られる示唆」JPI レビュー, Vol. 6, No. 36: 2-36.
Porter, M. E. (1980) *Competitive Strategy*, Free Press. (土岐坤・中辻萬治・服部照夫訳 (1982)『競争の戦略』ダイヤモンド社)
Porter, M. E. (1998) *Clusters and Competition: New Agendas for Companies, Goverments and Institutions, On Competition*, Harvard Business School Press.
Schumpeter, J. A. (1912) *Theory of Economic Development*, Cambridge. MA: Harvard University Press. (中山伊知郎・東畑精一訳 (1937)『経済発展の理論』岩波書店)
首相官邸 HP「新事業・新産業を生み出す地域イノベーションの推進 (資料6)」。
http://www.kantei.go.jp/jp/singi/keizaisaisei/jjkaigou/dai28/siryou6.pdf (2017年3月1日アクセス)
Teece, D. J. (2007) Explicating Dynamic Capabilities: The Nature and Microfoundations of (Sustinable) Enterprise Performance, *Strategic Management Journal*, 28(13): 1319-1350.
Teece, D. J. (2009) *Dynamic Capabilities and Strategic Management: Organizing for Innovation and Growth*, Oxford University Press. (谷口和弘・蜂巣旭・川西章弘・ステラ・S・チェン訳 (2013)『ダイナミック・ケイパビリティ戦略―イノベーションを創発し, 成長を加速させる力』ダイヤモンド社)

Teece, D. J. (2011) Dynamic Capabilities: A Guide for Managers, *Ivey Business Journal Improving the Practice of Management*, March/April 2011.

Teece, D. J. (2014) The Foundations of Enterprise Performance: Dynamic and Ordinary Capabilities in an (Economic) Theory of Firms, *The Academy of Management Perspectives*, 28(4): 328-352.

Teece, D. J., Pisano, G. and Shuen, A. (1997) Dynamic Capabilities and Strategic Management, *Strategic Management Journal*, 18(7): 509-533.

Wernerfelt, B. (1984) A Resource-Based View of the Firm, *Strategic Management Journal*, 5(2): 171-180.

山崎繭香（2017）「［ケーススタディー］宮城県女川町―復興を超えた社会エコシステムの創生」『ダイヤモンド・ハーバード・ビジネス・レビュー』June, 87-99。

吉川洋（2009）『いまこそ，ケインズとシュンペーターに学べ―有効需要とイノベーションの経済学』ダイヤモンド社。

第6章 ダイナミック・ケイパビリティ論の地方創生問題への応用
―地域ブランドとしての広島レモンの事例分析

1. はじめに

　日本では，これまで経験したこともない速さで人口が減少している。これが地域経済を悪化させ，行政サービスを低下させ，そしてさらなる人口減少をもたらすという悪循環を生み出している。この悪循環を断ち切るためには，地方での産業と雇用の創出が急がれる（中村，2015）。つまり，地方創生問題である。

　このように急速に変化する状況で，多くの地域が地域活性化に向けて注目しているのは，「地域ブランド」の確立である。地域ブランドという言葉に，共通の認識があるわけではない（田村，2011，川辺・美土路，2014）[1]。一般に，讃岐うどん，博多辛子明太子，白い恋人，そして今治のタオルや鯖江のメガネなどが，具体的なイメージとして浮かぶだろう。

　このような地域ブランドを政策的に確立できれば，地域産業は栄え，雇用も安定し，増大するので，人口の流出を食い止めることができるかもしれない。それゆえ，地方創生を目指して，政府のみならず各県や各地域は新しい地域ブランドの確立に関心を持っているのである。

　しかし，新しい地域ブランドの確立はそれほど簡単ではない。これまでも，多くの県や市が地域ブランドの確立を目指して政策的な努力を行ってきたが，すべて成功しているわけではない。何が成功と失敗を分けるのか。

　この問題に対して，ティース（D. J. Teece）によって提唱されているダイナミック・ケイパビリティ論は注目に値する。地域ブランドの確立に成功するかどうかは，このダイナミック・ケイパビリティに関係しているように思える。

このことを明らかにするために，本章では地域ブランドの成功例として「広島レモン」を取り上げてみたい。

以下，まず地域ブランドの確立をめぐる通説を批判的に取り上げる。次に，分析のための理論的基礎としてダイナミック・ケイパビリティ論について説明する。そして，この理論に基づいて，広島レモンの事例を分析し，地域ブランドを政策的に確立するには，ダイナミック・ケイパビリティが必要となることを論証する。

2. 産業政策としての地域ブランドをめぐる通説批判

2.1 地域活性化と地域ブランド

今日，日本では，一方で世界では例をみない速さで人口が減少し，老齢化が進んでいる。他方，地方の過疎化が進み，東京の一極集中が起こっている。このことは，地方が厳しい状態に陥っていること，そして今後さらに厳しい状況になることを意味している。

こうした状況で，日本政府は地方創生というスローガンのもとに，地方経済を活性化するために，ふるさと納税などのさまざまな政策を展開している。他方，地方でもこの問題に対してさまざまな政策を主体的に展開している。その1つが地域ブランドの確立である。

地域ブランドをめぐっては，全体的な「地域ブランド」と個別的な「地域資源ブランド」が区別される。個別的な地域資源ブランドとは，企業で言う個別の製品ブランドである。具体的には，地域における農水産物ブランド，加工品ブランド，商業地ブランド，観光地ブランドである。一方，地域ブランドとは地域全体のブランド化であり，製品ブランドに対して企業ブランドにあたる。地域ブランドは，各地域資源ブランドを束ねる傘であり，両者は補完的な関係にある。

また，ブランド化とは，「意識的な差異化によってユニークな特徴を生み出

し，その意味や価値を伝えることによって，顧客に選択され続ける仕組みをつくり出す行為」（青木，2008, p. 18）である。そして，地域ブランドにおいて差異化をもたらすのは「地域性」，すなわち「当該地域の自然，歴史，伝統に根ざす『地域らしさ』のことであり，人々をして地域資源ブランドに対して何かを期待させ，また，地域資源ブランドを通して実感する当該地域らしさ」（青木，2008, p. 21）ということになる。

2.2 地域活性化政策

このような地域活性化政策としての地域ブランドの確立に関して，今日進められているのは農業をめぐる6次産業化政策である。それは，農林漁業者（1次産業）が，農産物の価値を高め，それによって農林漁業者の所得（収入）を向上させる政策のことであり，何よりも農産物の価値を上げるために，農林漁業者が農畜産物・水産物を単に生産するだけではなく，食品加工（2次産業），流通・販売（3次産業）にも取り組み，これによって農林水産業を活性化させ，農山漁村の経済を豊かにしていこうとする政策のことである。

ここで，「6次産業」という言葉の6は，1次産業としての農林漁業だけでなく，2次産業（工業・製造業）・3次産業（販売業・サービス業）をも取り込むことから，1次産業の1×2次産業の2×3次産業の3のかけ算の答えである6を意味している。

特に，2000年代以降の政府による地域活性化策を見ると，クラスター論に基づく政策から農商工連携へ，そして今日の6次産業化・地産地消法（2011年施行）に基づくものへと変化してきている。いずれも農村経済の多角化という枠組み内での活性化策であるが，それぞれの政策の多角化の対象や方向性の相違から，櫻井（2015）は次のように整理する。

まず，6次産業化は，6次産業化・地産地消法の「総合化事業計画」に基づき，個別レベルの農林漁業の「経営体自ら商工部門を内部化」（櫻井，2015, p. 29）する「農業部門主導による経済活動多角化」（櫻井，2015, p. 26）であり，櫻井はこれを「狭義の6次産業化」と呼ぶ。それに対して，農林漁業の経営体

の集団が多角化の対象となり，それらが狭い地理的領域内で連携することを志向したのが農商工連携事業計画である。それは，クラスター論に基づく政策であり，地域経済全体のレベルでの連携を推進するものであった。こうしたマクロレベルでの「地域社会全体の経済活動の多角化」（櫻井，2015, p. 29）政策は，「広義の 6 次産業化」とされ，遂行されてきた。

2.3　失敗の理由

しかし，このような 6 次産業化という農業政策が，成功した例は少ない。なぜこの政策は成功していないのか。

櫻井（2015）によると，2 つのレベルの政策の混在が混乱を招いているとする。つまり，全体的な目的としてはマクロレベルでの地域活性化を掲げていながら，具体的な支援策である「総合化事業計画」が対象としているのは，個別経営体による内部化の取り組みなのである。そして，今日では専ら狭義の 6 次産業化が進められているが，どちらを選択するかは経営体の力量と外部環境から考慮されるべきであり，連携も 1 つの選択肢として活用されることが重要だと言う。

また，日本政策金融公庫（2013）が行った調査によれば，「6 次産業化を進める上で不足している人材又はノウハウ」を問う質問に対して，「営業・販路開拓」が59.9%，次いで「加工」が35%，そして「組織の管理・運営」が27.7%挙げられている。また，川辺・美土路（2014）は，農業者等は「『加工』についてはある程度，自らが自家消費用に作っていたものの延長線上に想定できても，流通・販売の知識，スキルの蓄積は薄い」（p. 61）と述べる。

以上のような問題が指摘されているが，たとえ政策が一貫していたとしても経営主体自体に能力がないと政策は成功しないだろう。というのも，政策はあくまでも補助であって主体ではないからである。

また，経営主体に十分な知識や基本的な能力があったとしても，環境の変化に対応してそれが活用できなければ，意味がない。何よりも，固有の地域資源があり，それを活用する通常能力があり，そして何よりも環境の変化に対応し

てそのような地域資源や通常能力を再利用したり，再構成したり，そして再配置したりするより高次の能力が必要なのである。

そのような地域活性化に必要な能力として，最近，注目されている環境の変化に適応して自己を変革する能力，つまり，ダイナミック・ケイパビリティについて説明してみたい。

3. ダイナミック・ケイパビリティ論

まず，戦略経営論の歴史の中で，どのようにしてダイナミック・ケイパビリティ論が登場してきたのか，その背景について簡単に説明する。

3.1 ダイナミック・ケイパビリティ論登場の歴史

戦略経営分野の本格的な研究は実質的にはポーターの競争戦略論（Porter, 1980, 1985）とともに始まったといえる。彼の戦略経営論の本質は，ハーバード学派のＳ－Ｃ－Ｐパラダイムに基づく状況決定論にある。というのも，ポーターの戦略経営論によれば，すべての企業の戦略行動は，その企業がビジネスを行っている状況（産業構造）によって決定されることになる。換言すると，企業の戦略に関する合理的選択は，その状況によって拘束され，企業はその状況に対して適切に行動しようとするということである。それゆえ，ポーターによると，価値の源泉は構造的優位性あるいは状況的優位性に関係しているという。

しかし，状況決定論に基づく，このポーターの競争戦略論は，これまで多様な経験的批判にさらされてきた。もし産業状況が企業行動を決定するならば，同じ産業内で成功しているさまざまな企業の戦略行動には差異はないだろうし，また彼らの成果にも差異はないだろう。しかし，実証研究によると，同じ産業内で働くさまざまな企業間には異なる戦略行動と異なる成果が存在したのである。したがって，企業の戦略的行動が産業構造（状況）に依存するということは，経験的に実証されなかったのである。

こうした状況で，1980年代後半から，多くの研究者は，ワーナーフェルト (Wernerfert, 1984) やバーニー (Barney, 1991, 2001) によって展開された資源ベース論に注目した。彼らの見方によると，企業の戦略的行動は，産業構造などの状況によって決定されるのではなく，企業自身が保有している固有の資源に基づくものであるとする。固有の資源とは，広く人的，財務的，そして有形・無形資源を含むものである。

　そして，特に，バーニーは，これらの資源が価値を持ち，稀少で，模倣不可能で，そして代替可能でないという特徴を持つときのみ，競争優位の基礎となるとした。このような諸条件は，競争優位のVRINフレームワークと言われている。

　ところが，1990年代になると，資源ベース論はコア・コンピタンスやケイパビリティという用語で表現されるようになった。というのも，競争優位の源泉が資源それ自体にあるというよりも，さまざまな資源を組み合わせたり，結合させたりする組織能力あるいは経営者能力にあるとみなされるようになったからである。特に，最近では，ケイパビリティという用語が一般化している。

　しかし，このようなケイパビリティ論も，企業の短期的な競争優位性を説明するにすぎない。レオナルド・バートン (Leonard-Barton, 1992) は，長期的には環境が変化するので，既存のケイパビリティは逆に企業の硬直性の原因になるとし，これをコア・リジディティと呼んだ。こうした状況で登場し注目を集めたのが，ティースによって展開されたダイナミック・ケイパビリティ論である。

3.2　3つのダイナミック・ケイパビリティ

　ティースによると，「ダイナミック・ケイパビリティとは，変化する技術や市場に反応するように，企業が資産ベースを形どり，再形成し，配置し，そして再配置しなければならない模倣不可能な能力のことをいう」(Teece, 2009: 118)。

　より正確にいえば，ダイナミック・ケイパビリティとは，環境の変化に対応

して企業内外のさまざまな資産や資源を結合させ調整しているオーディナリー・ケイパビリティ（通常能力）を再構成するより高次の能力のことである。組織がオーディナリー・ケイパビリティを開発し，変化する市場に対応してそれを再構成したり，拡張したり，シンクロさせるかに関係する能力のことでもある（Helfat and Winter, 2011）。

このようなダイナミック・ケイパビリティは，一夜にして形成されたり，獲得されたりするものではなく，企業固有の歴史を通して形成されるものである。それゆえ，そのような歴史を共有しない他社がそれを模倣することは困難なのである。

ティースによると，このようなダイナミック・ケイパビリティは，さらに3つの能力に区別されうる。

(1) まず，脅威や危機を感知する能力（感知：センシング），
(2) 次に，機会を捉え，既存の資産や知識や技術を再構成して競争優位を獲得する能力（捕捉：シージング），
(3) 最後に，競争優位を持続的なものにするために，組織全体を常に刷新し，変容する能力（変容：トランスフォーミング）である。

これら3つの能力によって，企業は持続的競争優位を維持するために，既存の知識，技術，資産を絶えず再結合，再構成，再配置することになる。しかし，このような変化や変革には，必然的に既存の状態に既得権を持つ多様な利害関係者が抵抗するので，企業にとって変革することは難しいのである。

しかし，もし企業が変革を避けて現状を維持すれば，歴史的に形成され，獲得されてきた多様な資産や知識を利用しないことになる。それゆえ，膨大な逸失利益あるいは機会コストが発生することになる。

したがって，企業は変化する環境に対応し生存するために，逸失利益や機会コストを節約するように既存の資産，知識，そして技術を再構成する必要がある。そのために，必要となる能力がダイナミック・ケイパビリティなのである。

3.3 共特化の原理とビジネス・エコシステム

　ところで，逸失利益や機会コストを節約し，既存の資産や資源や技術を再構成するための原理として，ティースは共特化の原理を主張する。これは，補完性の原理といってもいいだろう。

　それぞれ個別で利用したり使用したりすると，それぞれが特殊なので，それほど大きな価値を生み出さないが，結合して利用すれば，より大きな価値を生み出すような相互に補完関係にある資産，資源，そして知識の結合原理を共特化の原理という。例えば，ゲームソフトとゲーム機の関係，アマゾンのサイトとキンドルの関係，アップルのサイトと出品者の関係などである。

　さらに，この共特化の原理の応用として，ティースはダイナミック・ケイパビリティのもとに内外の資産をオーケストレーションし，「ビジネス・エコシステム（事業をめぐる生態系）」を形成する必要があるという。それは，1つの企業が独力でビジネスを展開し，1人だけで利益を獲得するのではなく，サードパーティやセカンドパーティなどの他の関連する企業を巻き込んで，ビジネス上のエコシステム（生態系）を形成し，全体として利益を獲得することが重要であるという主張である。

　例えば，かつて任天堂が独占していたゲーム業界に，ソニーがはじめて参入したとき，ソニーが展開した戦略がこの事例になるだろう。というのも，ソニーは単独でゲームビジネスを展開し，単独で儲けたわけではなかった。ソフト会社などのサードパーティや販売店を味方としてうまく巻き込んで，ソニーを中心とするビジネス・エコシステムを形成して任天堂に対抗し，ソニーのプレイステーションは勝利したのである。

　以上のような観点から，広島県で展開された地域ブランド戦略「広島レモン」の成功事例を分析してみると，そこにダイナミック・ケイパビリティに基づくビジネス・エコシステムの形成が大きく関係していることが明らかになる。

4. 地域ブランド「広島レモン」のダイナミック・ケイパビリティ分析

　以下の事例研究は，広島県およびカゴメの発行資料や雑誌・新聞記事に加え，広島県庁農林水産局とJA広島果実連へのインタビューに基づいている[2]。

4.1　ダイナミック・ケイパビリティⅠ：固有の地方資源と危機・脅威の感知

　日本のレモン市場は9割を輸入品が占めるが，国産レモンの6割を生産しているのが，広島県である（農林水産省「平成25年産特産果樹生産動態等調査」）。2大産地の大長地区と瀬戸田地区は，それぞれ瀬戸内海に浮かぶ大崎下島と生口島に位置している。

　瀬戸内地方は温暖少雨で，台風通過が少ない。それゆえ，傷がつきやすく，柑橘の中でも寒さに弱いという性質を持つレモンの栽培に適した地域なのである。そして，その歴史は古く，始まりは1898年，和歌山から大長へネーブルの苗木を移入した際，レモンの木が混ざっていたことと言われ，昭和初期には，瀬戸田で商業栽培が開始された。

　瀬戸内地域の穏やかな気候は，傷から果実を守るための農薬散布を抑えることを可能とするので，広島のレモンは実がなり始める頃から防虫剤を使用せず，出荷時にも防腐剤不使用である。レモンは，瀬戸内地域の地域性ゆえにもたらされる，固有の地域資源だと言えよう。

　しかし，1964年の輸入自由化によって，日本では輸入レモンが一般的となった。この変化を，産地の人々は感知したが，結局，大打撃を受け，生産量は一時に激減した。しかし，1970年代後半，輸入品から防かび剤が検出されたのを機に[3]，生協等を中心に国産志向が強まり，食の安全性志向のもとに再び国内でのレモン栽培の取り組みが開始されることになったのである。

4.2 ダイナミック・ケイパビリティⅡ：機会の捕捉

　この機会を捉えて，広島ゆたか（大長地区）では，1999年から積極的に増殖が進められた。2008年，JA広島果実連は，防腐剤一切不使用といった安全安心を特徴とする「広島レモン」を地域商標登録した。現在，広島レモンの生産量と作付面積は拡大しており，2015年には過去最高の生産量を記録している。こうした生産振興および以下に見るブランド化は，広島県を挙げての取り組みである。広島県が2010年に策定した「レモン22億円産地計画」は，2020年までに県産レモンの生産量を2倍の1万トン，販売額にして22億円を達成し，国内流通量を7％から16％に拡大するというプランである。これは，「2020広島県農林水産業チャレンジプラン」の一部であり，レモンが対象となった理由は市場の拡大可能性，すなわち国産へのニーズや業務用需要が見込めること，栽培適地であって生産量も1位であること，そして収益性の高さであった[4]。

　田村（2011）によれば，2010年時点では，広島レモンの市場発展はいまだ未発展段階で，不認知率は50％以上であった（田村，2011, p. 161, 167）。こうした状況で，広島県はレモンのブランド化に向け，機会を捉えるために，多様なイノベーションを起こした。

　具体的には，もともと広島にはレモンの生産販売に関して，通常能力つまりオーディナリー・ケイパビリティがあった。しかし，従来のパラダイムを精緻化し，洗練化し，効率性を高めるだけでは不十分であり，状況に対応してそれらを再利用し，再構成し，そして再構築して，新しいステージに向かう必要があったのである。

　こうして，いくつかのイノベーションが起こることになる。例えば，貯蔵方法については，2014年，広島県試験場に設けられたレモンプロジェクトチームが開発した特殊な冷蔵技術により，民間企業の一般施設を利用して，販売するレベルの量のレモン貯蔵が可能となった[5]。

　また，ハート型レモンが開発され，飲食店やブライダルで人気が出た。これは2002年に発売されたものであるが，広島県立総合技術研究所とJA三原によ

る技術改良によって効率的な生産が可能となり，生産と販売が本格化した。

　さらに，加工用の新規需要開拓に関しては，新品種「イエローベル」の開発が挙げられよう。それは，果汁が多い，種子が少ない，酸味が少ないといった特徴を持ち（赤阪，2014），栽培技術の安定化はまだ課題として残るものの，和食や菓子に使いやすいものとして期待されている。

　これらに加えて，2012年の東京発のレモン鍋ブームもあったが，何よりも一気に火を点けたのは2013年春の「ひろしま菓子博（全国菓子大博覧会）」であった。このとき，会場には「広島レモン特集」の大きなブースが設置され，それに向けて県内でレモン菓子の開発が展開された[6]。県内の調理学校からレシピ提案を受け，JA広島果実連がレモンを提供し，県内メーカーが商品化する形で，41社56商品のレモン菓子が菓子博に並んだ。ブースには大行列ができ，この大人気を受けてレモン菓子が売れていくことになる。

4.3　ダイナミック・ケイパビリティⅢ：変容，共特化，そしてビジネス・エコシステムの形成

　広島県内でレモンの認知度が高まり始めたのは，2011-2012年頃であり，この認知度を持続的に維持するために，関係者は単独でビジネスを展開することはしなかった。さまざまな企業や団体やメディアを巻き込み，共特化し，ビジネス・エコシステムを形成していったのである。

　まず，レモンを単なる添え物から主役食材へと広げるためにレモンのさまざまな食べ方の提案がなされた。レモン市場拡大の上でターゲットとしたのは大消費地である首都圏であり，「レモンレシピ40選」の開発では，東京の料理家や広島出身で東京在住の料理家に依頼がなされた。

　また，レモン鍋を提供してくれる飲食店とセットでのPRや，ネット検索につながるようブロガーを招いてレモン鍋お披露目会が開催された。量販店では，レモン鍋，塩レモン焼きそば，牡蠣とレモンといったクロスMDが展開されている。

　マスコミに取り上げられるよう，レモン鍋といった新しい切り口と「日本一

の産地」というセットで積極的にアプローチした結果，テレビ番組や新聞，雑誌で紹介されるようになった。そして2012年11月16日には，Yahoo!トップページのトピックスに「レモン鍋が定番に？　広島県PR」というタイトルで掲載された。それにより，自ら検索をかけて特産品の情報収集を行おうとするマニア以外にも，広く広島レモンがPRされた。

　またAKB48の市川美織氏の「広島レモン大使」就任も，マスコミに多く取り上げられるきっかけとなったと言えよう[7]。丸の内で行われたレモン大使任命式には湯崎英彦広島知事も参加し，またマツダスタジアムで行った始球式等については，いくつかの人気テレビ番組で密着取材がなされた。

　さらに，航空会社やJRと提携し，広島駅や空港の土産物売場には多くのレモン商品が並べられ，JA・広島果実連が発売した「広島レモンサイダー」は，ANA「マイチョイス」やJR西日本の車内で販売され，その「反響は大きく，レモンのPRという意味で満足度は高かった」（JA広島果実連）と言う[8]。

　また，カゴメとの提携も積極的に展開され，広島県とカゴメが「瀬戸内レモン協定」を締結した。この協定の目的は，「広島県とカゴメ株式会社が相互に連携することにより，双方の資源を有効に活用した協働による活動を推進し，広島県の一層の地域の活性化及び県民サービスの向上に資すること」であった。

　より具体的には，「①広島レモンのブランド価値の向上に関すること，②瀬戸内ブランドのPRに関すること，③食育の推進に関すること，④県産品の消費拡大に関すること，⑤社会貢献に関すること，⑥その他，県民サービスの向上，地域社会の活性化に関すること」（広島県・カゴメ，2012）であった。県と1民間企業が互いにWin-Winの関係を築くために，協定締結という形が選択されたのである[9]。

　この提携によって，2012年に「野菜生活100季節限定瀬戸内レモンミックス」が開発され，販売されてヒットした。そして，この「野菜生活」の商品化によって，その購買層である若い世代へもレモンを宣伝することができたのである（中村，2014）。

　以上のように，広島レモンは単独で利益を上げて成功したのではなく，ダイ

ナミック・ケイパビリティのもとに，危機を感知し，機会を捕捉して，そしてさまざまな企業や組織や関係者を巻き込み，ビジネス・エコシステムを形成して成功したのである。

5．おわりに

　人口減少が地域経済を悪化させ，行政サービスを低下させ，そしてさらなる人口減少をもたらすという悪循環が生み出されている。この悪循環を断ち切るためには，地方創生つまり雇用の創出が急がれる。

　この問題を解決するために，多くの地域が地域活性化に向けて注目しているのは，「地域ブランド」の確立である。地域ブランドを政策的に確立できれば，地域産業は栄え，雇用も安定し拡大するので，人口の流出を食い止めることができる。それゆえ，地方創生を目指して，各県は新しい地域ブランドの確立に関心を持っているのである。

　しかし，新しい地域ブランドの確立はそれほど簡単ではない。これまでも，多くの県や市や地方が地域ブランドの確立を目指して政策的な努力を行ってきたが，すべてが成功しているわけではない。何が成功と失敗を分けるのか。

　この問題に対して，本章では企業の環境適応的な自己変革能力としてティースによって提唱されているダイナック・ケイパビリティ論に注目した。地域ブランドの確立に成功するかどうかは，このダイナミック・ケイパビリティが発揮されているかどうかにかかっているのである。

　このことを明らかにするために，本章では地域ブランドの成功例として「広島レモン」を取り上げ，ダイナミック・ケイパビリティ論に基づいて広島レモンの事例を分析し，広島レモンのような地域ブランドを政策的に確立するには，経営主体にとってダイナミック・ケイパビリティに基づく戦略経営が必要となることを論証した。

第6章　ダイナミック・ケイパビリティ論の地方創生問題への応用　127

―― 追記 ――
インタビューにご協力くださった広島県庁農林水産局，JA広島果実連の皆様に感謝申し上げます。ただし，本章における誤りの責任は筆者に帰する。

注
1 田村（2011）によれば，行政の各省によってもその対象は異なっている。農林水産省は生鮮食品を，経済産業省は特産品を，総務省は地方行政体を対象とする。
2 インタビューは，広島県庁農林水産局（2016年2月18日。於：広島県庁），JA広島果実連（2016年3月9日。於：JA広島果実連広島支所）で行った。
3 当時は使用が認められていなかった。
4 農業分野の重点品目として，他にキャベツやアスパラガスが指定されている。7％という数値は2007年から2011年の平均値である（広島県，2014a, p. 33）。
5 2013年，JA広島ゆたかはJAあづみ（長野県安曇野市）のリンゴ貯蔵庫利用について業務提携を結んだ。リンゴ貯蔵庫の有閑期となる春先に，広島レモンの貯蔵庫として利用して首都圏や中京圏へ出荷する目的であり，利用契約は低価格であった。
6 「これまでの菓子博は既存の菓子を集めて展示することが多く，菓子博用に新商品を用意するのは珍しい」（菓子博の出展・褒賞部長大谷博国氏。日本経済新聞，地方経済面中国，2012年3月22日付）。
7 NMB48兼任。在籍グループは，レモン大使就任時（2014年）のもの。市川氏のレモン大使任命の経緯は，市川氏の「レモンになりたい」との発言にJA広島果実連が着目し，「レモンを有名にしたい」広島側と利害が一致したことから，就任が提案された。
8 「広島レモンサイダー」の開発コンセプトは「レモン1個分の果汁を入れよう」というものであり，一般的には果汁含有率が1％以下であるのに対して，これは果汁15％のものとなった。開発において消費者ニーズの調査等は行っていないが，日頃から小売店のバイヤーや消費者と接する中で「女性はカロリーを気にしてフルーツを食べない」といった情報を得ており，同商品は砂糖不使用，カロリーゼロである。
9 大手の飲食チェーンや飲料食品メーカーによる取り扱いは，大規模な量の販売につながる上，全国展開の販路に乗せて知名度を普及させることもできる（JA広島果実連へのインタビュー）。広島県ではカゴメ以外にも，県とPOKKAが「瀬戸内広島レモンパートナーシップ協定」を締結し，「ポッカ広島レモン」，「瀬戸内レモンウォーター」，「ふってふってゼリー瀬戸内レモン」が発売されたり，和幸商事とJA広島果実連の業務用出荷契約では，全国の「とんかつの和幸」265店舗で広島レモンが提供された。

参考文献

赤阪信二（2014）「広島県のレモンブランド化に関する研究成果」『果実日本』69(9), 9-12.

青木幸弘（2008）「地域ブランドを地域活性化の切り札に」『ていくおふ』Autumn, 18-25.

今村奈良臣（2010）「『農業の6次産業化』の路線提起の歴史を問う」『JA総研レポート特別号』22(3), 77-80.

Barney, J. B., (1991) Firm Resources and Sustained Competitive Advantage, *Journal of Management*, 17: 99-120.

Barney, J. B. (2001) "Is the Resource-Based Theory a Useful Perspective for Strategic Management Research? Yes," *Academy of Management Review*, 26: 41-56.

電通abic project編（2009）『地域ブランド・マネジメント』有斐閣。

博報堂地ブランドプロジェクト（2006）『地ブランド』，弘文堂。

Helfat, C. E., and Winter, S. G. (2011) Untangling Dynamic Capabilities and Ordinary Capabilities: Strategy for the (n) ever-changing world, *Strategic Management Journal*, 32: 1243-1250.

広島県（2014a）『2020広島県農林水産業チャレンジプランアクションプログラム』。

広島県（2014b）『ひろしまブランドコンセプトブック試案』。

広島県（2014c）『「ひろしま」ブランドの価値向上に向けた取組方針』。

広島県・カゴメ株式会社（2012）『広島県とカゴメ株式会社との瀬戸内レモン協定の締結について』。

細井克敏（2009）「「野菜生活100」のシリーズ化と「紫の野菜」の開発」『Techno Innovation』19(2), 43-47。

稲熊隆博（2012）「日本の果汁および果実を考える」『日本食品科学工学会誌』59(7), 54-56。

カゴメ（2014）『カゴメサステナビリティレポート』。

川辺亮・美土路知之（2014）「6次産業化とブランド開発の意義と課題―地域ブランド開発における『物語』の必要性―」『オホーツク産業経営論集』22(1, 2), 61-73。

喜岡浩二（2006）「カゴメ―強い食品企業への道―」『流通情報』450, 16-20。

Langlois, R. and P. Robertson (1995) *Firms, Markets, and Economic Change: A Dynamic Theory of Business Institutions*. New York: Routledge.（谷口和弘訳『企業制度の理論：ケイパビリティ・取引費用・組織境界』NTT出版，2004年）。

Leonard-Barton, D. (1992) Core capabilities and core rigidities: A paradox in managing new product development, *Strategic Management Journal*, Summer Special Issue, 13: 111-125.

三浦俊彦（2013）「コンテスト・ブランディングとエピソード・ブランディング：成功する地域ブランドの構築戦略」『地域デザイン』2, 23-43。

宮本憲一（2016）「政策科学はなぜ必要なのか」『龍谷政策学論集』5(1), 1-12。

守口剛（2010）「カゴメの需要創造活動」『Top promotions 販促会議』151, 114-117。
向井雅史（2014）「広島レモンの市場性と生産振興」『果樹種苗』135, 13-16。
室屋有宏（2011）「6次産業化の論理と基本課題」『農林金融』64(4), 228-241。
日本政策金融公庫（2013）『平成24年度　農業の6次産業化等に関する調査』。
日経リサーチ（2013）『地域ブランド戦略サーベイ名産品編』日経リサーチ。
根岸久子（2009）「レモンで産地活性化を図る柑橘の島　安全・安心へのニーズを追い風にブランド化」『JA総研レポート』9, 40-43。
中村良平（2015）「経済教室地方創生地域の視点（下）『稼ぐ力』持つ産業伸ばせ」日本経済新聞朝刊, 2015年5月6日付。
中村博（2014）「日経MJヒット塾『需要を創造する下』」日経MJ（流通新聞）, 2014年9月15日。
尾高恵美（2014a）「県域を超えたJA間提携による農業関連施設の有効利用」『農中総研調査と情報』40, 16-17。
尾高恵美（2014b）「消費構造変化と農協の青果物販売事業」『農林金融』67(9), 552-565。
太田一樹（1997）「マーケティング革新への挑戦―取引制度と営業の革新―カゴメ株式会社」『マーケティングジャーナル』65, 75-85。
Porter, M. E. (1980) *Competitive Strategy: Techniques for Analyzing Industries and Competitors*, Simon & Schuster.（土岐坤・服部照夫・中辻萬治訳『競争の戦略』ダイヤモンド社, 1985年）
Porter, M. E. (1985) *Competitive advantage: creating and sustaining superior performance*, Free Press.（土岐坤・中辻萬治・小野寺武夫訳『競争優位の戦略―いかに高業績を持続させるか』ダイヤモンド社, 1985年）
櫻井清一（2015）「6次産業化政策の課題」『フードシステム研究』22(1), 25-31。
志俵政夫（2013）「『瀬戸内レモン』のプロモーション」『機械化農業』3144, 24-27。
田形院作（2012）「野菜飲料市場を創造した驚くべきヒット食品：『カゴメトマトジュース』カゴメ株式会社」『ニューフードインダストリー』54(8), 71-81。
田村正紀（2011）『ブランドの誕生』千倉書房。
田中章雄（2012）『地域ブランド進化論』繊研新聞社。
Teece, D. (2009) *Dynamic Capabilities and Strategic Management: Organizing for Innovation and Growth*. New York: Oxford University Press.（谷口和弘・蜂巣旭・川西章弘・チェン訳（2013）『ダイナミック・ケイパビリティ戦略』ダイヤモンド社）
Wernerfelt, B. (1984) A Resource-Based View of the Firm, *Strategic Management Journal*, Vol. 5, No. 2. pp. 171-180.
矢野経済研究所（2014）「平成25年度地域経済産業活性化対策調査地域ブランディングとそれに関連する地域づくりのあり方に関する調査」250-256。
吉田成雄（2010）「農業の6次産業化の先端から見えるもの」『JA総研レポート』16, 2-6。

第7章 ダイナミック・ケイパビリティ論の米ソ軍事技術開発への応用

1. はじめに

　1989年12月，米ソ首脳間で冷戦終結が宣言された。ソ連は，これまでの軍事力を背景とした国家運営を継続できないことを認めたのである（Work, 2015）。これは，第2次世界大戦終結後から40年以上にわたって繰り広げられた米ソ間の熾烈な軍事技術開発競争が米国の勝利に終わったことを意味した。

　ここで驚かされるのは，米国に勝利をもたらし，「冷戦を終結させたのは集積回路（IC）であった」（Bryen, 2016）という指摘である。このような指摘は，ICを利用した米国の軍事技術の飛躍的向上が米国に勝利をもたらしたという意味で，軍事専門家の間では広く共有されている。

　一方，ICは，今日では安価で誰でも手に入る技術である。そのため，高度な科学技術を有し莫大な資源を投入して核兵器を開発できたソ連が，実はICで負けたという説明は，今となってはにわかには信じられないだろう。

　この疑問に対する一般的な解説は，ICが米国の軍事技術を飛躍的に向上させた一方，当時のソ連にはICを急速に発展させた米国のような民生部門が欠如しており，その軍事利用が後れたからだというものである。直接的な要因は，そのとおりである。

　しかし，冷戦時代を通じて，通常兵力で米国を上回り，核戦力でも米国とのパリティを実現できたソ連がICについてだけなぜ完全に後れをとったのかという素朴な疑問が残る。そこで，本章では，持続的な競争優位の源泉を分析するための理論として，近年，注目されているダイナミック・ケイパビリティ論

の枠組みを用いて，この問題の解答を試みる。

2. ダイナミック・ケイパビリティ・フレームワーク

2.1 ダイナミック・ケイパビリティ論とは

　ダイナミック・ケイパビリティ論を展開しているデビッド・J・ティースは，ダイナミック・ケイパビリティを「企業が長期にわたり優れた業績を上げるために必要な無形資産（intangible assets）を創出・展開・防護できるようにする模倣困難（difficult to replicate）な能力」と定義している（Teece, 2009）。しかし，この定義だけでは能力の実態がよくわからない。そこで本節では，ティースの構想を再構成することから始め，本章のテーマである米ソ軍事技術の開発競争を分析するための枠組みの構築を試みる。

　さて，ダイナミック・ケイパビリティ論は，企業が固有の資産やコンピタンスに基づき戦略的行動を展開することで競争優位が獲得できるとする資源ベース論に対する問題意識から提起されたフレームワークである。それは，資源ベース論では急速に変化する競争的な環境において競争優位を持続する企業の存在を十分に説明できないという問題であった。つまり，特定の環境下で競争優位の源泉であった企業固有の資源，意思決定を含む仕事のやり方，そして仕事のやり方に適合するように設計された企業の構造は，環境の変化とともに競争優位の源泉ではなくなる可能性があり，その状況でこれらに固執した場合，むしろ逆に企業の足を引っ張ることになりかねず，そのような企業は淘汰されてしまう危険性がある。その一方，環境変化に適応して競争優位を持続させている企業も存在する。それはなぜか。これがティースの問題意識であった。

　ティースは，この問題に対して，次のように考察した。変化した環境においても依然として競争優位の源泉となる資源やルーティンなどは確かに存在するだろう。しかし，企業に成功をもたらす中核的な要素は，そのような外部環境が企業に確率的に与える報酬ではなく，むしろ企業内部にあるはずだというこ

とである。そして，このように考えれば，持続的な競争優位の源泉となるのは固定的な資産ではなく，おそらく環境に適応するために必要な知識など企業内部に蓄積された無形の資産であり，これら無形の資産を選択的に組み合わせて展開することのできる動態的な能力こそ重要となる。ただし，このような能力を開発し運用することは極めて難しい。そのため，これに成功した企業だけが生存し，しかも無形資産をめぐる能力であるため，他者による模倣は困難となり，競争優位を持続できることになる。これが，ティースのダイナミック・ケイパビリティの基本的な考え方である。

2.2 ダイナミック・ケイパビリティの構成要素

では，そのような無形資産とは何か。そして，無形資産を組み合わせる能力とは何か。これを明らかにしない限り，企業のダイナミック・ケイパビリティを明確にできない。

そこで，ティースは無形資産として，トップの卓越したスキル，業務処理プロセスや手続き，組織構造，意思決定ルール，ルーティン，そして規律を挙げ，変化する競争的環境に適応するために，これらを再構成する具体的な能力としてダイナミック・ケイパビリティを次の3つに分解して提示した。

1つは，環境の変化に伴う機会や脅威を感知する（sensing）能力である。これは既存の有形無形の資産価値を発揮できる機会だけでなく，環境の変化に伴い既存の資産価値が低下あるいは喪失する可能性や競争相手の資産価値が高まる脅威をも感知する能力である。

2つ目は，感知できた機会を捕捉する（seizing）能力である。これは変化した環境下でも価値のある既存の資産，あるいは環境の変化に伴いその価値が高まる既存の資産を維持あるいは改善強化する能力である。そして，適切なタイミングでこれら資産に重点投資する能力である。

3つ目は，新たな競争優位を確立するために，組織内外の既存の有形無形資産を適切に組み合わせ，あるいは再編成して組織構造やシステムを変容する（transforming）能力である。組織内資産の組み合わせだけでは十分にその価

値を発揮できない場合には，組織外部にも共特化可能な資産を求めて市場取引や統合あるいはパートナーシップ関係を柔軟に選択的に実行する能力も含む。これにより組織そのものが変革され，既存の資産価値の低下や競合相手の伸長といった脅威にも対抗できることになる。また，環境変化の程度や自らの環境への影響力（支配力）に応じて変革の規模を決定できる能力ともいえる。

　ティースは，これら3つの能力を同時に開発し発揮することが望ましいとしている。これは，組織変革によってより鋭敏かつ的確な感知が可能となり，そこで感知された機会は改善・強化された組織構造や事業プロセスによって確実に捕捉・活用されることを意味する。ティースは，このプロセスを資産のオーケストレーションと呼んでいる。これによって，組織の内外を問わず各種資産（楽器）を，それぞれの能力（パート）を最大限に発揮するように調整・統合あるいは再配置するとともに，3つの能力の相互作用による持続的な競争優位（ハーモニー）を獲得することになる。実際には，3つの能力が循環的に発揮されることで，このハーモニーは実現することになる。

2.3　オーディナリーとダイナミック・ケイパビリティの比較分析

　このように，環境変化に対応して自らの組織構造や業務プロセスも変革させる能力が，ダイナミック・ケイパビリティである。このようなプロセスの重要性は，どんな経営者でも認識し，実際に何らかの形で展開している。しかし，ティースによれば，同じように見えるプロセスでも，その方向性によってこのプロセスを構築・運用する能力がダイナミック・ケイパビリティであるかどうかが決まるという。

　ティースは，企業の生存のための進化的適合力（evolutionary fitness）を維持・拡張する目的（方向性）で発展される能力をダイナミック・ケイパビリティとする一方，単純な利益最大化のための技能的適合力（technical fitness）を維持する目的で発展・運用される能力をオーディナリー・ケイパビリティとして明確に区別する。物事を正しく行うことがオーディナリー・ケイパビリティであり，正しいことを行うことがダイナミック・ケイパビリティで

あるという言い方もしている。これら2つのケイパビリティの区分は，次の意味で重要な含意を持つ。

いま，ある企業が参加する競争市場がいまだ均衡状態に達していない状況を考えてみよう。その企業経営者がダイナミック・ケイパビリティを有する場合，その経営者が感知する脅威の主なものは他者の参入によっていずれ訪れる完全競争均衡状態つまりゼロ利益状態である。ダイナミック・ケイパビリティを有する経営者であれば，この将来の脅威を回避し，生存するために新たな市場機会を探索し，これを捕捉する方向で既存の資産の新たな組み合わせや再編を志向することになる。さらに，このような活動を絶えず更新し，組織を変容させていけば，その後のいかなる脅威にも対応でき，持続的競争優位を得るだろう。

そして，重要なのは，ダイナミック・ケイパビリティを有する経営者の行動原理が単純な利益最大化ではない点である。組織変革に伴うコスト計算は，直近の取引コストに縛られることなく，将来的に獲得できる利益との考量によって行われ，しかもそれがプラスであればいいという判断基準で組織改革が行われるため（菊澤，2015），経営者が生存のために必要と判断した組織改革は組織内の抵抗にかかわらず断行されることになる。つまり，進化的適合行動が展開されることになる。

これに対して，オーディナリー・ケイパビリティを有する経営者の場合，感知する脅威は同じであるが，利益最大化をより効率的に追求するために展開される主な方法は，競争力を高め，シェアを維持することになるだろう。具体的には，コストの最小化を追求することになり，組織変革はすべて効率化の方向に志向される。つまり，技能的適合行動が展開されることになる。

その結果，仮に他に市場機会が存在することを感知したとしても，すでに組織そのものが硬直化し，変化に伴う取引コストは非常に大きくなっている可能性が高い。オーディナリー・ケイパビリティに従う経営者による利益最大化の観点から行われるコスト計算には，この取引コストが含まれるため，変化しないという選択を行う可能性が大きくなる。しかし，これでは効率化によって短期的に利益を獲得できたとしても，持続的に利益を獲得することはできず，や

がて淘汰されてしまうことになる。

以下の節では，米ソともにそれぞれの軍事技術開発に際して，感知，捕捉，そして変容といったプロセスを循環していた点に注目し，それぞれの能力がどのように発展していったかを明らかにすることにより，米ソの能力発展の方向性を考察する。そして，1970年代から80年代のICをめぐる技術開発において勝敗の決着がついた理由が，これら2つのケイパビリティの違い，つまりダイナミック・ケイパビリティとオーディナリー・ケイパビリティの違いにあったことを明らかにしてみたい。

3. ソ連の軍事技術開発をめぐる軍事戦略的マネジメントの分析

3.1 スターリンの軍事戦略的マネジメント：技能的適合力の強化

ソ連・ロシア研究の泰斗であるアンデシュ・オースルンドとアンドリュー・クチンズは，1945年5月に対独戦に戦勝したヨシフ・スターリンが第2次大戦（ソ連では「大祖国戦争」）終結後の環境を次のように認識していたと分析している（Åslund and Kuchins, 2009）。

西側連合国による対独戦の戦勝はソ連の犠牲があってこそのものであり，ソ連には戦争終結後にその報酬，つまり国際的な地位や戦後復興のための支援を要求する権利がある。この権利をうまく利用すれば，中・東欧諸国を支配する欧州の大国になれるかもしれない。ただし，この権利を行使するためには，西側諸国，より具体的には米国と調整し，一定の妥協を行う必要がある。このような政治的な交渉を行う場合にはパワー，特に軍事力が重要である。この観点から見た場合，米国はすでに核兵器を開発・使用しており，現時点ではソ連と圧倒的な差がある。しかも，米国経済は他の諸国に比べて戦争による打撃は小さく健全であり，格差はさらに拡大する可能性は大きい。これが当時のスターリンの環境認識だったという。

翻って，ソ連国内には，戦争中にウラル以東に待避させていた軍事生産・技術基盤が比較的健在な状態で残っていた（Bryen, 2016）。核兵器開発についても，その実用化において米国に後れを取ったものの，1942年ごろからスパイ活動を通じて米英の核開発状況を入手していたほか，1945年の終戦直後には当時すでに核ミサイル開発を視野に入れていたドイツから大量の研究者と設備をソ連国内に動員していた（下斗米編，2016）。

　さらに，スターリンは，ロシア革命後の権力闘争の中で権力を徐々に掌握し，同時に展開された軍に対する粛清の結果，スターリンによる軍の支配力も増大していた。このようなスターリンの権力基盤は，「大祖国戦争」を指導する過程で堅固なものとなっていった。また，中央主権的な戦争指導体制は，戦後統治においても活用可能な無形資産となっていた（Blank, 2012）。

　このような環境でスターリンが下した決定は，核開発をすべてに優先するというものであり，国家の研究資源・資産と経済力は核開発に集中投下されることになった。スターリンはこの政策を実現するため，ソ連の最高機関であった国家防衛委員会を人民委員会議附属第1総局へと改組し，ここに核兵器開発・生産のために国家の人材・資源を無制限に使用できる権限を付与した（下斗米編，2016）。

　1949年8月，米国に後れること4年で，スターリンが指導するソ連は原子爆弾の開発に成功した。核兵器開発が成功したことを受けて，スターリンが次に重視したのは，それまで後回しになっていた国民経済の向上ではなく，通常兵器の近代化であった。

　通常兵器の開発・生産能力の方法として採用されたのは，核兵器開発プロセスの成功を参考にした中央集権的な技術開発・生産システムである軍産複合体であった。その特徴は，軍事企業だけでなくすべての企業の国営化であり，徹底した国家管理体制と市場原理の最小化にあった（Åslund and Kuchins, 2009）。

　ここでいう市場原理の最小化は，ソ連製の兵器が価格の面で極めて大きな国際競争力を有していた事実と一見矛盾するようにみえるが，当時，ソ連では軍事企業間での競争を促進するための独自のインセンティブ制度が展開された結

果，生産価格が抑制されたのである（Gansler, 2013）。

　また，このようなコストパフォーマンスを基準とした競争的開発・生産システムは，ソ連独自のイノベーションをもたらしたといわれている。開発者の関心は，新たな技術をはじめから開発するのではなく，既存の安価な技術を組み合わせて高いパフォーマンスを発揮させるという点に向けられた（Gansler, 2013）。その象徴が70年代当時に世界最高性能を誇ったMiG-25である。その性能を支える電子制御装置には，当時の先端技術であったICではなく，真空管とトランジスタが組み合わせて用いられていた（Bryen, 2016）。

　さて，スターリンが展開したこれらの戦略的マネジメントから，スターリンの軍事技術開発の方向性を考察してみよう。スターリンが置かれていた戦後の環境においては，既存の軍事的資産を利用して米国の軍事力に迅速にキャッチアップする政策と，軍事よりも経済発展を重視するという2つの選択肢があったといえる。

　スターリンが選択したのは，前者であった。そして，これを実現するために軍事部門に資源を集中した。このことは，後知恵的には非合理的な選択であったかもしれないが，その当時計算できた利益を最大化するために，米国に拮抗する軍事力を背景とした交渉力を保持することを選択したことは合理的であったといえる。他方，仮に後者を選択した場合，対米交渉は不利になっただろう。ただし，その場合でも将来の利益はマイナスにはならないことは，スターリン自身も認識していたと考えられる。

　これらのことから，スターリンがそのケイパビリティを行使した際の方向性は，短期的な利益の最大化，より具体的には対米交渉を有利にするための軍事力の整備に向けられていたと考えられる。つまり，スターリンの戦略的マネジメントは，ダイナミック・ケイパビリティに基づくものではなく，オーディナリー・ケイパビリティに基づくものであったといえる。この影響は，やがて組織の硬直性につながり，最終的に淘汰される可能性を高める方向で次の世代の指導者に及んでいくことになる。

3.2　フルシチョフの軍事戦略マネジメント：オーディナリー・ケイパビリティと技能的適合力強化

　1953年にスターリンの後を継いだニキータ・フルシチョフが直面した環境は，次のように整理できる。まず，スターリン時代に成功した核開発が1960年代になって戦略核とその投射手段で米国と概ね拮抗できるレベルに達したほか，欧州方面における通常戦力では数的優位性を保っていた（Blank, 2012）。つまり，この状況を利用して米国と交渉を行えば，有利な条件で経済発展を図ることができる環境がようやく整いつつあったといえる。

　他方，脅威としては，米国が戦域レベルでの核戦力の開発を急速に進めており，通常戦力の優位性が失われる危険性が大きくなっていた。また，経済状況も急速に悪化しており，共産主義システムの崩壊が東欧諸国で始まりつつあった（Bryen, 2016）。このことから，米国と交渉を行い軍事力整備から経済発展に舵を切るための期限が目前に迫っていたといえる。

　翻って，国内では，スターリンが構築した軍産複合体システムが，実はこの世代になってようやく機能し始めていた（Harrison, 2001）。同時に，組織の巨大化・官僚化・硬直化という問題が顕在化していた。つまり，第2次大戦中に地方に移転した軍事企業は，地域の雇用を支える存在となっており，資源は中央から軍事予算の形で細部わたって計画的かつ確実に配分され（CIA, 1982），このフローをもとに地方行政も運営されることから，もはや軍産複合体は国防分野だけでなく，国家の社会・経済システム全体に組み込まれていた（Jahn, 1975）。

　このように，軍産複合体は複雑な利害構造を有するようになり，経済原理だけでは動かず，さらに政治力だけでも容易に動かすことができない存在となっていった（Holloway, 1974）。この問題に対処するために，1960年代半ばにソ連の最高執行機関である最高会議幹部会に軍産委員会が設置され，軍産複合体を政治的に統制することが試みられた。しかし，最高会議幹部会そのものが合議制に基づく意思決定を行う場であったため，政治統制の実態も各種利害の調

整にとどまった（Bystrova, 2011）。

　この状況におけるフルシチョフの意図は，核兵器からミサイル防衛に重点をシフトするか，あるいは通常戦力整備にかかる予算を削減し，その分を経済発展のための予算に配分するというものであり（Bryen, 2016），いずれもスターリンの政策を大きく転換しようとするものであった。そのため，フルシチョフは1956年の最高会議の秘密演説においてスターリン批判を行い，方針転換に反対する共産党指導部の一掃を図った。軍にも，通常戦力の削減を可能にするような軍事研究を実施させるなど大胆な政策を展開した（Blank, 2012）。

　しかし，肝心の国防部門からの抵抗が大きかった。国防部門の立場は，核の均衡が見通されるなかでも核戦争を想定した軍事力整備が必要というものであった。そのため，国防部門は，核およびその投射手段の継続的な整備と並行して核兵器使用下でも通常戦力を発揮できるように機動力と核防護力を強化することを主張した（Blank, 2012）。

　このような軍の意向は，すでに巨大化していた軍産複合体の共通利害でもあり，これに反するような政治的リーダーシップを発揮することは容易ではなかった（Kaufman, 1994）。フルシチョフは，結局，キューバ危機での失政により国内での権威を失ったこともあり，大胆な方向転換を達成できないまま1964年に政権の座から降りることになった。

　では，フルシチョフの戦略的マネジメントは，どのように評価できるだろうか。確かにフルシチョフは，方針転換の期限を的確に感知した上で国防部門への過度の集中を改善して経済発展への転換を図ろうとし，そのために展開した政策は実際に巧妙であった（Bryen, 2016）。

　しかし，組織改革の能力を十分に発揮することはできなかった。なぜか。そこにはやはり短期的なコスト計算が働いていたものと思われる。社会経済に完全に組み込まれた軍産複合体の利害に反する政策を展開することで社会経済を不安定化するというコストに加え，国防部門を説得する取引コスト計算が働き，その後の政策も難しくなると認識していたものと考えられる。つまり，結局，各種の利害を調整して中間的な政策を展開する限り，既存の資源の価値は維持

され，その維持コストも最小ですむという利益最大化原理のもとオーディナリー・ケイパビリティを行使したのだといえる。

3.3　ブレジネフの軍事戦略マネジメント：効率性と技能的適合力の強化

　1964年に権力の座に就いたレオニード・ブレジネフが直面した脅威は，米国による戦術核の開発・欧州配備がソ連に通常戦力の数的優位性を喪失させることにあった。このことを基本的な核戦略論に基づき簡単に説明してみよう。

　第2次大戦終結直後の欧州方面では，ソ連の通常戦力に圧倒的な数的優位性があったが，ソ連に軍事力の行使をためらわせたのは，米国による戦略核の優位性であった。つまり，ソ連が通常兵力で侵攻しようとした場合，米国から一方的にソ連本土，特に首都モスクワを核攻撃される危険性があったのである。この核の不均衡を是正しようとしたのが，スターリンである。

　ソ連も米国本土を核攻撃する能力を保有できれば，通常戦力で欧州を侵攻したとしても，核による報復を恐れる米国はソ連への核攻撃をためらうはずだという発想である。特に，軍事的な恫喝あるいは小規模な侵攻であれば米国は自らを核の標的にしてまでも欧州を核によって守らないだろうという前提のもと，ソ連には通常戦力の運用に柔軟性あるいは汎用性がもたらされる。

　しかし，米国が戦術核を持つことでソ連側に優位な状態を崩壊させることになる。つまり，米国は，数的に優位なソ連の通常戦力による侵攻を，戦術核によってソ連領内で直接一気に撃破・阻止できることになる。これに対して，ソ連がとりうる手段は戦略核による米本土攻撃だけであり，これはソ連自身が報復されることを意味する。この場合，ソ連は，自身にとって最も価値の高い有形資産である通常戦力の運用の裁量を失う。

　まさに，フルシチョフが懸念していた最悪の事態が生起しつつあり，仮にこの時点で国防部門から経済発展に方針を転換したとしても，得られる利益はフルシチョフ時代よりもはるかに小さいことが容易に予測できたといえる。

　ここで，ブレジネフがとった行動は，国民経済の発展を犠牲にした空前の規

模の軍事力の増強であった（Bryen, 2016）。具体的には，戦術核によって縦深兵力が打撃されても数次にわたり攻撃を続行し欧州域内に深く侵入できるだけの量的拡大と部隊の機動力・核防護能力の質的向上が中心であった。

ソ連は，このような軍備増強によって米国に欧州域内での核使用を余儀なくさせ，これを嫌気する欧州諸国への配慮から米国は核の使用をためらうことで事態は膠着するだろうと仮定したのである（Work, 2015）。ソ連は，同時に，相互の核抑止を保証する観点から，米国と同様の戦術核ならびに残存性を高めて確実に米本土を核攻撃するための核兵器を搭載・発射できる戦略原潜の開発も追求した。

このような軍備増強を短期間で達成しなければならない必要性が組織改革の方向性を指定した。具体的には，物的・人的資源の国防部門へのさらなる集中，国防部門でのコスト削減を基準とした競争的開発・生産体制の強化などである。特に，生産コストを抑制するため，輸出を促進するとともに構成部品の標準化が図られた（CIA, 1982）。

その結果，上述したMiG-25のような旧式の技術を組み合わせた高い機動力を有する兵器が誕生した。当時注目されていたICは生産コストが高くしかも核兵器使用時の電磁パルス（EMP）に脆弱であったため，核兵器使用を前提としていたソ連は最先端のICの可能性を追求するよりも，EMP下での機能が実証されていた安価な真空管を採用したのである（Bryen, 2016）。

実は，ソ連には1724年に設立されたロシア科学アカデミーという国際的にも高く評価される莫大かつ貴重な資産が特に基礎研究分野に存在した。しかし，この資産は技術の早期の実用化を求めていた国防部門において有効に活用されなかった。しかも，アカデミー内部でも競争的な資源配分が行われたため，アカデミー所属の各研究所はそれぞれの研究成果を秘匿したことで技術交流・共有による相乗効果が働かず，仮に優れた研究成果が得られたとしても各研究所の内部に基礎研究・要素技術レベルのまま退蔵された。

これによって最新技術の実用化までにさらに時間がかかるという悪循環に陥っていた。また，国民経済が低迷するなかでは優れた基礎技術を実用化でき

る経済主体は存在せず,厳しい経済状態に置かれていた国民も高度な技術を需要しなかったのである。

　ブレジネフは,この問題を西側諸国の技術のコピーによって解決しようとした。この発想は,スターリン時代の核開発や英国からのジェットエンジン技術の移転（Bryen, 2016）,さらに17世紀のピョートル大帝の急速な欧州化政策にまで遡る伝統的な手法であった（Åslund and Kuchins, 2009）。ブレジネフは,1970年,国家保安委員会（KGB）に技術局を設置し,米国等の西側技術動向の調査にあたらせた。その手法は,合法的な調査にとどまらず産業スパイなど非合法なものも含まれ,これに対して西側諸国も技術情報管理体制を強化したほか非合法なスパイ活動を展開した（Bryen, 2016）。

　このような,ブレジネフのケイパビリティもやはりオーディナリーなケイパビリティであったと評価できるだろう。つまり,たとえ圧倒的に不利な条件でも将来の生存を志向するならば国防部門からの方針転換は可能であった。しかし,実際に選択した方針は軍事力の増強であり,その目的は核の均衡下での数的優勢を取り戻すことで交渉を有利にすることにあり,その方法は効率化を志向してきたこれまでの制度的枠組みをさらに強化することであった。

　ミクロ的には,既存の資産や外部の技術を巧妙に組み合わせるなど柔軟な対応を見せてはいるが,その基本原理は唯一の強みである通常戦力の数的優勢を利用した交渉力の回復という既存の収益構造のもとで短期的利益の最大化にあったといえるだろう。そして,この構造のまま,IC をめぐる技術競争の最終局面を迎えたのである。

4．米国の軍事技術開発をめぐる軍事戦略マネジメント

4.1　脅威の感知と DARPA 設立：進化的適合力の強化

　これに対して,第2次世界大戦直後から冷戦時代を通じて,米国が認識していた基本的な脅威は,ソ連の通常戦力の数的優位性とその立地にあった（Work,

2016)。欧州地域に隣接するソ連が，その圧倒的な規模の通常戦力によって一気に欧州地域に侵攻することが最大の脅威であった。米国は，この脅威を回避するための方策を一貫して技術的優位性に求めた（Gansler, 2013）。そして，第2次大戦直後は，唯一の核兵器保有国として，ソ連による欧州侵攻を抑止できるものと考えていた。

　しかし，1957年のソ連によるスプートニク打ち上げ成功は，この前提を覆すこととなった。すでに核兵器を開発していたソ連が，ミサイルをもって米国本土を奇襲する可能性が出てきたのである。これに衝撃を受けた当時のアイゼンハワー大統領の指示により，1958年に国防高等研究計画局（DARPA）が設置された（設置当初の名称はARPA）。その任務は，米国が敵対勢力の技術的サプライズに二度と晒されないようにすることにあった。

　DARPAの設置に際して直面したのが，軍種の既存の研究機関との任務の切り分け問題であった（Van Atta, 2008）。設置根拠である1958年2月の国防省指示第5105.15号は，DARPAの任務を，「国防長官がその都度定める研究開発分野における高等プロジェクトを監督あるいは実施すること」と規定したが，そこで問題となったのは，「高等プロジェクト（advanced projects）」の定義であった。

　この規定は，軍種の既存の研究機関の任務と区別するために設けられたものであったが，特に「高等」の解釈をめぐり国防省内でさまざまな議論が展開された。結局，リスクの程度を基準とする考え方に基づき，軍種の研究機関が行う通常の研究開発よりも高いリスクを伴うプロジェクトを高等プロジェクトとするという暫定的な合意のもと，DARPAは活動を開始した。

　しかし，実際には，研究開発の段階ごとにリスクが存在することがDARPAの責任範囲を規定する上での問題となった。つまり，基礎研究段階では，特定の現象を説明する知識を発見できずコンセプトを確立できないリスクが存在し，応用研究段階でも，知識やコンセプトを実際に技術として利用した場合に生じる結果を体系的に整理できないリスクが存在する。

　さらに，試験・実証研究段階では，当該技術を実際にシステムに適用するた

めのコストを算定できないリスクがあり，そして研究開発の最終段階でも当該技術を組み込んだシステムが想定通りに機能しないリスクが存在するという問題があり，DARPA がどの研究開発段階を担当し，かつ，その段階においてどの程度のリスクを負うのかについて引き続き議論が重ねられた。

　その結果，DARPA は研究段階別では最もリスクが高くその後の段階に大きな影響を及ぼす基礎研究段階，つまり，知識の発見とコンセプトの確立の段階，そして，これらの知識やコンセプトを利用して新たな技術を開発する応用研究，さらにシステムへの適用可能性を研究する高等技術開発の段階を担当することになった。しかし，このように概念を区分したとしても，現実の技術研究開発は連続的であるため，DARPA と軍種の研究機関の責任境界にはあいまいな部分が残った。

　新たな技術に対する軍のニーズを速やかに満たすためには，技術のシステムへの適用可能性の研究と実証試験を連続して実施する必要性が大きくなる。この問題に対して，2 つの制度が形成された。1 つは，DARPA が負うべきリスクの程度と担当する実証試験の範囲については，DARPA および長官官房がその都度調整し，環境の変化に応じて開発プログラムの適切な組み合わせを見直していくという制度である。2 つ目は，DARPA から軍種への研究成果の移管，つまり，試作以降の研究開発責任の引き継ぎを効率的・効果的にするため，DARPA の活動に兵器システムのユーザーを関与させることで技術のコンセプトや実用可能性に関する情報を共有し，計画的に責任の移転を行うという制度である。

　この 2 つの制度が導入されたことで，DARPA の活動の核心は，次のように明確となった。1 つは，DARPA の能力とは，米軍にとって新たな能力となる可能性のあるアイディアや技術を発掘あるいは創造する能力であり，これらのアイディアや技術を完成させる能力ではないということ。2 つ目に，この能力を最大限に発揮するため，プログラムを精選して高等技術開発まで期限を設けて実施する一方，プログラムの回転率を高くすることで効率的に新たなアイディアやコンセプトの実証を行うということである。

第7章　ダイナミック・ケイパビリティ論の米ソ軍事技術開発への応用 | 145

　このようなDARPA創設期の動きを見ると，ソ連との軍事技術開発競争に臨もうとした米国の考え方が，次のように解釈できる。まず，米国は技術的優位性を持続的に維持するために，オーディナリー・ケイパビリティのもとに既存あるいは実証済みの軍事技術をめぐる優位性を高めるだけではなく，ダイナミック・ケイパビリティのもとに新規にアイディアやコンセプトを生み出し，従来とは異なる軍事技術を実現させる必要性があることを認識していたのである。つまり，米国は，オーディナリー・ケイパビリティに基づく現在の優位性はソ連の追随によりいずれは喪失するものと認識し，技術的優位性を将来にわたり確保するためにはダイナミック・ケイパビリティが同時に必要であると考えたのである。

　その上で，米国は，既存あるいは実証済みの技術をめぐる競争を担う組織とは別に，新たな技術を見出し新たな競争機会を探索することに特化した組織を設ける必要があるとの認識のもと，軍種の研究機関とDARPAとの関係を整理したといえる。

4.2　機会の捕捉とDARPA：進化的適合力の強化

　DARPAの活動が明確にされる過程で，DARPAとして最も効果的に任務を遂行するための組織の基礎が確立していった。

　1958年に，DARPAが当初に担当した技術分野は，宇宙におけるプレゼンスの強化，ミサイル防衛，そして核実験検出の3つの分野であった。これは，ソ連のスプートニク打ち上げというサプライズに直接対応したものであった。

　しかし，実際には，ロケットの打ち上げ技術そのものはすでに確立されていたため，翌1959年にはロケット関連の民生技術については，新設の国家航空宇宙局（NASA）に移管され，1960年までに軍用部門についても軍種の開発プログラムに移管された（Fuchs, 2010）。他方，ミサイル防衛については1967年まで継続され，フェーズド・アレー・レーダーなど関連技術の研究が行われ，核実験検出はその後の各種センサー技術の研究へと発展していった。

　宇宙開発プログラムをNASAおよび軍種に移管したことで余裕ができた

DARPA は，新しい機会を捕捉して，1962年に情報処理技術を研究する情報処理技術室（IPTO）を設置し，情報通信技術の研究体制を整備した。これがコンピュータ技術に大きな進化をもたらすこととなった（Kenyon, 2008）。

このように，DARPA は創設から1960年代にかけて，軍種の個別の利害から独立した破壊的イノベーションの可能性のある技術開発を担当し，民間では開発できない軍事コンセプトを開発してこれを実証し，実証された技術を，実際にこれらをシステムとして開発・利用する軍・機関等に適宜移管していくという基本的なスタイルを確立していった。

また，この時期，DARPA は独自の組織と運営の基本構造を確立していった。その背景には，DARPA が高いリスクの研究を展開する上で基本的な問題を解決する必要性があった。DARPA は，1960年代初頭，活動を本格化するにあたり，自前の研究所を設置して部内で研究を行うか，あるいは部外の研究機関にハイリスクの研究を委託するかの判断に迫られていた。

他方，研究者の立場からすると，コンセプトの実用可能性すら実証されていない研究に従事することは，自身のキャリアにとって極めてリスクが大きく，DARPA の活動への参加あるいは協力のいずれも躊躇するような状態にあり，DARPA と研究者コミュニティーの間で緊張が高まっていた。これに対応したのが，ケネディ政権下で1961年に第3代 DARPA 局長に就いたジャック・ルイナであった。

ルイナ局長は，自前の研究施設を持たないことを決心する一方，少人数ながら質の高い指導部のもとに外部から科学者や技術者を任期付で採用し，実際の研究を既存の国防省の研究施設や部外に委託して実施する体制を構築した。これによって，組織的な慣性に拘束されることなく，局長のヴィジョンや研究者の発意で研究を実施できることになった。

具体的には，DARPA では研究の自律性を尊重して研究室長およびプログラムマネージャーに大幅な権限を委譲するなどの組織内の分権化が図られた。同時に，国防省の研究におけるこれまでの単年度予算方式，競争入札方式，そして指定研究方式を改め，複数年一括計上方式，随意契約方式，そしてプロジェ

クトマネージャーによる研究プロポーザル方式を導入した。長期的な視点に立った基礎研究を重視するこれらの方式が，DARPA の運営方式の基礎となった。

　このことは，ダイナミック・ケイパビリティ論的には，新たな競争機会を探索し，これを捕捉する機能を担う DARPA の自律性を保証することが必要であると米国が理解していたと解釈できる。この観点からも，やはり米国の軍事技術開発の方向性は，短期的利益の最大化ではなく，ダイナミック・ケイパビリティに基づく進化的適合力の維持・拡張にあったものといえる。

4.3　組織的変容と DARPA：進化的適合力の強化

　とはいえ，DARPA の活動が軍の利害あるいは外部環境から完全に独立していたわけではない。1960年代後半から70年代にかけ，ベトナム戦争が DARPA の運営に大きく影響を及ぼし，ジョンソン，ニクソン政権下では DARPA に対してより軍事目的に資する研究が求められ，研究成果についても軍事上の要請から短期間で提出することが求められた。

　この時期に，政府・軍が一時的であっても DARPA に対する統制を強化し，しかもこれを議会が承認したことは，今後とも DARPA の活動に対する政府・軍の統制が状況によって強化される可能性が大きいということを意味した。DARPA は，このような要請に応える一方，自らの活動の自律性を確保するため，むしろ積極的に政府・軍のニーズに応えるような自らをある程度拘束する制度を採り入れることになった。

　具体的には，DARPA による研究資金の提供期間に制限を設けたこと，そして研究プログラムのマイルストーンを作成させ，その達成状況を定期的に評価して次の段階に進ませるかどうかを判定するというプロセスを定式化したことである。その成果として，軍事ニーズに直接応えるためのこの時期の開発プロジェクトM16自動小銃およびステルス技術開発と並行して，長期的な視野に立った自発的な基礎研究としての無人航空機（UAVs）技術の研究も自律的に継続できたのである（Van Atta, 2008）。

このような DARPA と軍との関係をダイナミック・ケイパビリティ論的に解釈すれば，米国においては組織間で軍事技術開発の方向性が共有され，組織間関係あるいは組織境界を自律的かつ柔軟に変化させることで環境の変化にしなやかに対応するケイパビリティがすでにこの時期に備わっていたといえる。

一方，この時期，通信電子技術，特に IC などの軍民両用技術の急速な発展が兵器システムの向上を支えることが明らかになってきた。具体的には，DARPA が1960年代に着手した偵察衛星プログラムやトランジット衛星（GPSの前身）プログラム，そして IPTO が展開したコンピュータの活用による指揮統制機能の飛躍的向上を目指した MAC プロジェクトなどの成果が結実しつつあった。

そこで，政府は，伝統的な国防企業以外にも有望な技術を有する民間企業を国防産業に参加させてこの傾向を加速させるため，これまでの煩雑な契約方式を見直すとともに，民間企業を積極的に参加させるためのインセンティブの在り方を検討することとなった（Richardson, 2008）。このような背景と経緯のもと1970年代後半から80年代に展開されたのが超高速集積回路プログラム（VHSIC）と戦略的コンピュータプログラム（SCP）である（Fong, 2000）。

1977年に着手された VHSIC は，すでに軍事利用されていた IC をさらに小型化し，かつ処理速度を飛躍的に向上させることで個別の兵器の質を向上させてソ連の数的優位性に対抗するとともに，VHSIC を利用することで DARPA が構想した技術を含む多様な兵器をシステムとして運用してソ連の追随を許さないことを目指すものであった（Fong, 1990）。なお，既存技術の向上を旨とした VHSIC は，もはや DARPA ではなくその上位機関である技術担当国防次官が直轄する国防省最大のプロジェクトとして展開された。

このように，1970年代から80年代にかけて米国が IC を軍事技術に応用したことで，戦争の様相が一変することとなった。

小型・軽量でかつ高速演算機能を有する IC は，情報の伝達処理速度だけでなく情報量そのものを飛躍的に増大させる技術であった。このことは，指揮・統制・通信・情報・コンピュータシステム（C４I）に大きな変化をもたらした。

第7章　ダイナミック・ケイパビリティ論の米ソ軍事技術開発への応用　149

つまり，従来型の中央統制型Ｃ４Ｉシステムの機能を飛躍的に向上させ，すべての兵器の能力を効果的・効率的に統合して発揮させることができるようになった。さらにICによるＣ４Ｉシステムの小型化により，兵器プラットフォームそのものにＣ４Ｉ機能を搭載することが可能になり，急激に変化する現場における情報を実際に展開している兵器間で迅速に共有でき，また，兵器そのものが目標を正確に捕捉・攻撃できるようになったのである。

　このことは，ソ連にとって，自身が時間をかけて構築してきた核パリティ下での通常戦力の数的優勢という前提が覆ることを意味した。米国が通常戦力でもソ連の戦力をソ連領内で効果的に撃破でき，仮にソ連が欧州域内に突入できたとしても，米国は核戦力に頼ることなくこれを撃破できる可能性が大きくなった。つまり，数的優勢をもって通常戦力を欧州域内に突入させる能力を持つことで米国の打つ手をなくし相互抑止を維持するというソ連側の前提が成立しなくなったのである。

　ダイナミック・ケイパビリティ論的には，米国は，ソ連の優位性に対抗しうる別の手段としてICの可能性を的確に認識できる感知能力を研ぎ澄ましていたといえる。そして，ICという機会を的確に捕捉できるような組織も歴史的に形成していた。これにより軍の内部資産だけでなく外部の資産を積極的に導入・組み合わせることで急速かつ飛躍的に実現する仕組みを作り上げることができた。その結果，ソ連の懸念は1983年のイスラエル軍のレバノン攻撃によって現実のものとなった。

　その10年前の第４次中東戦争においてイスラエル軍は，エジプト軍が装備していたソ連製の防空システムによって壊滅的な打撃を受けていた。今回イスラエル軍は，Ｃ４Ｉ能力が飛躍的に向上した米国のシステムを導入したことで，レバノン軍のソ連製防空システムを壊滅させたのである（Bryen, 2016）。

　ソ連との技術開発競争における勝利を最終的に決定したのも，やはり米国のダイナミック・ケイパビリティであったといえる。米国はレバノンにおける成果に満足せず，むしろ実現した技術は他者によって必ず追随されるという脅威認識のもと新たな技術機会を探索し，これを実現するために組織的な変容を続

けた。その代表例がDARPAによって1983年に立ち上げられたSCPである。SCPは，ICの性能とコンピュータの同時処理能力の向上，そして人工知能研究の3つの分野を統合する先進的なプログラムである（Fong, 2000）。

　ここでDARPAが着目したのが，技術試験段階における使用者たる軍との意見交換の場の活用であった。民間企業の担当者を技術試験に同行させ，直接ユーザーのニーズを聴取することは民間企業にとって非常に価値があったという。というのも，民間企業は，商品開発に際して綿密な市場調査を行うことが一般的であるが，その費用は莫大なため開発費が圧迫されるという構造的な問題に直面しており，ユーザーからコストをかけずに直接意見を聴取できることは，民生技術に関する将来のニーズやヒントを得る絶好の機会であったからである。ただし，ここでネックとなったのは，かかる技術やアイデアに関する知的財産権の帰属問題であった。

　その当時の米国の公共調達規則は，生産と調達量を厳格に管理することを趣旨として構成されていたため，民間企業の利潤は抑えられ，また，民間企業には多くの複雑な契約手続きや会計手続きが求められたことで，有望でありながら資金力の小さい民間企業は公共調達への参加を躊躇せざるを得ないという批判があった。しかも，この原則が研究開発契約にも適用されたため，新しい知識の創造が求められている時流に適合しないという問題も指摘されていた。

　そのような問題意識が内部で高まるなか，DARPAはこの問題に取り組むため，1980年代後半に法律顧問としてリチャード・ダンをスタッフに加えた。そして，ダン顧問のもと，DARPAは契約方式を改革していった（Golden, 1990）。

　まず，DARPAの契約を政府調達規則の例外扱いとすることを議会に求め，1989年に承認を得た。具体的には，DARPAの契約をほとんどの調達規則の適用除外とし，政府出資の発明に関する特許権の帰属を規定したバイドール法（Bayh-Dole Act）についても適用されないこととした。

　これにより，DARPAは知的財産権やコストシェアリングに関して契約相手との間で相互の了解と利益に基づき自由に交渉できるようになった。その結果，開発プログラムごとに政府および契約相手方である民間企業の双方が納得して

出資できるような開発目標を設定できるようになった。次に，試作品開発契約を通常の調達規則の適用外とし，さらに，雇用形態やインセンティブ方式の競争開発など柔軟な契約を可能にしていった。

5. おわりに：米ソ軍事技術開発競争の比較ケイパビリティ分析

　米国は，ソ連との軍事技術開発競争において，ソ連の数的優勢に対応することを常に頭に置いた上で，ダイナミック・ケイパビリティを発揮して，数の勝負という同じ土俵（市場）での戦いには参加せず，核戦力をめぐる別の土俵における勝機を見出し，この勝負に既存の内部資源を投入した。

　そして，1970年代までに核のパリティが達成されそうになると，核戦力競争における勝負に拘泥することなく米国に勝機をもたらすような技術を広く検索し，その結果，ICを活用したＣ４Ｉに基づく精密攻撃能力をめぐる新たな土俵における勝機を見出し，それに内外資産・資源を躊躇なく動員したのである。

　これに対して，ソ連は，通常戦力の数的優位という強力な固有資産にこだわり，オーディナリー・ケイパビリティのもとにその資産を利用した米国との間の交渉（取引）における利益の最大化を図ってきたものといえる。そのため，ソ連にとって核パリティを達成した後の脅威や機会は，それが通常戦力の数的優位に影響を及ぼすかどうかというレンズを通してのみ感知・分析されることとなった。

　そしてソ連は，通常戦力の数的優位を補完する資産形成に積極的に投資するとともに，これを脅かす要因を莫大なコストをかけて排除に努める一方，核兵器使用時のEMPに脆弱であったICについては，その存在には気づいていても積極的に投資すべき対象とはしなかった。

　実際，ソ連がICの開発に積極的に取り組み始めたのは1975年であり，西側に後れること10年であった。しかもその取り組みは西側のIC生産技術の輸入や不正なコピーであり，自前で生産できるようになったのは1985年になってか

らであり，IC を利用したコンピュータなどの製品についても当初は西側の製品に依存せざるを得なかった（CIA, 1987）。

その間，西側では民生部門を通じて IC 技術が加速度的に向上し，これを逆に国防部門が軍事技術に導入することで兵器の性能も飛躍的に向上するというサイクルが形成された。これに対しソ連は，IC 技術を向上させる民生部門が存在せず，ネットワークを持たない国営の研究所が当初，独自の IC 技術開発・生産を行うことを目指したものの，実用化を急ぐ軍の要請もあり，結局は西側のコピーにとどまった（Bryen, 2016）。

このようにして，ソ連は，核パリティと通常戦力の優勢を同時に維持するための技術競争を展開するために国民経済を犠牲にして，すべての資源を集中していたが，米国によって全く想定していなかった別の土俵での戦いをいきなり強いられ，そこでの戦いを準備する経済的余裕はすでになく，新たな環境に対応できずに敗れたのである。

両者の本質的な違いの1つは，米国がダイナミック・ケイパビリティのもとに戦略的に軍事技術開発を行ってきたのに対して，ソ連はオーディナリー・ケイパビリティのもとに軍事技術開発を行ってきた点にあるといえるだろう。

参考文献
Åslund, A. and Kuchins, A. (2009) *The Russia Balance Sheet*, Washington, D. C.: PIIE and CSIS.
Blank, S. J. (2012) Russian Military Politics and Russia's 2010 Defense Doctrine, in *Russia's Military Reforms, Defense Doctrines and Policies*, edited by Whiley Lockhardt and Kristen Spivey, New York: Nova Science Publishers: 67-154.
Bryen, S. D. (2016) *Technology Security and National Power: Winners and Losers*, New Brunswick: Transaction Publishers.
Bystrova, I. (2011) Russian Military-Industrial Complex, Aleksanteri Papers, Helsinki: Kikimora Publications.
CIA (1982) *Microanalysis of the Soviet Military Industrial Complex*, Memorandum, April 14, 1982.
CIA (1987) *The Soviet Defense Industry Coping with the Military-Technological*

Challenge, Research Paper, SOV 87-10035DX, July 1987.
Fong, G. L.（1990）State Strength, Industry Structure, and Industrial Policy: American and Japanese Experiences in Microelectronics, *Comparative Politics*, Vol. 22, No. 3: 273-299.
Fong, G. L.（2000）Breaking New Ground or Breaking the Rules: Strategic Reorientation in U. S. Industrial Policy, *International Security*, Vol. 25, No. 2: 152-186.
Fuchs, E. R. H.（2010）Rethinking the Role of the State in Technology Development: DARPA and the Case for Embedded Network Governance, *Research Policy*, Vol. 39: 1133-1147.
Gansler, J. S.（2013）*Democracy's Arsenal: Creating a Twenty-First-Century Defense Industry*, Cambridge and London: MIT Press.
Golden, F.（1990）Darpa Buys into Tiny Computer Chips Firm, *The Scientist*, May 14, 1990.
http://www.the-scientist.com/?articles.view/articleNo/11149/title/Darpa-Buys-Into-Tiny-Computer-Chips-Firm/（2016年5月26日アクセス）
Harrison, M.（2003）Soviet Industry and the Red Army under Stalin: A Military-Industrial Complex? *Cahiers du Monde Russe*, 2003/2, Vol. 44: 323-342.
Holloway, D.（1974）Technology and Political Decision in Soviet Armaments Policy, *Journal of Peace Research*, Vol. 11, No. 4: 257-279.
Jahn, E.（1975）The Role of the Armaments Complex in Soviet Society: Is There a Soviet Military Industrial Complex?, *Journal of Peace Research*, Vol. 12, No. 3: 179-194.
Kaufman, S. J.（1994）Organizational Politics and Change in Soviet Military Policy, *World Politics*, Vol. 46, No. 3: 355-382.
Kenyon, H. S.（2008）DARPA and the Information Age: Agency Activities in Information Technology Have Helped to Create Today's IT Experience, in *DARPA: 50 Years in Bridging Gap*, edited by DARPA, Washington, D. C.: Faircount LLC: 76-77.
菊澤研宗（2015）「垂直統合の考察(2)―非ゼロ・ベースで考える取引コスト理論とダイナミック・ケイパビリティ論」『ハーバード・ビジネス・レビュー』2015年4月15日。
http://www.dhbr.net/articles/-/3161（2017年5月15日アクセス）
Richardson, J.（2008）Revolutionizing the Commercial Marketplace, in *DARPA: 50 Years in Bridging Gap*, edited by DARPA, Washington, D. C.: Faircount LLC: 30-37.
下斗米伸夫編（2016）『ロシアの歴史を知るための50章』明石書店。
Teece, D. J.（2009）*Dynamic Capabilities and Strategic Management*, Oxford: Oxford University Press.

Van Atta, R. (2008) Fifty Years of Innovation and Discovery, in DARPA, *DARPA: 50 Years in Bridging Gap*, edited by DARPA, Washington, D. C.: Faircount LLC: 20-29.

Work, R. O. (2015) Welcoming Remarks and Morning Keynote Address at CNAS Inaugural National Security Forum, J. W. Marriot, Washington, D. C., December 14, 2015.

第8章 ダイナミック・ケイパビリティ論の日系多国籍企業への応用

1. はじめに

　今日，多国籍企業は，それぞれ異なる歴史，文化，そして制度を持つ国や地域のもとで形成されたビジネス環境のなかで，激しい競争を強いられている。このようなグローバル市場で競争に勝ち抜くためには，企業内にある既存の能力や知識を異なる環境に適応させ，活用することが必須となる。

　企業は，全体としてみれば，同じ組織・グループとみなされるが，各部分はそれぞれ高い異質性を持つ組織の集合体である。近年，情報通信技術の発展に伴い，企業の能力や知識の陳腐化が急速に進み，ビジネス環境における不確実性も高まっている。こうした状況で，大きな課題は，異質性を内包した巨大組織である多国籍企業が，いかにして持続的競争優位性を持つことができるのかにあるといえる。

　ダイナミック・ケイパビリティは，急激に変化する環境に適応するために，企業の持つ独自の資源やオーディナリー・ケイパビリティを再構成し，新製品や新しいビジネス・モデル，新しいケイパビリティを創出する能力であり，他社が模倣・複製困難なより高次のメタ・ケイパビリティであるとされる。そして，それを研究対象とするダイナミック・ケイパビリティ論は，急速に変化し厳しい競争が繰り広げられているビジネス環境を背景に，個々の企業が生き残りを図り，持続的競争優位性を構築・維持するために必要なケイパビリティを分析し，説明するアプローチなのである。

　ダイナミック・ケイパビリティ論が想定している企業像とそれをめぐるビジ

ネス環境の特徴は，まさに多国籍企業とそれが直面しているさまざまな課題である。実際に，ダイナミック・ケイパビリティ論の創始者の1人といわれているティース（Teece, 1975, 1977a, 1981a, 1981b, 2006a, 2009, 2014）は，比較的早い時期から数多くの論文で多国籍企業を研究対象として扱っており，それゆえダイナミック・ケイパビリティと多国籍企業の行動との関係は強いと思われる。

　以下，まずティースのダイナミック・ケイパビリティ論について説明し，次にそれを応用したダイナミック・ケイパビリティ・ベースの多国籍企業論について説明する。最後に，このようなティースの議論が経験的にも妥当なのかどうかを2つの日系多国籍企業の事例を比較して考察してみたい。

2．ティースのダイナミック・ケイパビリティ論

　ダイナミック・ケイパビリティ論では，オーディナリー・ケイパビリティとダイナミック・ケイパビリティが区別される。

　ティース（Teece, 2014）によれば，オーディナリー・ケイパビリティ（以下，「OC」という）は企業内における「ベスト・プラクティス」のことで，「ものごとを（効率よく）正しく行う」能力であり，技能的適合力（technical fitness）を高める能力のことである。言い換えれば，OCは企業が果たす通常の機能をいかにして効率よく行うかという通常能力のことであって，変化する環境の中で企業が生き残るための能力ではない。また，企業は実践を通じてOCを獲得し，高めることができる。そのため，OCは他社に模倣されやすく，一定の期間が経てば陳腐化し，企業の長期的な競争優位性の構築には貢献できない。

　これに対して，ダイナミック・ケイパビリティ（以下，「DC」という）は，OCと違って，「正しいことをする」能力であり，環境の変化に対応して既存の資源やルーティンやオーディナリー・ケイパビリティを再構成・再配置して生き残ろうとする能力のことである。そして，それは，企業の進化的適合力（evolutional fitness）を高める能力である。高度な暗黙的要素を有している知

識であり，他社が簡単に模倣できないがゆえに，長期的な競争優位性を獲得でき，企業が「独自の実践（signature practices）」を通して歴史的に獲得してきた能力なのである。

ここでもし企業が置かれている環境が安定しており，変化が少ない場合には，企業はOCのもとに，既存のさまざまな資源を結合し，調整して，可能な限り効率性を高めることができる。しかし，環境の変化が激しく，不安定な状況では，環境に適応するために，OC自体を変化させる必要があり，それゆえ既存の資源を再構成したり，再配置したりする必要がある。これがDCである。それゆえ，OCとダイナミック・ケイパビリティ間には階層性があり，OCは低次のケイパビリティであり，DCはより高次のメタ・ケイパビリティとなる。

3．多国籍企業のダイナミック・ケイパビリティ論

3.1　海外進出，オーディナリー・ケイパビリティ，そしてダイナミック・ケイパビリティ

以上のようなDC論を多国籍企業に応用してみよう。まず，多国籍企業は，既存の優れたOCを進出先の海外子会社に移転し，複製することによって利益を得ようとする存在であるとみなされる。

さまざまな進出先のビジネス環境に適応するようにOCを移転・複製するとき，企業はさまざまな困難に出くわすだろう。なぜなら，多国籍企業は同じ組織内の知識の移転とはいえ，「知識は組織の構成員，さまざまなタスクとツールの相互作用に埋め込まれているため，模倣しても同じように複製できるとは限らない」（Teece, 2014, p. 19）からである。

特に，ルーティン化できず暗黙の側面を持つ知識の移転や，現地で既存のOCを学習し，習得する環境が整備されていない場合，その移転には企業内外の資源やオーディナリー・ケイパビリティを調整し，再配置する能力が必要とされる。つまり，DCが必要となるのである。

ティース（Teece, 2014, p. 19）は，「オーディナリー・ケイパビリティを異なる進出先に移転し適応させる能力の一部がダイナミック・ケイパビリティのことである」と述べている。そして，それはウィンターがいう「ルーティン的な問題解決」というよりも，シュムペーターが主張する企業家的能力に近いものであるという。

　例えば，近年，経済成長の著しい新興国の市場では，大きなビジネス機会を見込み，世界中から投資が集まっている。さまざまな成長の可能性を孕んでいる成長市場のもとでは，それぞれのビジネス・プレーヤーが異なる戦略を打ち出し続けているため，業界内外の環境は常に急速に変化している。このような環境の変化に適切に対応して，企業内外の資源や OC を再配置し，迅速に新たな施策を打ち出すことは，企業の生存に欠かせない重要な能力である。

　もちろん，グローバル市場で事業を展開する多国籍企業の本社経営陣は企業家的であり，コスモポリタンでなければならない。特に，企業家的経営者は(1)市場と技術に関連する脅威を感知し，(2)機会を捕捉し，そして(3)絶えず組織を変化させる能力つまり DC が求められているのである。

　子会社に OC を移転し，製品・サービスを現地市場に導入すると同時に，OC を模倣する現地企業が現れる。現地企業の模倣・複製が上手になるにつれ，OC は普及し，子会社が持つ競争優位性も低下していく。また，多国籍企業の元従業員が現地企業に再就職することによって，OC の移転と拡大のスピードがさらに速まることが考えられる。

　したがって，「オーディナリー・ケイパビリティは時間が経つにつれ，模倣する企業が増え，複製も良くなっていくため，単にオーディナリー・ケイパビリティに依存する子会社は徐々に優位性を失うことになる」（Teece, 2014, p. 19）。ただし，例外として競争が低く，技術的な変化が起こらず，グローバル化の程度も低い状況でのみ，OC は企業に成長をもたらすことが可能であるという。

3.2 競争的優位性の構築における子会社の役割

　ティース（Teece, 2014）は，多国籍企業が持続的な競争優位性を維持するにあたり，現地の子会社が極めて重要な役割を果たしていると主張する。多国籍企業は，変化するグローバルなビジネス環境に対して，子会社を通して変化を感知する。その変化に適応するために，本社の経営陣にとって最も重要な役割は，グローバルな資産のオーケストレーションである。子会社は，しばしば企業のダイナミック・ケイパビリティにおいて感知の役割を果たしている。ダイナミック・ケイパビリティ論は，子会社の役割を多国籍企業の競争優位性に貢献できるところまで高めている。また，企業が持っている多くの学習や独自プロセス，VRIN資源[1]などは，子会社が開発した特殊的なケイパビリティとみられる。

　DC論では，子会社はそれぞれの地域の特殊な環境に適応するために蓄積されてきた知識やノウハウを用いて，新しいローカルな機会を発見し，新しいローカルな知識（特殊的なケイパビリティ）を創造するものとされる。本社は，子会社が創造したこれらローカルな知識を他の子会社に移転させ，統合することによって，企業の競争優位性を構築することになる。このように，子会社は多国籍企業の競争力の構築において大きな役割を果たしているのである。

　また，子会社はいかなる状況においてこのような役割を果たせるのかについて，ティースは次のように述べている。「多国籍企業は特に階層化する必要はなく，子会社に大いなる自主性を与えるようなネットワーク組織のように行動すべきである。……子会社はグローバル・オペレーションに統合されると同時に，著しい自主性を持つべきである」（Teece, 2014, p. 26）。ティースは，従来の階層化された大企業と異なり，ネットワーク化された組織が多国籍企業のあるべき組織像であると強調する。

　子会社間は，本社の企業理念と方針を共有しながら，それに基づく現地戦略のもとにローカル市場の変化に対応していくことになる。ただし，ティースによれば，DC論で想定している環境変化が著しく急速に変化し，競争が激しい市場の変化や脅威を感知するには，子会社は本社から多大な権限を委譲される

必要がある。それと同時に，そこに機会を捕捉し，変容するために本社の企業理念・経営方針を社内に浸透させ，多国籍企業全体のグローバル戦略との一貫性を持つことも必要となる。

したがって，経営的に自主性を持ち，本社の企業理念と経営方針が浸透している子会社は，本社の DC の構築と実行に対して大きく貢献できるのである。

3.3　多国籍企業におけるイノベーション・エコシステム

DC 論では，企業における資産の拡大は，基本的に R&D と学習プロセス，すなわちティースが提示した「技術的イノベーションによる利益の獲得」の方法[2]に由来すると考えられている。

イノベーションから価値を創出する主体は，個別企業を超えて，数多くのビジネス・パートナーによって形成されるビジネス・エコシステムとなる。多国籍企業は内部に限らず，外部のパートナーとの提携を通じて企業の特殊な技術を開発していく。イノベーションを引き起こすためには，以下の問題，つまり①R&Dへの投資規模，②投資資金の使い方，③内部開発かアウトソーシングか，④イノベーションがよく管理されているか否か，といった問題が重要になる。

イノベーションをより良く管理するためには，DC の 1 つである優れたオーケストレーション機能が必要とされる。純粋な国内企業と異なり，多国籍企業の場合，企業内部と外部，本国と海外，それに異なる技術分野を超えたオーケストレーション能力が必要とされるのである[3]。

DC 論では，子会社もイノベーションの担い手と見なされ，新しい技術の創出だけでなく，価値創出の点でも大きな役割を果たすと考えられている。子会社においても，企業内部で共特化した（co-specialized）製造・流通・マーケティングにかかわる資産と技術に投資することが重要となる。というのも，ティースによると，これら投資された資産に対する所有権が，多国籍企業がイノベーションによって生み出す利益を占有する際に，非常に重要な役割を果たすことになるからである。

DC論では，従来の本社をトップとする階層組織を前提とするアプローチと異なり，グローバルに分散している多国籍企業の子会社は異なる地域から新しい変化を感知し，新しいケイパビリティの創出をサポートし，それに貢献するようなイノベーションのネットワークが想定されている。

このように，(1)多国籍企業におけるOCの移転，(2)新しいケイパビリティの創出，そして(3)イノベーション創出における子会社の役割について，DC論は従来の多国籍企業論とは異なった見解を示しているように思える。

このようなDC論の主張が，現実の多国籍企業の経営活動に関してどれだけ説明力を持っているかをテストするために，本章は中国に進出している日系多国籍企業の子会社にヒアリング調査を行った。この調査を通じて，以下のように，ティースのDC論が経験的にも妥当であることがわかった。

4．日系多国籍企業に関するヒアリング調査と結果

4.1　調査の概要[4]

近年，経済成長に伴って需要の急速な拡大がみられる新興国の市場において，日本企業をはじめ，欧米諸国の代表的な多国籍企業が積極的な投資を行い，現地で活発な経営活動を展開している。外資企業の進出が増えることによって，ローカル企業の技術の習得と生産過程の合理化が進んでいる。そのため，新興国市場では，ビジネス環境と業界競争のいずれも急速にかつ激しく変化している。このような新興国市場はまさしく，DC論が対象とする企業環境であるといえる。

この章では，このような新興市場の1つである中国市場に進出している日系企業[5]を対象に，ヒアリング調査を行った。

調査の概要は，以下のとおりとなっている。

(1) 調査方法：紙面，Eメールおよびビデオ通話によるヒアリング
(2) 調査時期：2015年5月（1回目），8月（2回目），2017年4月（3回目）

(3)　調査対象：中国に進出している日系現地法人2社[6]（A社：電気機器メーカー，B社：精密機器メーカー）[7]

4.2　質問項目

　今回の調査項目は，DC論のフレームワークで論じられている子会社像を前提に，以下の3つの質問項目に沿って各企業の現状についてヒアリング調査を実施した。

(1)　「経営パフォーマンス」

　調査対象企業に対し，まず現地の競争市場においてどのような競争力を持っているのかを確認した。競争力の定義について，「企業が高い所得を生む能力」（内閣府，2013）とし，使用した指標は収益性を表す「売上利益率」を採用した。具体的には，①「（直近3年間の）市場シェア順位」（2005年の調査）と「（直近2年間の）市場シェア順位の変化」（2007年の調査）②「収益性」の増減と，③「（他社に対し比較的）競争優位性の持つ強みの有無」の3点についてヒアリングした。さらに，現時点の競争力は長期的に持続可能かどうかも質問した。

(2)　「知識・能力（OC）の移転について」

　本社から現地企業にどのような知識・能力すなわちOCが移転され，どのように移転されたかについて質問した。特に，移転過程で生じた問題とその解決方法を中心にヒアリングを行った。

(3)　「OCの移転に必要な子会社経営者の能力（役割）」

　「世界の工場」から，すでに「世界の市場」に変貌した中国では，どの業界においても世界中から強力なビジネス・プレーヤーが押し寄せている。厳しい競争が繰り広げられ，かつ急速に変化する不確実性の高い中国市場で，日系多国籍企業は環境に適応し，本社の優れたOCを現地に移転しようとする際，常

に現地に対応する経営者の能力を必要としている。この能力も，項目(1)で確認された子会社の「経営パフォーマンス」に貢献する重要な要素でもある。

今回の調査は，子会社の「経営者（企業家）能力（役割）」について，①「現地市場の変化を的確に予測して，市場の機会を熟知し評価できているか否か」，②「市場変化に適応するための経営戦略を策定する能力を持っているか否か」，③（2007年調査時の追加項目）「本社の意思決定に参加し，本社（もしくは他の子会社）が有している資源を中国市場の戦略実行に配分させ，調整することはできるか否か」，④現地経営者の選任基準（国籍）[8]の4点を中心にヒアリングした。ここでの回答結果は，あくまでも同じ管理者にあたる回答者が，第3者の立場から下した個人的な見解になる。

(4) 「子会社の経営者が役割を果たすための前提状況の整備」

第1節でも述べたように，現地子会社は本社のDCの形成に必要な役割を果たすために，「グローバル・オペレーションに統合されると同時に，明確に自主性を付与されるべきである」（Teece, 2014, p. 26）とされる。しかし，実際には，子会社の経営者が優れた感知能力を持ち，良き戦略を策定したとしても，組織内における権限を有しないならば，能力を発揮し戦略を実行することはできない。そのため，本調査では，前者については，「本社の経営理念や経営方針の浸透」，後者については，①「経営意思決定の主体（権限委譲の有無）」に関する現状を確認した。

(5) 「イノベーション・エコシステムにおける子会社の位置づけ」

多国籍企業のDC論では，「子会社もイノベーションの担い手とみなされ，新しい技術の創出だけでなく，多国籍企業の内部から生み出したイノベーションと比べても，より高い価値を獲得している」と考えられている。この点について，①当該子会社の「全社における戦略的重要性」と，実際に「子会社レベルで創出した新しい知識や能力が本社に採用され，他の子会社に移転されたケースはあるか否か」についてヒアリングした。

4.3 調査結果[9]

(1) A社（電気機器メーカー）

　A社は，20数年前に中国に進出したATM（現金引き出し機）機器・プリンターの製造業者である。調査対象は，華東地域の生産，販売とアフターサービスを統括する現地法人である。同社は，ATM機器に必要な紙幣還流機能，古い紙幣の搬送停止を防止する機能と紙幣鑑別のセンシング機能などの技術を融合した独自のメカトロ技術を有しており，日本国内で業界トップ・シェアの実績を維持してきた企業である。

　A社は，このメカトロ技術を駆使した紙幣入金整理機と出納機などの製造技術を海外に移転させ，現地の金融機関に関連機器を供給することを目的として中国に進出した。しかし，A社は自社のオーディナリー・ケイパビリティである「紙幣鑑別モジュール」をはじめとする一連のメカトロ技術が流出することを防止するために，日本国内で製造したモジュールをそのまま中国に輸出し，現地の自社工場で完成品を組み立て販売するビジネスモデルを採用したのである。

　進出当時，中国のATM業界では外資企業から紙幣鑑別の部品を仕入れて，単純な組立作業を中心とする地場企業が多かった。そのため，日本国内で業界トップレベルの技術を誇っているA社は，中国市場でも絶対的な競争優位性を有していた。それゆえ，当時，同社と現地提携企業の売上合計は，現地市場のトップ・シェアを占めていた。

　しかし，現在，同社の製品はいまだ技術的優位性を持っているものの，地場企業の生産技術と研究開発力が向上し，しかも提携企業との業務提携を解除したことが原因で，売上は大きな打撃を受けている。同社の市場シェアは，2015年の調査では2位であったが，2017年の調査では4位に落ちている。

　調査結果によると，現在着任して2年目の現地社長は，「中国の商品市場の現状について熟知している」が，「中国市場の変化に適応する経営戦略を実行できるような，十分な意思決定権が与えられていない」ことと，「本社の意思

決定に参加し，本社（もしくは他の子会社）が有している資源を中国市場に戦略的に配分させ，調整することはできない」という状況にあることがわかった。

同社は，グループ全体において「大変重要な位置づけになっている」にもかかわらず，現地社員は本社の経営理念と戦略方針について，「年に１，２回の本社社長の訪問時に伝えられているが，あまり浸透していない」ということであった。

A社は，コア技術（「紙幣鑑別モジュール」を中心としたメカトロ技術）の研究開発と製造をすべて日本国内に集中させているため，現時点では中国市場で開発した新技術や新製品は特にないということであった。

ATM業界は，比較的特殊な業界であり，販売先は主に銀行や信用金庫など金融機関に集中している。1990年代の中国では，銀行業界は中国工商銀行，建設銀行，交通銀行と農業銀行の4大国有銀行が独占した状態であり，外資企業にとって営業のハードルが非常に高い業界[13]であった。

A社は，中国に進出した当初は，現地での稼働実績がないため，大手銀行で1年半の試行運転を行ったにもかかわらず，最終的に採用されなかったという苦い経験をもつ。後に同社は，中国出身の営業責任者を採用し，その強いリーダーシップのもとに，販売力のある地場企業との業務提携を通じて，2大国有銀行から大口の発注を請けるなど，順調に市場を開拓してきた。

当時，中国政府はATM業界で国産メーカーやブランドの普及を促進する政策を打ち出したため，地場企業が自社の技術力では生産できないコア部品を外資企業から調達し，製品を組み立てて銀行に供給するケースが多くみられた。A社は，自社の技術やオーディナリー・ケイパビリティが他社に流出することを防ぐために，完成品のATM機器を提携相手にODM（Original Design Manufacturing）形式で供給し，提携相手のブランドで銀行に製品を供給していたのである。

また，ATM機器の場合，販売後に定期点検と保守サービスを行う必要があるため，一般に完成品の供給によってアフターサービスの収入も確保できるというメリットがある。それゆえ，A社は他の日系企業とは異なり，自社ブラン

ドの販売と完成品の ODM 供給方式で事業を展開していたのである。A社と提携企業の合計販売台数は，一時，ATM 市場のトップ・シェアを占めていた。

しかし，技術の普及により，市場で類似製品が出回り，特に紙幣鑑別モジュールに関しては研究開発が進み，地場企業によって類似製品の生産が可能になったため，ここ数年，A社の競争優位が低下しつつある。品質が劣っているが，現地の銀行の独特なニーズに適応した製品の開発に成功している中国メーカーの製品が徐々に市場シェアを奪っていく状況になっているのである。

その背景には，中国市場の ATM に対する需要の変化がみられる。ATM が導入された当時，銀行側が沿海地域の大都市で従来の通帳の代わりにキャッシュカードを普及させようと考えたため，キャッシュカード専用の機器を求めていた。しかし，その後，ATM の普及とともに，別の利用者層も大幅に増加した。年金の確認や引き落としをするお年寄りや，内陸都市部の利用者など，キャッシュカードよりも従来の通帳を利用する消費者も増加したのである。

この変化に対応して，銀行が通帳とキャッシュカード兼用の機器を求めてきたが，A社はその需要の変化に迅速に対応できなかった。というのも，A社は技術流出の恐れがあるため，製品開発はすべて日本の本社で行っていたからである。製品仕様に少し変更があるだけでも，本社の製品開発部署を通さないと変更は不可能なために，対応が遅れたのである。

また，この対応の遅れをもたらしたもう1つの原因は，A社社内の意思決定構造にもあった。現地の営業チームが感知したニーズ変化の情報は，子会社内で議論されてから駐在の日本人経営責任者を通して本社に伝達され，本社での議論・稟議・許可を経て，ようやく製品開発に取りかかるという段階に入る。この一連の意思決定プロセスを通過し，最終製品が現地市場に投入できるまで最短でも半年以上かかる。場合によって，本社は現地のニーズを正確に評価できず，製品開発・改善の提案そのものを却下してしまうケースもよくあるという。結果として，同社の製品にはいまだ通帳を読み取る機能が搭載されていない。しかし，現地のライバル企業は，A社が社内役員会議を重ねる間に，3カ月で新機能を搭載した新製品を銀行に引き渡しているのである。

また，A社は，他の外資企業と同様に，現地の提携パートナーとの協力関係がうまくいかず，経営状況は大きなダメージを受けている。近年，A社は市場競争の激化によって収益が低下してきている。それゆえ，販売力の強化を図るために，従来の提携企業とは別に新しい提携相手を探そうとした。しかし，それが逆に既存の提携企業の反発を招き，さまざまな理由で未回収金の支払いを拒否されるという事態に追い込まれた。結局，両社はけんか別れとなり，提携関係が解除される状況にまで発展している。

　これによって，提携企業への出荷量が減り，全体の販売力は大幅に低下した。中国国内の販売代理店との取引では，販売代金の回収問題がある。これは，中国ビジネスの大きなリスクの1つである。それを防ぐために，豊富な経験のもとで現地の業界環境を十分に分析したうえ，取引先がモラルハザードを起こさないような取引条件の設定（例えば，「提案型営業」の厳しい取引条件の設定），もしくはそうしないことによるメリットを極力増やすような環境づくり（定期的な研修セミナーの開催で淘汰されない代理店にとってのメリットを増やす環境を整える）が非常に重要になる。

　このように，現地市場の変化への対応が遅れたことと，提携企業との契約解除問題によって，A社は中国市場での業績を悪化させ，市場シェアが大幅に減少し，厳しい状況に陥っている。現在，失った市場シェアをもう一度奪回しようと考え，他の現地企業と新たな提携関係を結び，販売台数を伸ばそうと努力している。

　提携事業の失敗後，A社は経営体制の変革を行い，経営責任者を交代させ，現地の経営に対する統制を一層厳しくした。現社長は，マーケティングなど複数の部署で7年間現場の経験を積み，中国市場を熟知する日本人である。しかし，前述したように子会社への権限委譲が進んでいないA社は，これまで以上に子会社への統制を厳しくすると，現地市場の変化への対応がますます後れをとってしまうという懸念がある。

　ヒアリング調査によると，中国市場を熟知している現社長は，本社の強い統制のもとに十分な意思決定権が与えられておらず，現地に適合的な戦略を実施

することができない状況にある。このような組織制度のもとでは，企業パフォーマンスが悪化した場合，責任の所在が不明確になるのは必至であり，結果として経営者不在の状況に陥ることになるだろう。

⑵　Ｂ社（精密機器メーカー）

　Ｂ社は，中国に進出して15年目の精密機器メーカーの中国現地法人である。主に医療生物顕微鏡および関連精密機器の輸入販売，技術サポートとアフター・サービス業務を展開している。

　Ｂ社は，Ａ社と違って，現地生産を行っていない。何よりも，グローバル市場で強力な競争力を有している光学・精密技術と画像処理技術で作られているハイエンド製品の中国市場での販売を主な事業としている。そのため，中国での販売を拡大するためには，本社の持つブランド戦略や販売ノウハウに関するOCを現地市場へと移転する必要があった。

　同社の経営パフォーマンスに関しては，競争が高まっているにもかかわらず，現在も高収益性を保っており，今後も持続的な競争優位性が見込まれることが，ヒアリング調査を通じてわかった。また，Ｂ社の中国進出は日系・ドイツ系競合他社よりやや遅れていたにもかかわらず，高性能顕微鏡の占める市場シェアは，2015年の業界３位から2017年現在では２位に上昇している。

　Ｂ社の経営責任者に関するヒアリング調査の結果では，「彼が中国の商品市場について熟知しており，企業内外の資源・知識を調整し，中国市場の変化に適応するための経営戦略を策定する能力を持っている」ことが明らかになった。また，「本社の意思決定に参加しており，本社（もしくは他の子会社）が有している資源を中国市場での戦略実行の際に，配分し，調整する権限を有している」という。また，現社長は「中国人社員と積極的にコミュニケーションをとろう」としており，「本社の企業理念と経営方針は社員によく伝わっている」という。

　調査結果では，近年Ｂ社全社の中国での収益力が向上しているが，とりわけ中国子会社は社内でも「戦略上で大変重要な位置づけにある」ことがわかった。

第8章　ダイナミック・ケイパビリティ論の日系多国籍企業への応用

しかし，子会社は本社の製品の販売を中心としているため，社内におけるイノベーションや新技術の創出に関しては，特に貢献していない。

　B社は，近年，中国市場での認知度の上昇と市場シェアの拡大がみられるが，その理由の1つは，5年前に着任した現社長が実行してきた一連のブランド戦略とプロモーション活動がかなり効果を発揮したようだ。また，高学歴の人材を採用し，ハイエンド製品の販売とアフターサービスに注力したことで，営業部門が市場シェアの拡大にかなり貢献したとされる。

　現社長は，本社の役員会など意思決定機関に積極的に働きかけ，現地のニーズにもスピーディに対応できるために，成長がもたらされたことも明らかになった。それに対して，以前は，ニーズに適応しようとしている子会社の意思がなかなか本社で通らず，市場変化に対応する意思決定が遅れていたという。それゆえ，優れた製品技術を持っていたにもかかわらず，同社の経営パフォーマンスはしばらく低迷する状況が続いていたのである。

　その後，着任した現社長は，ブランドの知名度を向上させるために，現地市場の特殊性に対応した事業展開に力を入れ始めた。当時，中国政府が産業界の技術開発とイノベーションを促進するために，産学提携の政策を打ち出した。B社は，それを感知して新たな発展を図るために優秀な人材を確保し，大学との共同開発プロジェクトも積極的に進めたのである。

　現地市場の状況を把握するために，B社は上海と北京のトップランキングに入る大学の研究施設に，自社ブランドのハイテク顕微鏡を設置する。その代わりに大学の研究施設を取引先など関係者の見学施設としても活用することによって，B社のブランドの知名度向上につなげようとした。これによって，B社の製品を紹介すると同時に，産学提携に積極的に取り組む経営姿勢もアピールすることができ，資源の相乗効果も実現できたのである。

　これは，後に大学院卒の優秀な販売スタッフの採用にも大きく貢献した。B社は，また現地で公益活動も展開し，ブランド認知度を向上させた。具体的には，大学で奨学金制度を立ち上げたり，貧困地域の小学校に学習用具や生活用品を支援したりすることを通じて，ブランド認知度を向上させたのである。

これらのプロモーション戦略を実施するにあたって，本社の資源・知識を調整した上で，資金的な支援を得る必要があった。ヒアリング調査では，B社の社内における子会社への権限委譲がかなり進んでいることが判明した。それに加え，現社長は長年米国子会社で営業・管理の経験を積み，社内で多くの実績を上げてきた実力者であり，本社役員会においてもかなりの影響力を持っていることがわかった。

　特に，中国子会社が全社内でも非常に重要な戦略的位置にあるため，子会社でありながらも，現地の戦略的展開に必要な資源を社内で調整する権限が与えられている。現地法人の経営意思決定は，基本的に現地主体で行われるため，市場への迅速な対応が可能になっている。そのため，近年優れた経営パフォーマンスを実現できていると考えられる。

　十分な権限が与えられている現地社長は，本社の経営理念と方針を現地の管理者に浸透させることも重視している。各部署のマネジャーたちとの食事会を頻繁に開催し，本社の経営理念と方針を積極的に伝達しようとしていることが，ヒアリング調査でわかった。

5．事例研究の結果に関する分析

5．1　対象企業の共通点

　以上のような調査結果を分析するために，企業の経営パフォーマンスに従い，調査対象を成功例と失敗例に区別して，議論を進めたい。成功例と失敗例の識別基準は，それぞれの子会社レベルで直近5年間の競争力が向上したB社を成功例とし，直近3年間で競争力が低下したA社を失敗例とする。ただし，これはあくまでも対象企業の現時点の実績に基づいて分けたので，それぞれの企業が，今後も成功あるいは失敗したままであるとは限らないことをここで追記しておきたい。

今回の調査対象企業2社に共通する特徴として，以下の2点を挙げることができる。1つは，調査対象2社は競争力の変化とは関係なく，現時点でいずれも現地の市場で競争力につながるOCを有していることである。

　特に，成功例のB社（光学精密，画像処理技術・ノウハウ）は，OCを海外市場に適応し，社内と社外にある資源を再配置することによって，持続的な競争優位性を生み出していることがわかる。

　それに対し，失敗例のA社は直近5年間では市場シェアと収益性のいずれも低下している。しかしながら，A社は国際競争力が低下しているとはいえ，競合企業に対し，「紙幣鑑別モジュール」をはじめとするATM機器の主要部品の相対的な優位性は保持している。したがって，調査対象の2社は激しい競争が繰り広げられている中国市場の中で，それぞれ競争優位性を持っていることは明らかである。

　2点目は，A社とB社には多少の差がみられるものの，基本的にいずれの現地経営者も現地市場を熟知し，市場を評価する能力を有していること，また2社の現地最高責任者はいずれも日本人であることである。

　日本の多国籍企業では，進出先の子会社社長が本社からの派遣というケースが多く，（現地人社長に比べ）ローカル市場に関する知識と情報が不足し，企業の業績にマイナスの影響を与えているという指摘が多い。しかし，ヒアリング調査の結果から，その指摘が必ずしも妥当ではない結果が得られた。ローカル市場を熟知する度合いは，現地の経営責任者の国籍とは，直接的には関連しないように思える。

　では，2社の差は，何によってもたらされたのか。次に，成功例と失敗例の違いについて分析していきたい。

5.2　成功例と失敗例の比較

5.2.1　OCの移転に必要なダイナミック・ケイパビリティ

　OCは，他社に模倣されやすく，一定の期間が経てば模倣されることになるという特徴を持っている。本来ならば，多国籍企業は海外子会社につまり企業

内に OC を移転させる際には，容易に複製できることが重要となる。

　しかし，異なる国や地域のビジネス環境には，多大な異質性が存在している。さらに，今回の調査対象である中国市場は，高度経済成長の最中であり，ほとんどの業界で日々厳しい競争が繰り広げられており，業界内の勢力図も常に書き換えられている。また，いわゆる先進国に特徴的な資本主義市場経済システムと異なり，中国のビジネス環境は，従来の社会主義計画経済システムと市場経済システムが混じり合った非常に複雑なシステムになっている。

　このような急速に変化する複雑なビジネス環境の中で，現場にいる経営責任者が環境の変化を瞬時に感知し，本社が迅速に戦略修正を行い，既存の OC を含めたあらゆる資源を再配置し，変化に適応できるかどうかが，競争力の維持を左右することになる。まさに，このような能力がダイナミック・ケイパビリティなのである。

　失敗例の A 社では，現地の ATM 市場の利用者層の変化を感知したにもかかわらず，それを新しいビジネス機会として捕捉できず，結果的には変化したニーズに適応した製品の開発がなされなかった。それゆえ，ライバル他社に市場シェアを明け渡してしまったのである。

　これに対して，成功例 B 社において，現社長はそれまでの現地社長が持っていなかった本社での影響力，すなわち戦略を実行するために必要な社内の資源・知識を調整し，再配置できるという権限のもとに，DC といえる組織能力を発揮できた。つまり，組織として，市場の変化を感知でき，機会を捕捉し，そして変容することによって，自社の市場シェアを引き上げ，強力なドイツ系ライバル企業に勝ち，業界 2 位の座を手に入れたのである。

5.2.2　ダイナミック・ケイパビリティの発揮と権限委譲

　子会社における OC を複雑で急速に変化するビジネス環境に移転させる際には，DC が必要となる。しかし，従来の多国籍企業の組織構造において，子会社の経営者は，本社経営陣の統制のもとにあるため現場の変化に対応できなかった可能性が多々ある。そのため，ティースは多国籍企業の意思決定構造に

第8章　ダイナミック・ケイパビリティ論の日系多国籍企業への応用　173

ついては,「階層化する必要はなく,子会社に大いなる自主性を与えるようなネットワーク型組織のように行動すべきである」と主張する。

　成功例と失敗例において,子会社に与えている経営の自主権の度合いに大きな差異がみられる。競争力を維持している成功事例のB社においては,「子会社に大いなる権限が与えられている」が,失敗例のA社では経営意思決定権は本社に集中しており,現地子会社の経営者に権限が委譲されていない。

　A社の事例で見てきたように,現場が感知したATM需要の変化に適応するための提案は現地会社の経営陣を通して,本社での稟議申請,役員会での検討を経て,審議されている間に,競合他社がすでに新しいニーズに合った製品を完成させていた。特に,競合他社との競争力の差が小さい場合は,これでは後れをとってしまう恐れがある。また,B社の現社長以前の現地経営者のケースでは,本社での影響力を持っていなかったため,海外現場での提案を本社で通すことができず,組織能力としてのDCを発揮できなかった。

5.2.3　グローバル戦略との一貫性

　子会社の経営者が暴走することなく,本社がDCを発揮するためには,多国籍企業全体のグローバル戦略との一貫性,すなわち「本社の企業理念・経営方針の浸透」が重要となる。この点に関しても,成功例と失敗例において大きな差異がみられた。成功例のB社では,子会社と本社は緊密なコミュニケーションをとっており,企業全体の経営理念と経営方針は子会社の社員にまで浸透しているという回答が得られた。

　失敗例のA社は前述したとおり,現地経営者のモチベーションが低く,本社の経営理念や方針を積極的に子会社の社員に説明し,伝えるのを怠っていた。そのような状況では,たとえ子会社自身の競争力に直接マイナスの影響を及ぼさなくても,本社の持続的競争優位性の向上につながるとは思えない。

　子会社の従業員といえども,自社が社会に対して果たす使命や組織全体として向かうべき目標を明確にしなければ,たとえ優秀な人材が集まったとしても組織としての力が分散してしまい,結果的に子会社が果たすべき役割もあいま

いになり，企業全体の競争力も低下してしまうことになるだろう。

6．おわりに

　ティースの DC 論によると，多国籍企業の持続的競争優位性の構築において，子会社は極めて重要な役割を果たす。子会社は，本社の OC を進出先の国や地域に移転し，複製することによって利益を生み出すことになる。

　高い異質性を持つ進出先，とりわけ急速に変化し，不確実性の高い市場に既存の OC を移転し適応させるためには，「ルーティン」ではなく，「企業家精神」が必要となる。すなわち，子会社は市場の変化を瞬時に感知し，それを本社が企業の成長機会として捕捉し，そして企業内外の資源・知識を調整・再配置することによって戦略を実行する組織能力としての DC が必要になるのである。

　ティースは，子会社がこのような役割を果たすためには，（多国籍企業全体の）「グローバル・オペレーションに統合されると同時に，著しい自主性を持つべきである」（2014, p. 26）という前提が必要になると主張する。そして，多国籍企業は「（従来の大企業のように）特に階層化する必要はなく，ネットワーク型組織のように行動すべきである」という。

　本章は，ティースの主張が，経験的にどれだけの説明力を有しているのかを説明するために，中国に進出している日系多国籍企業2社の子会社に対し，上記の前提状況の整備と経営パフォーマンスとの関係についてヒアリング調査を実施した。

　調査対象の2社のいずれの現地経営責任者も，現地市場を熟知し，市場の成長機会を評価する能力を持っていた。しかし，変化に適応するための戦略の実行に必要な権限委譲の相違，それゆえ DC の行使が，それぞれの経営パフォーマンスに大きな差異をもたらしているように思える。

　つまり，成功事例B社においては，子会社に大きな権限が与えられていた。しかし，失敗例のA社では「強力な本社機能」のもとに事業が遂行されており，

たとえ子会社が現地市場の変化を感知し，企業の成長の機会を示したとしても，本社の意思決定の遅れや子会社に資源・知識を調整する権限が与えられていなかったために，DC が行使できなかったのである。優れた OC を持っているにもかかわらず，DC を行使できなかったために，市場変化に適応する製品開発が進まず，市場シェアを奪われていったのである。

　近年，シャープやパナソニックなど優れた OC を持っている日本企業が，グローバル市場で競争力を著しく低下させている。その原因は，世界中に分散しているそれぞれの子会社が，急速に競争状況が日々変化する市場に適応するために，自ら瞬時に市場変化を感知し，それに対応して本社が既存の OC を現地の環境変化に適応させ，新しい価値を創造していくという DC が発揮されていないことに起因すると考えられる。

　言い換えれば，日本の多国籍企業の競争力が低下した原因は，ティースが強調する DC を発揮するために必要な前提状況が整っていないこと，すなわち子会社の経営責任者に必要な権限が委譲されていないことにあると思われる。

注
1　Barney（1991）は，企業の長期的な競争優位をもたらす経営資源は以下4つの基準を満たす資源であり，その頭文字をつづり VRIN 資源と呼んでいる。つまり，①価値（Value）があるか否か，②希少性（Rareness）があるか否か，③模倣不可能性（Inimitability）があるか否か，④代替可能性（Non-substitutability）があるか否かという4つの問いに基づく基準である。
2　Teece（1981b）。
3　以下は，Teece（2014）pp. 26-27を参照している。
4　2015年9月9日に開かれた「経営哲学学会第32回全国大会」で発表したヒアリング調査をもとに，2017年4月に同じ調査対象に対して，追跡調査を実施した。今回のケーススタディは，追跡調査の結果を付け加えたものになる。
5　今回のヒアリング調査結果についての説明内容は必ずしも調査対象の子会社に限らず，同日系企業が中国国内の他の地域で展開している戦略や事例も含まれている。地域にとらわれずに，事例としての参考意義が変わらないと考えている。
6　今回選定した業界のいずれも，かつてグローバル競争力を持つ複数の日系メーカーがリードしていた業界であった。しかし，近年新興国メーカーの台頭や商品の

コモディティ化が進むことによって，日本企業の競争力が低下することがみられている。激しい競争が繰り広げられている中国市場で，日系企業はいかなる戦略のもとで既存のケイパビリティを現地市場に移転し生き残りを図るかを分析することは，ダイナミック・ケイパビリティ論に関する経験的な分析において，大きな意味を持つことと考えられる。
7 　今回のヒアリング調査は企業名を匿名とする前提で，調査当時各社の現役，もしくは退職した中間管理職を対象に実施したため，調査結果について企業名を公開せず説明することにしている。ここで調査に協力してくださった方々による多大なご協力に心より感謝したい。また，文中の説明にある当該企業の「現社長」は調査当時の役職であることも併せて記しておきたい。
8 　ティースは子会社の経営者の国籍，特に現地社長の国籍と企業の経営パフォーマンスとの関係について特に論じていないが，多くの日本企業のグローバル化に関する議論の中では，現地人社長の採用率が低いことが多国籍企業の現地での経営パフォーマンスに影響を与えているという指摘が多い。そのため，今回の調査は対象企業経営者の国籍を調査項目にした。
9 　調査結果の概要は付録を参照されたい。
10 　1台の室外機で複数台の室内機を管理できる業務用エアコンのことである。
11 　以下は高橋（2005）を参照にしている。
12 　A社の「販売特約店」制度では，年間仕入れ規模と事業範囲，固定顧客層の有無によって代理店をグループ分けし，それぞれ異なる条件のもとで取引を行う。また，販売店間の競争を意識的に起こし，サービスの品質向上を図るために，1年ごとの契約更新制度も付け加える。実際に，毎年4分の1の代理店が入れ替わり，常に優良な代理店を確保している。
13 　中国では，ATM機器が銀行に採用されるまでに，現地の「技術認定試験」に合格し，採用見込みのある銀行での試行運転をクリアする必要がある。A社は進出当時，ある銀行で1年半の試行を行った末，現地での稼働実績がないため最終的に採用されなかったという苦い経験があった。

参考文献
一般社団法人日本在外企業協会（2014）「日系企業における経営のグローバル化に関するアンケート調査結果報告について」。
国土交通省（2013）『平成25年度国土交通白書』。
真壁昭夫（2015）「中国企業"特許出願件数世界1位"の脅威」ダイヤモンド・オンライン。
　http://diamond.jp/articles/-/69954 （2017年6月21日アクセス）
みずほ総合研究所（2010）「日本企業の競争力低下要因を探る―研究開発の視点から見た問題と課題」みずほリポート。
内閣府（2013）「平成25年度年次経済財務報告」。
Teece, D. J. (1981a) The Multinational Enterprise: Market Failure and Market

Power Considerations, *Sloan Management Review*, 22(3): 3-17.
Teece, D. J. (1981b) The Market for Know-how and the Efficient International Transfer of Technology. *Annals of the Academy of Political and Social Science*, 457(1): 81-96.
Teece, D. J. (2007) Explicating Dynamic Capabilities: The Nature and Microfoundations of (Sustainable) Enterprise Performance, *Strategic Management Journal*, 28(13): 1319-1350.
Teece, D. J. (2009) *Dynamic Capabilities and Strategic Management: Organizing for Innovation and Growth*, New York: Oxford University Press.
Teece, D. J. (2014) Ordinary Capabilities, Dynamic Capabilities and Competitive Advantage: Synthesizing Capabilities and the Concept of Strategy, *Academy of Management Perspectives*.
Teece, D. J. (2014) A Dynamic Capabilities-based Entrepreneurial Theory of the Multinational Enterprise, *Journal of International Business Studies*, 45: 8-37.
Teece, D. J., Pisano, G. and Shuen, A. (1997) Dynamic Capabilities and Strategic Management, *Strategic Management Journal*, 18(7): 509-533.
渡部直樹編著（2010）『ケイパビリティの組織論・戦略論』中央経済社。
渡部直樹編著（2014）『企業の知識理論―組織・戦略の研究』中央経済社。
楊錦華（2016）「国際競争力が低下した日本企業の問題―ダイナミック・ケイパビリティ論のフレームワークから」『経営哲学学会』第13巻1号：151-156。

付録　ヒアリング調査の結果（概要）

質問項目		A社（失敗例）
経営パフォーマンス	1. マーケット・シェアの増減（順位）	低下（2位, 2015年）・（4位, 2017年）
	2. 収益性の増減	低下
	3. 優位性を持つ強みの有無	あり（ATM機器紙幣鑑別モジュール）
	4. 持続的競争優位性への見込み	なし
子会社経営者の能力OCの移転に必要な	1. 経営者は現地市場の機会を熟知し，評価できているか否か	熟知し，評価できている
	2. 市場変化に適応するための経営戦略を策定する能力を持っているか否か	持っていない（市場変化のスピードに追い付かない）
子会社役割を果たすための前提状況の整備	1. 現地社長は十分な意思決定権を与えられ，中国市場の変化に適応する経営戦略を実行できる否か	意思決定権を与えられておらず，実行できていない
	2. 現社長は本社の意思決定に参加し，本社（もしくは他の子会社）が有している資源を中国市場の戦略実行に配分させ，調整することはできるか否か	できない
	3. 本社の企業理念・経営方針の浸透	あまり浸透していない（コミュニケーションがとれていない）
イノベーション・エコシステムにおける子会社の位置づけ	1. 全社における戦略的位置づけ	重要
	2. 新たなOCの創出があったか否か	なし

B社（成功例）
上昇（3位，2015年）・（2位，2017年）
維持
あり （光学精密，画像処理技術・ノウハウ）
あり
非常に熟知し，評価できている
持っている
決定権を与えられており，実行できている
できる
非常に浸透している
重要
なし

第III部

ダイナミック・ケイパビリティ論のミクロ的基礎研究

　ダイナミック・ケイパビリティ論をめぐる最近の話題の1つは，そのミクロ的基礎づけをめぐる問題である。これまで，企業や組織レベルでダイナミック・ケイパビリティとは何かについて議論されてきたが，近年，そのような能力を経営者や企業家に関係づけて，よりミクロ的に研究を深化させようという流れがある。第III部では，このようなダイナミック・ケイパビリティ論のミクロ的基礎づけに関係する研究を紹介したい。

第9章 ダイナミック・ケイパビリティ論の ミクロ的基礎としての批判的合理主義
――批判的合理主義とハーパーの反証主義的企業家論

1. はじめに

　「ダイナミック・ケイパビリティ（以下,「DC」という）」論研究は，近年「企業」や「組織」レベルから「DCとは何か」を問う，マクロ・レベルのものから，「DCはいかに構築されるのか」を「個」に還元して問う，ミクロ・レベルのものへと転換してきた。それは，主に「企業家」や「マネジャー」の機能や役割に着目し，DC論研究の深化を試みるものである。

　その代表的なものとして，例えば，ピース，ヴェーナー，そしてティース (Pierce, Boerner and Teece, 2002) は，DCの源泉として「機会」を認識する経営者のケイパビリティを重要視し，アドナーとヘルファット (Adner and Helfat, 2003) は，変化に直面するマネジャーの企業家的意思決定に着目した。また，主要な意思決定者の「洞察 (Zahra *et al.*, 2006)」や，トップマネジャーの「探索」と「選択」からDCの変化のプロセスを捉えたり (Helfat *et al.*, 2007)，企業家的発見としての「機会の感知 (Teece, 2007, 2014)」によって，DCの生成や構築のプロセスが描かれてきた。そこでは，主にカーズナーの企業家論やシュムペーターの企業家論を援用しながらDCのミクロ的展開がなされている。

　しかしながら，DC論研究のこうした「企業家論的展開」は，DC論の深化にほとんど貢献するものではなく，結局のところ，「DCの生成あるいは構築・刷新がいかに生じるのか」という重要な問題について何も明らかにすることはできない。実は，カーズナー (Kirzner, 1973) やシュムペーター (Schumpeter,

2004[1912])の企業家論に登場する企業家には，認識的あるいは知識的な制約は与えられることはなく，「外生的な不均衡への適応機会」や「変化を創造する（新結合の）機会」が突如として企業家に与えられ，そもそも，そうした機会を企業家はいかに発見するのか，あるいは，新たな適応的行為はどのような認識プロセスによって可能になるのかを問題にするものではない。

このことは，既存のDC論研究が，シュムペーターあるいはカーズナーの企業家論をその出発点に置いたところで，「DCはいかに生成され，あるいは刷新されるのか」という理論的課題を深めることはできないことを意味している。

本章の目的は，未解決のこの理論的課題が，ハーパー（Harper, 1996）の企業家論によって，ある程度解決されうることを示すことである。かつて，ハーパーは，企業家がいかにして変化に適応するのか，あるいは変化を生み出していくのかについて，企業家の認識プロセスに踏み込んで分析してきた。彼の分析は，シュムペーターやカーズナーが触れてこなかった理論的空白を埋めるものであり，DC論研究を一歩進める可能性がある。

この目的を達成するために，本章は，以下のように構成される[1]。まず，DC論研究をめぐる今日的な動向を鳥瞰する。特に，今日，DC論研究の焦点がミクロ・レベルに移行し，「個」を出発点にDC構築のダイナミズムが探られていることを明確にする。次に，既存のDC論が依拠するシュムペーターならびにカーズナーの企業家論の理論的性格を特徴づけるとともに，それらの企業家論では「DCの生成や構築，あるいは刷新がいかに生じるのか」という理論的問題が十分に解決できないことを明らかにする。何よりも，ハーパーの企業家論によって問題がある程度解決できることを示す。最後に，DC論研究の今後の方向性について説明し，いくつかの実践的なインプリケーションを導出する。

2．ダイナミック・ケイパビリティ論の展開の系譜（ミクロ，マクロの観点から）

DC論の研究プログラムは，「なぜ，ある企業は，急速に変化する環境に対

して,高いパフォーマンスを維持することができるのか」を明らかにすることにある(e. g. Teece et al., 1997; Eisenhardt and Martine, 2000; Zollo and Winter, 2002; Helfat et al., 2007; Teece, 2007, 2014)。その嚆矢は,ティースたちによって展開された論文(Teece et al. (1997) であり,彼らの研究以降,当該研究プログラムの「被説明項」に対して,大同小異ありながらも「組織ルーティン」,「組織ケイパビリティ」,そして「ダイナック・ケイパビリティ」などが「説明項」として提出されてきた(e. g. Kogut and Zander, 1992; Eisenhardt and Martine, 2000; Zollo and Winter, 2002; Winter, 2003)。つまり,企業の高いパフォーマンスは,企業あるいは組織レベルのケイパビリティの関数であるとみなされてきたのである(**図表9.1**を参照)。

ところが,DC論研究で描かれている既存の理論フレームは,「変化を扱う」(e. g. Helfat et al, 2007)としながらも,極めて静態的なものにとどまっており,動態的なDCの構築・刷新のプロセスそれ自体については十分に踏み込んでいない。さらに,それは,企業あるいは組織といった集合的なレベルにおけるケイパビリティを分析の対象としていることから,その概念構成も極めてあいまいなままにとどまる。結局のところ「ケイパビリティ」の「源泉」や「それがどのように構築されるのか」などの重要な問いに対して,十分に答えられていないのである(Foss and Felin, 2003; Foss, 2005)。それゆえ,「個」のレベルからの組み立て,すなわちミクロ的な基礎が不可欠になってきたのである(Felin and Foss, 2005)。

図表9.1 マクロ・ベースのDC論のフレームワーク

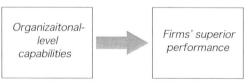

この頃のDC論研究では,企業の高いパフォーマンスは,組織レベルのDCに規定される。

出所:筆者作成。

第9章　ダイナミック・ケイパビリティ論のミクロ的基礎としての批判的合理主義　185

　こうして，DC 論研究の焦点は，マクロ的な分析単位からミクロ的なそれへと転換していったのである。それは，主に「経営者」や「マネジャー」の企業家的な機能に着目し，DC 概念の発展を試みるものである。例えば，ピース，ヴェーナー，そしてティース（Pierce, Boerner and Teece, 2002）は，DC の源泉として「機会」を認識する経営者の企業家的なケイパビリティを重要視し，アドナーとヘルファト（Adner and Helfat, 2003）は，変化に直面するマネジャーの意思決定にそれを求めた。また，主要な意思決定者の企業家的な「洞察（Zahra et al., 2006）」や，マネジャーの「探索」と「選択」に基づき，DC の変化を捉えたり（Helfat et al., 2007），シュムペーター的企業家やカーズナー的企業家の「発見」としての「機会の感知（Teece, 2007）」から DC の生成を描く理論的フレームワークの構築に取り組んでいる（Teece, 2007, 2014; Helfat and Peteraf, 2009）（図表９．２を参照）

　こうして，DC 概念は「企業家」や「マネジャー」など，「個」のレベルを重視しながら「企業の資源ベースを再構築する能力（Zahra et al., 2006）」と定義されたり，「組織が意図的に資源ベースを創造，拡大，修正する能力（Helfat et al., 2007）」，あるいは「変化する環境に対応して，企業の資源を統合したり，刷新したり，再構成する，企業の継続的な振る舞い（Wang and Ahmed, 2007）」として，その概念を発展させてきたのである。

図表９．２　ミクロ・ベースの DC 研究の関心ごと

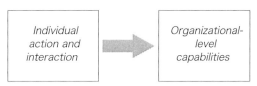

「誰が」，「いかにして」，組織（企業）レベルの DC を構築・刷新するのか，について明らかにすることが大きな関心ごとになっている。

出所：筆者作成。

3．シュムペーター，ならびにカーズナーの企業家論に立脚する DC 論の限界

　ミクロ・ベースの DC 論研究の 1 つの特徴は，それらがほぼ共通して，「資源ベース」を創造，変化，そして修正する能力として DC を捉え，その担い手にシュムペーター的あるいはカーズナー的な「企業家」を位置づけているところにある (e. g. Teece et al. 1997; Eisenhardt and Martin, 2000; Zollo and Winter, 2002; Helfat et al., 2007; Teece, 2007, 2014, Helfat and Peteraf, 2009)。また，それらは，シュムペーターやカーズナーの企業家論を DC 論の理論的前提に組み込むことによって，DC の生成，構築，そして刷新が「いかに生じるのか」という未解明問題の解消を目指したものであった。

　ところが，その理論的問題は，シュムペーターやカーズナーの企業家論に依拠したところで解決できない。彼らの企業家論には，新たな機会の発見や変化への適応を惹起する認識プロセスについて，何ひとつ触れられていないからである。

　周知のように，シュムペーター (Schumpeter, 2004[1912]) は，「新結合」を遂行する「革新者」として，企業家を定義した。彼は，ワルラスの一般均衡理論のフレームワークにおいて，静態的な経済的循環を創造的に破壊する外生的な諸力を持ったエージェントとして企業家を位置づけている。つまり，変化の創造，すなわち市場を不均衡にすることが，企業家の役割としたのである。彼が描いた企業家の「創造的破壊」は**図表 9 . 3** として描くことができる。

　他方で，カーズナー (Kirzner, 1973) にとって，市場は常に変化に晒され，そこにはあまねく不均衡が存在する。その不均衡に根差す利潤機会は企業家の「機敏性 (alertness)」によって発見され，市場は新たに均衡方向に導かれるという。彼は，シュムペーターとは対照的に「変化への適応」，すなわち不均衡の発見と解消に企業家の役割を見出したのである。カーズナーの企業家は，**図表 9 . 4** のように特徴づけることができるだろう。

第9章 ダイナミック・ケイパビリティ論のミクロ的基礎としての批判的合理主義 | 187

図表9.3 シュムペーターの企業家とその役割

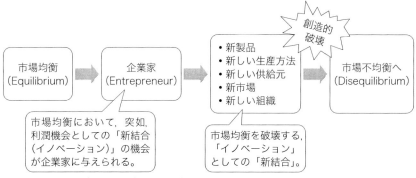

出所：Schumpeter（2004[1912]）をもとに筆者作成。

図表9.4 カーズナーの企業家とその役割

出所：Kirzner（1973）をもとに筆者作成。

いずれの企業家論も，市場経済のダイナミズムを企業家の役割を中心に描いており，その目的と理解において極めて影響力は大きい。しかしながら，一方で，シュムペーターの企業家論では，「変化を創造する（新結合の）機会」は突如として企業家に与えられ，他方でカーズナーの企業家論については，「外生的な不均衡」へ適応できる企業家の能力（機敏性）をア・プリオリに仮定していることを見逃してはならない。このことは，企業家が新しい機会をいかに

発見するのか，あるいは新たな適応的行為はどのような認識プロセスを経て生じるのか，については何も語っていないことを意味する。

したがって，DC 論研究が求める，「DC の生成，構築，そして刷新がいかにしてもたらされるのか」における「いかにして」の解明には，これら企業家論はほとんど貢献できないのである。つまり，DC 論研究は，シュムペーターやカーズナーの企業家論を出発点にすることで「DC はいかに生成され，あるいは刷新されるのか」という未解明問題の解消を目指しながらも，逆にそうすることで，そもそもの課題解決を遠ざけているのである。

それでは，DC 論研究は，この問題をどのように乗り越えることができるのか。この理論的問題に対してハーパー（Harper, 1996）の企業家論が有効である。すなわち，DC の生成・刷新を企業家の「知識の成長」と捉えることによって，その解決の方向性が明確になるのである。これまで DC は，「変化」への適応や変化の「創造」をめぐって深められてきたが，この変化への「適応」や変化の「創造」のプロセスというのは，まさに既存の知識から新しい知識への成長プロセスそのものなのである。

4．ハーパーの企業家論

ハーパー（Harper, 1996）の企業家研究における問題意識の焦点は，企業家の知識にある。すなわち，「企業家は，どのように知識体系のある部分を改良しつつ，一方で，知識体系のある一部を保持するのであろうか。企業家は，もともとの考えや戦略を変更するために，それを可能にする新しい知識体系を絶え間なく，つくりさえしているけれども，それをどのように行っているのか（p. 6）」というのがそれである。

ハーパー（Harper, 1996）は，この問題に対して，カール・ポパー（Popper, 1972）が提示した科学的知識の成長論に直接的な答えを求めた。かつて，ポパーは「知識の成長」を叙述するにあたり，その有用性を認めるに到った知識の成長の一般的図式を，次のように表現した（**図表9.5を参照**）。

第9章　ダイナミック・ケイパビリティ論のミクロ的基礎としての批判的合理主義

図表9.5　ポパーの「知識の成長」のモデル

$$P_1 \longrightarrow TT \longrightarrow EE \longrightarrow P_2$$

出所：Popper（1972）。

　この図式で，「P」は「問題」を表し，「TT」は「暫定的理論」，「EE」は「誤りの排除（批判的議論を通じて）」である。ある問題「P_1」を解決するために，暫定的に提案される理論は批判され，再び新しい問題「P_2」を生み出すことを示している。ここで，科学的知識の成長は，この図式の繰り返しを通じて実現されるが，このとき，常に暫定的理論が批判的に議論される（誤りを排除する）ことが，「知識の成長」の本質となる。

　換言すれば，先行するある理論を正当化するために実証するのではなく，むしろその理論と矛盾する証拠（反証）を提示することが，知識の成長を生み出すことになる。これは，科学的営みが「実証的方法」による「論理実証主義」の道を選ぶことによって実現するのではなく，むしろ「批判的方法」に基づく「批判的合理主義」によって正当化されることを意味する。ポパーにとって，科学的知識の成長は大胆な「推測と反駁」のプロセスなのである（Popper, 1965, 1972）。

　ハーパー（Harper, 1996）は，企業家もまた科学者と同様に，よりよいアイディアを提出し，それは市場（顧客や供給者）によって批判的に評価されたり，あるいは自ら自分のアイディアを批判的に吟味・検討したりするのである。彼によると，「新しい市場問題（ならびに潜在的な利潤機会）の発見，ありうる解決策の創出（例えば，新製品や新アイディア），ひとつの，あるいはより望ましい解決策の選択，選ばれた解決策の履行，そして，問題を解決するそれら試みに対する批判的評価」（p. 86）が企業家的機能なのである。つまり，企業家は，その知識を内外の批判的営みを通じて，あるいは「誤りの排除」を常に意識的に追求しながら成長させていくのである。ハーパーは，ポパーのアイディアになぞらえ，自らの企業家理論を「知識成長のフレームワーク」と称している（**図表9.6**を参照）。

図表9.6 知識成長のフレームワーク

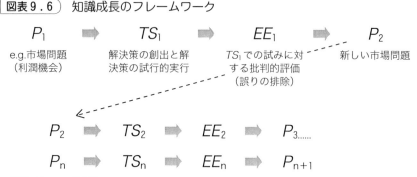

出所：Harper (1996)。

この「知識成長のフレームワーク」において，「P_1」は「問題」を表し，「TS」は「暫定的解決策」を，「EE」は「誤りの排除（批判的議論を通じて）」であり，暫定的解決策に適用された「批判」や「誤りの排除」が，解決すべき新たな問題「P_2」を発生させる。企業家は，「批判」や「誤りの排除」のあくなき追求を通じて，既存の知識を刷新するとともに，常に新しい問題を発見していくことになる。「批判」や「誤りの排除」，すなわち，彼の言うところの「批判的構想力（Critical imagination）」（p. 88）が知識の成長のドライバーであり，その刷新のダイナミズムを方向づけるのである。

かくして，カーズナーが描いた「不均衡への適応的反応」であろうが，シュムペーターが強調した均衡の「創造的破壊」であろうが，そうした外的な行為に先駆けて論理的に不可欠なのは，「新しい問題」の発見であり，それは「批判」や「誤りの排除」によって可能になるということである。ハーパーは，こうした企業家を「反証主義的企業家（Falsificationist entrepreneur）」と呼んでいる（p. 170）。

以下，このハーパーの企業家論から既存のDC論研究が抱える問題にアプローチしてみたい。

5．ハーパーの企業家論のDC論への援用

5.1 「DCの生成」を惹起する「批判的構想力」

　DC論研究は，新たなDCの構築を通じた，「変化への適応」あるいは「変化の創造」のプロセスを解明することに取り組んできた。そこでは，シュムペーターあるいはカーズナーの企業家論に依拠しながら，企業家が「変化を感知」し，それへの「適応」を新たな資源ベースの創造を通じて遂げることをDCとみなしてきた。

　一方で，既存のDC論研究は，シュムペーターあるいはカーズナーの企業家論に依拠することで「DCはいかに生成，あるいは刷新されるのか」という未解明課題の解消を目指しながらも，逆にそうすることで，そもそも「いかに企業家は変化を感知するのか」，あるいは「どのような認識が新しい機会の発見をもたらすのか」という極めて重要な問題に蓋をしてしまった。DC論研究に不可欠なのは，この「どのような認識が新しい機会の発見をもたらすのか」について，理解可能な認識の枠組みが組み込まれている企業家論である。

　そのような企業家論の1つとして，ハーパー（Harper, 1996）の企業家論をみなすことができる。彼の描いた「知識成長のフレームワーク」が，DC論研究を一歩進めるものである。ハーパーによると，「機会の発見」が企業家の意図的な「誤りの排除」によって導かれる。それは，既存のやり方に固執することなく，常によりよいアイディアを求める批判的営みによって実現する。硬直化を嫌い，常に刷新を目指すことになる（変化の創造）。DC論研究は，ハーパーの企業家論，特に「知識成長のフレームワーク」に基づくことよってDCの生成・刷新の論理を手に入れることになる。換言すれば，「批判的構想力」こそがDC生成の起点となり，DCのダイナミズムを方向づけることになる。

5.2　いくつかのインプリケーション

　これまで「DC の生成や構築，あるいは刷新はいかに生じるのか」という理論的問題を解決するには，ハーパー（Harper, 1996）の企業家論が有効であることを示してきた。ここでは，いくつかのインプリケーションについて触れておきたい。

5.2.1　DC 論を「知識の成長」として深化させていく

　これまで DC は，「変化」への「適応」と「創造」をめぐって議論されてきたが，この「変化への適応」や「変化の創造」の過程とは，既存の知識から新しい知識への成長プロセスとして解釈できる。また，「知識成長のフレームワーク」を基礎に置くならば，DC は絶え間ない「批判」によって具現化されるメカニズムを有するものとして概念的に深めることができる。本章では「知識の成長フレーム」の推進力である「反証主義的企業家」が DC を生成する「起点」になりえることを示してきたが，今後は，その TS から EE のプロセス（個々人の「間主観」的なインターラクションが「批判（誤りの排除）」を軸に，いかに展開され，どのように新しい問題を生み出していくのか）を明確にしていくことで，DC 生成の動態的プロセスは，より鮮明になっていくように思われる。同時にこのことは，ハーパーの議論を組織のコンテクストとの関係において積極的に論じることの有効性を意味しており，DC 論の発展の 1 つの方向性を示唆するものである。

5.2.2　変化への適応は DC の本質ではない

　DC 論研究では，資源ベースの刷新を通じた「変化」への適応が DC の本質であると主張されてきたが，「変化」がなければ DC を問えないという点が批判されてきた（Arend and Bromiley, 2009）。しかしながら「変化」の「有無」あるいは「多寡」は，DC を問う上での本質的な問題ではない。仮に安定的環境下にあっても，企業家は「誤りの排除」を試みる。それは，DC の発動を常

第 9 章　ダイナミック・ケイパビリティ論のミクロ的基礎としての批判的合理主義　193

に基礎づけ，また，DC の動態性の源泉でもある。それは，決して変化ありきでなければならないのではない。不可欠なのは，「意図的」に「誤りの排除」を追求することである。

5.2.3　DC は「開かれた組織」で実現する

「知識成長のフレームワーク」に知的基盤を与えたポパーには，既存の知識（考え方ややり方）に対して批判的に挑戦でき，また同時に批判を積極的に受け入れるためには，企業組織における人々の知的インターラクションは自由に相互に批判が可能な「開かれた」ものでなければならない，というメッセージがある（菊澤，2017）。ハーパーもこの点を重視しながら，企業家機能を描いており，DC の形成プロセスにおいて，自由に批判が可能な開かれた組織が必要なのである。

5.2.4　既存の企業研究に対する新しい説明の可能性

これまで「批判」を起点として，内生的な「知識の成長」プロセスとして，企業の DC を描いた研究は存在しない。ところが，「改善」を通じて常に成長を志向するトヨタ自動車のケースをはじめ (e. g. 藤本，2003)，実に多くの分野の企業の成長は「知識の成長」として理解できる可能性がある。今後こうした点をさらに深めていくことは学術的に一定の意義を有するであろう。

6．おわりに

かつて，ハーパー（Harper, 1996）は，ポパーが定式化した「知識の成長」の考え方（Popper, 1972）に依拠しながら，問題を発見し，解決していく機能を企業家に見出した。彼によれば，企業家の新しい知識の生成は，既存の知識における「誤り」の排除を通じて実現する。また，新しい変化への適応や，あるいはその創造は，まさに知識の成長の帰結に他ならない。この考えは，DC を生み出し，DC に基づいて変化に対応していく企業行動に対応するものとみ

なしうる。このハーパーの成果を発展的に摂取・応用することによって，ミクロ・ベースの DC 論研究が抱える諸問題も解決されることを示唆している。

注
1 本章は，石川伊吹（2017）「ダイナミック・ケイパビリティ論の企業家論的展開の課題と解消に向けて：Harper の企業家論を手がかりに」『経営学史研究の興亡』（経営学史学会編）［第二十四輯］に加筆・修正を加えたものである。

参考文献
Adner, R. and Helfat, C. (2003) Corporate Effects and Dynamic Managerial Capabilities, *Strategic Management Journal*, Vol. 24: 1011-1026.
Ambrosini, V. and Bowman, C. (2009) What are Dynamic Capabilities and are They a Useful Construct in Strategic Management?, *International Journal of Management Review*, Vol. 11: 29-49.
Arend, A. R. and Bromiley, P. (2009) Assessing the Dynamic Capabilities View: Spare Change, Everyone?, *Strategic Organization*, Vol. 7: 75-90.
Eisenhardt, K. M. and Martine, J. A. (2000) Dynamic Capabilities: What are they?, *Strategic Management Journal*, Vol. 21: 1105-1121.
Felin and Foss, N. J. (2005) Strategic Organization: A Field in Search of Microfoundations, *Strategic Organization*, Vol. 3, pp. 441-455.
Felin, T. and Foss, N. J. (2009) Organizational Routine and Capabilities: Histrical Drift and A Course-correction toward Micro-foundation, *Scandinavian Journal of Management*, Vol. 25: 157-67.
Foss, N. J. (2005) *Strategy, Economic Organization, and The Knowledge Economy*, Oxford Press.
Fujimoto, T. (2003)『能力構築競争―日本の自動車産業はなぜ強いのか』中公新書。
Harper, D. A. (1996) *Entrepreneurship and the Market Process: an Enquiry into the Growth of Knowledge*, Routledge.
Helfat *et al*. (2007) *Dynamic Capabilities: Understanding Strategic Change in Organization*, Blackwell Publishing.（谷口和弘・蜂巣旭・川西章弘訳『ダイナミック・ケイパビリティ―組織の戦略変化』勁草書房，2010年）
Helfat and Peteraf (2009) Understanding Dynamic Capabilities: Progress along A Development Path, *Strategic Organization*, Vol. 7: 91-102.
石川伊吹（2017）「ダイナミック・ケイパビリティ論の企業家論的展開の課題とその解消に向けて―David, Harper の企業家論を手がかりに―」『経営学史研究の興亡』（経営学史学会編）［第二十四輯］文眞堂，105-115頁。

菊澤研宗（2017）『組織の不条理―日本軍の失敗に学ぶ』中公文庫。
Kirzner, I. M. (1973) *Competition and Entrepreneurship*, Chicago: University of Chicago Press.
Popper, K. R. (1965) *Conjecture and Refutations: The Growth of Scientific Knowledge*, Oxford Press.（藤本隆志・石垣壽郎・森博訳『推測と反駁―科学的知識の発展』法政大学出版局，新装版，2009年）
Popper, K. R. (1972) *Objective Knowledge: An Evolutionary approach*, Oxford Press.（『客観的知識―進化論的アプローチ』木鐸社，1974年）
Pierce, L., Boerner, C. and Teece, D. J. (2002) Dynamic Capabilities, Competence, and the Behavioral Theory of the Firm, in Mie and March (eds.) *The Economics of Change, Choice and Structure: Essays in the Memory of Richard M. Cyert*, Elgar.
Schumpeter, J. A. (2004[1912]) *The Theory of Economic Development: An Inquiry into Profits, Capital, Credit, Interest, and the Business Cycle*, Transaction Publishers.
Teece, D. J., Pisano, G. and Shuen, A. (1997) Dynamic Capabilities and Strategic Management, *Strategic Management Journal*, Vol. 18, No. 7: 509-533.
Teece, D. J. (2007) Explicating Dynamic Capabilities: The Nature and Micro Foundations of Sustained Enterprise Performance, *Strategic Management Journal*, Vol. 28, pp. 1319-1350.（渡部直樹編著『ケイパビリティの組織論・戦略論』中央経済社，2010年，第1章に所収）
Teece, D. J. (2014) The Foundations of Enterprise Performance: Dynamic and Ordinary Capabilities In An (Economic) Theory of Firms, *The Academy of Management Perspective*, Vol. 28: 328-352.
Wang, C. L. and Ahmed, P. K. (2007) Dynamic Capabilities: A Review and Research Agenda, *International Journal of Management Reviews*, Vol. 9: 31-51.
Winter, S. G. (2003) Understanding Dynamic Capabilities, *Strategic Management Journal*, Vol. 24: 991-995.
Zahra et al. (2006) Entrepreneurship and Dynamic Capabilities, *Journal of Management Studies*, Vol. 43: 917-955.
Zollo, M. and Winter, S. G. (2002) Deliberate Learning and the Evolution of Dynamic Capabilities, *Organization Science*, 13(3): 339-351.

第10章 ダイナミック・ケイパビリティ論の ミクロ的基礎としてのネオ・カーネギー学派
―ネオ・カーネギー学派をめぐる批判的考察

1. はじめに

　近年，ガヴェッティ（G. Gavetti）を中心としたネオ・カーネギー学派の研究者たちは，環境変化のなかでの経営者の役割に焦点をあて，優れたパフォーマンスを生み出す組織行動について分析している。環境変化における経営者の役割の重要性については，ダイナミック・ケイパビリティ論でも強調されている。特に，ティース（D. J. Teece）はダイナミック・ケイパビリティの構成要素がミクロ的基礎と企業家精神であるとし，企業家精神がダイナミック・ケイパビリティの核であると主張する。

　また，環境変化における組織の意思決定を扱うネオ・カーネギー学派とティースのダイナミック・ケイパビリティ論は，ともに内在的なケイパビリティ・パラダイムに従いながらも，ある程度の外在的な要因を考慮する点でも共通している。そのため，一見，両者は同じテーマについて同じようなアプローチをとっているように思われる。

　それゆえ，ダイナミック・ケイパビリティ論をネオ・カーネギー学派の研究によって補完すべきだとする研究者が出現してくることになる。例えば，ネオ・カーネギー学派のトリプサス＝ガヴェッティ（Tripsas and Gavetti, 2000）は，企業のケイパビリティについての先行研究が学習プロセスにおける局所的性質に関する慣性力について扱う一方で，組織の適応力に影響を与える経営者の認知的側面を軽視していると指摘し，経営者の認知的側面について扱うことの重要性を主張している。つまり，戦略リーダーの認知行動論的な側面と企業

第10章　ダイナミック・ケイパビリティ論のミクロ的基礎としてのネオ・カーネギー学派　197

のパフォーマンスとの関係を分析することによって，ネオ・カーネギー学派の研究がダイナミック・ケイパビリティ論のミクロ的基礎となる可能性を示唆しているのである。

　しかし，ダイナミック・ケイパビリティ論とネオ・カーネギー学派の研究には補完性があるのだろうか。本章では，ともにカーネギー学派を源流とするネオ・カーネギー学派とティースによるダイナミック・ケイパビリティ論に焦点をあて，理論的分析を通して両者が補完関係でなく，むしろ競合関係にあると示すことを目的とする。特に，ティースの状況決定論的なダイナミック・ケイパビリティ論をネオ・カーネギー学派の認知論的（心理学的）研究によって補完することの問題性について指摘したい。

2. ネオ・カーネギー学派とダイナミック・ケイパビリティ論の学説史的位置づけ

　理論には構造がある。それゆえ，理論を理解するには，まずその理論的基礎を明らかにすることが不可欠となる。ネオ・カーネギー学派とティースのダイナミック・ケイパビリティ論の理論的基礎を明らかにするために，両理論がどのように生まれてきたのかを学説史的に整理してみたい。

2.1　ネオ・カーネギー学派の学説史的位置づけ

　ネオ・カーネギー学派とは，近年，カーネギー学派の研究を源流として，ガヴェッティ，リヴキン（J. W. Rivkin），レヴィンサル（D. A. Levinthal），オカシオ（W. Ocasio）といった研究者によって展開されている研究活動のことをいう。そして，その源流であるカーネギー学派は，人間の完全合理性と利潤（効用）最大化仮説に基づく新古典派経済学を批判したサイモン（H. A. Simon）の研究から生じたものである。

　サイモンによると，人間は限定合理的であり，満足化原理に従って行動するものと仮定される。人間は限定合理的なので瞬時に最適解を得ることができず，

満足化原理のもとに満足な解に至る意思決定プロセスが存在する。この認知的な意思決定プロセスを解明することなくして，人間行動は理解できないという立場である。このような認知論的観点から企業の意思決定プロセスを研究する代表的な研究者としては，マーチ（J. G. March）＝サイモン（H. A. Simon），サイアート（R. M. Cyert）＝マーチ，そしてマーチ＝オルセン（J. P. Olsen）などが挙げられる。

ネオ・カーネギー学派は，このような認知的研究を基礎として，環境変化の中でパフォーマンスを高める企業行動を分析するために，組織理論，行動科学，そして社会科学における研究を幅広く取り込んできた。より具体的にいえば，組織におけるオープン・システム・パースペクティブ，より大きな社会的コンテクストに埋め込まれた組織概念，そして近年展開されている個人の認知論的研究といったものが，ネオ・カーネギー学派が取り組むべき課題として挙げられている（Gavetti et al., 2007, p. 523を参照）。それらを組み込みつつ，環境変

図表10.1　ネオ・カーネギー学派の理論的基礎

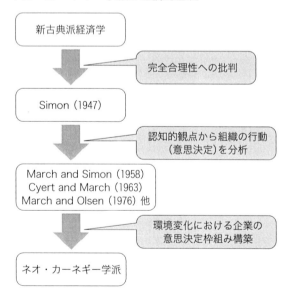

化における経営者の役割についての認知論的分析に焦点をあてながら組織の行動理論を構築しようと試みている点が，ネオ・カーネギー学派の大きな特徴であるといえるだろう。

　以上のことから，ネオ・カーネギー学派は，**図表10.1**のような流れで発展してきたといえる。一般的に，カーネギー学派といわれているのは，**図表10.1**におけるサイモンの研究（Simon, 1947）およびその後の組織行動論の研究（March and Simon, 1958; Cyert and March, 1963; March and Olsen, 1976他）のことである。

2.2　ティースのダイナミック・ケイパビリティ論の学説史的位置づけ

　ティースのダイナミック・ケイパビリティ論の理論的基礎となっている研究は幅広いとされる。実際，ティース自身もダイナミック・ケイパビリティ・フレームワークの知的潮流として，企業家精神，行動理論・行動意思決定論，組織論，取引コスト理論，進化経済学，資源ベース論といった多くの領域に言及している。しかし，これらの知的潮流は，主に「カーネギー学派からの流れ」と「経営戦略論からの流れ」に大別することができる。

　まず，カーネギー学派からの流れとして，ティースのダイナミック・ケイパビリティ論は，サイモンの意思決定プロセス研究からウィリアムソン（O. E. Williamson）の取引コスト理論への流れの延長線上にある。前述のとおり，サイモンは，新古典派経済学における人間の完全合理性の仮定を批判し，限定合理性の概念を示した。

　このサイモンの限定合理性の概念を基礎としながらも，よりインプリケーションの高い経済学的枠組みの構築を目指したのが，ウィリアムソンの取引コスト理論であった。彼は，限定合理的な人間行動を経済学的に説明するため，サイモンの満足化原理ではなく新古典派経済学の効用最大化の仮定を維持するとともに，機会主義の行動仮定を取り入れ，コース（R. H. Coase）によってすでに展開されていた取引コストの発生メカニズムを解明した。

特に，これまで不明確であった企業間の垂直的統合現象を取引コスト節約原理に基づいて説明した点に，ウィリアムソンの貢献がある。しかし，垂直的統合現象には，取引コスト理論では説明できない現象があることを指摘し，特に市場が不完全な場合，取引コストではなく自社のケイパビリティを再構成して製造から販売へと垂直的に拡大せざるをえないとしたのが，ティースのダイナミック・ケイパビリティ論なのである。

一方，経営戦略論からの流れとしては，ダイナミック・ケイパビリティ論はポーターのポジショニング・アプローチへの批判として生まれた資源ベース論から発展した議論として示すこともできる。ティースのダイナミック・ケイパビリティ論が戦略的インプリケーションとして目指すところは，「企業レベルでの経時的な競争優位の源泉を説明し，完全競争市場において同質的な企業が競争した際に生じるゼロ利潤条件を回避するための指針を，経営者に提供すること」（Teece, 2009, p. 5）である。このゼロ利潤条件を回避するための条件は，

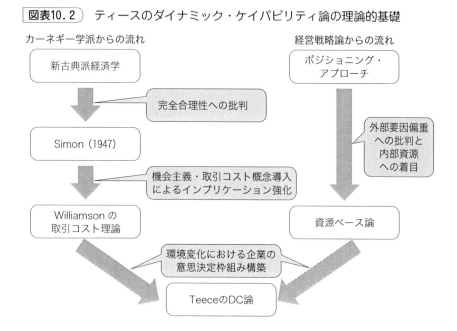

図表10.2　ティースのダイナミック・ケイパビリティ論の理論的基礎

経営戦略論の領域において，ポジショニング・アプローチ以降論じられてきたものである。

　特に，ポジショニング・アプローチによる外部要因偏重への批判を基礎として生じた資源ベース論は，ゼロ利潤条件を回避して競争優位を構築するための内部要因についての解を求めて，組織論的要素を導入しながら理論的に発展してきた。ティースは，企業が環境変化の中で長期的に優位性を維持するためには，従来の資源ベース論が論じてきた内部要因である個別資源やコア・ケイパビリティの概念だけでは限界があることを指摘し，よりダイナミックなケイパビリティの存在を主張した。

　したがって，ティースのダイナミック・ケイパビリティ論は**図表10．2**で示したような発展プロセスとしての理論的基礎を有し，主に取引コスト理論と資源ベース論を前提としている。そして，それらが環境変化におけるゼロ利潤回避のための意思決定について十分に説明できないとして，そこに企業家精神や進化経済学の概念を導入し，よりインプリケーションの高い理論構築を試みていると考えられる。

3．問題意識の共有と経営者の役割への着目

　ティースのダイナミック・ケイパビリティ論をネオ・カーネギー学派の研究によって補完すべきとする主張は，両者が同様のテーマを扱っており，学説史的に一見合流しているかのような印象を受けることからなされるものであろう。ここでは，両者がなぜ「環境変化における限定合理的な意思決定」という共通の問題を扱うようになったのかを明らかにした上で，その問題を解決するにあたって，両者に同様の着眼点があることを説明する。

3．1　環境変化における限定合理的な意思決定

　ネオ・カーネギー学派とティースのダイナミック・ケイパビリティ論は，ともに「変化する環境のもとで企業のパフォーマンスを高めるための意思決定と

はいかなるものか」という問題を扱っている。ここには，限定合理的な個人あるいは組織の意思決定の失敗についての研究がカーネギー学派において展開され，それらが両者に影響を与えたことが背景として存在する。

たとえば，経路依存性を基礎として強い慣性が働くと，成功を重ねてきた組織は従来のプロセスよりも優れたプログラムを不適切とみなすという「コンピテンシーの罠」の研究（Levitt and March, 1988）や，そのコンピテンシーの罠が学習に潜在している自己破壊的産物であるとする研究（Levinthal and March, 1993）が挙げられるだろう。

このような失敗についてのカーネギー学派の研究を踏まえて，ネオ・カーネギー学派では，限定合理性の仮定のもとに，環境変化の中でより優れた機会を追求する企業の行動理論を構築する試みがなされてきた。より具体的にいえば，リーダーがいかにして戦略的機会を発見するか，そして，その追求のための戦略実行において組織メンバーをいかに説得するかについての手法を開発することに焦点があてられてきた。

例えば，ガヴェッティは，戦略リーダーは連想的思考を行うべきであると主張する（Gavetti 2012, pp. 276-278）。ここで重視されるのが，アナロジー（類似性）に基づく推論のようなコース・シンキングである。ガヴェッティたちは，コース・シンキングによって優れた機会を追求する戦略的問題の新しい表現を獲得でき，戦略リーダーの努力を効果的にガイドすることになると述べている（Gavetti *et al.*, 2005）。特に，現代企業が直面している新しく非常に曖昧な状況では，合理的選択という論理的な演繹的アプローチは困難であるため，コース・シンキングの有用性が高まることになるという。

また，ガヴェッティとリヴキンは，アナロジーの有用性を支持しつつも，限定合理的にアナロジーを用いる場合，表層的なアナロジーによるアナロジーの罠に陥ることを回避する必要があると主張する（Gavetti and Rivkin, 2005）。特に，行動経済学によって明らかにされた「アンカリング」と「確証バイアス」は表層的なアナロジーに依存する傾向を高めることになるので，注意しなければならないとしている[1]。

第10章　ダイナミック・ケイパビリティ論のミクロ的基礎としてのネオ・カーネギー学派　203

　一方，ティースのダイナミック・ケイパビリティ論においても，経営戦略論からの流れにおいて，前述の限定合理性に基づく意思決定の失敗についてのカーネギー学派の指摘が問題設定に関わっている。これは，資源ベース論の論者であるレオナルド・バートンの概念に，それらのカーネギー学派の研究が影響を与えたことによるものである。

　競争優位の条件としての内部要因に注目する従来の資源ベース論の限界として，ダイナミックで堅固な枠組みが構築されていないことをティースは主張している（Teece, 2009, p. 87を参照）。その背後には，従来の資源ベース論が重要性を強調していたコア・ケイパビリティの強化のみでは，環境が変化した場合に逆に優位性を喪失する可能性があるというコア・リジディティの指摘（Leonard-Barton, 1992, 1995）がある。このレオナルド・バートンのコア・リジディティの概念化には，先に説明したカーネギー学派の認知論的な研究が大きく関わっている。

　ティースは，主に資源ベース論の流れから生じたコア・リジディティの問題を解決するため，企業家的要素と進化論的な考えを導入しながらダイナミック・ケイパビリティ論を構築したと考えられる。より具体的には，コア・リジディティを克服するために，企業は技術的適合力ではなく進化的適合力を高める必要があるとした。

　そして，オーディナリー・ケイパビリティを強化するだけでは技術的適合力を高めるにすぎず，それゆえオーディナリー・ケイパビリティ自体を更新するためのダイナミック・ケイパビリティが重要であることを主張した。このダイナミック・ケイパビリティによって，企業は進化的適合力を高めることが可能となり，環境変化の中で長期的な優位性を構築できることになる。

3.2　企業家的要素への着目

　環境変化において企業のパフォーマンスを高めるための意思決定とはいかなるものかという問題を解くにあたって，ネオ・カーネギー学派とティースのダイナミック・ケイパビリティ論は，ともに企業家的要素に注目している点で共

通している。つまり，両者とも，既存の研究において企業家的要素が軽視されており，それゆえ従来の理論体系は環境変化における意思決定枠組みとして不十分であるとする。

ネオ・カーネギー学派によると，カーネギー学派のメインストリームである行動理論は「限定合理性に関する過剰に厳格な仮定にとらわれている」(Gavetti, 2012, p. 268) との批判がなされる。つまり，従来の行動理論は，合理性の限界ゆえに知性ある行為は現在の活動の近くに限定されるとして，制限された戦略的エージェンシー（戦略リーダー）の漸進的な性格を強調してきた。しかし，ネオ・カーネギー学派は，戦略的エージェンシーが認知構造を管理できるとし，彼らをより優れたパフォーマンスを追求できる存在として捉えるべきであると主張する。

このような主張は，「組織における優れたパフォーマンス行動の特質は，認知的に離れた機会の追求に必要な心理プロセスをマネージする戦略リーダーの優れた能力と対応する」という考えと関連する。なぜならば，認知的に離れたものを追求することは，カーネギー学派のメインストリームの戦略の行動論アプローチとして知られているものよりも広い戦略的エージェンシーの概念を示唆する (Gavetti, 2012, p. 268) からである。

ガヴェッティによれば，戦略的機会の行動論的起源は，行動論的失敗に対応する。ここで，行動論的失敗とは，市場の効率性が求める状況からのシステマティックな行動論的逸脱を意味する。そのため，優れたパフォーマンスの行動論的起源は，行動論的失敗を克服する企業の優れた能力に対応する (Gavetti, 2012, p. 270)。戦略リーダーとしての経営者は，組織においてそのような行動論的失敗を克服するために，戦略的機会の発見と組織メンバーの説得を行う役割を担うことになる。

一方，ティースのダイナミック・ケイパビリティ論でも，従来の取引コスト理論においては経営者の役割についての考察が不十分であったとされる。経営者や経営機能を無視してきた新古典派経済学と比較すれば，確かにウィリアムソンは取引コスト理論において経営者の役割の重要性について述べている。し

かし，ティースは，そのようなウィリアムソンの記述は始まりにすぎないと批判している（Teece, 2009, p. 102）。そして，何よりも環境変化において「出現した機会を特定して捕捉し，持続的な会社の更新を成し遂げるにあたって，企業家的経営者の役割を強調する」（Teece, 2009, p. 83）ようなフレームワークの構築が必要であるとし，企業家的要素の重要性を強調する。なお，ティースは，具体的な企業家的要素として「不確実であいまいな状況における補完的・共特化資産のオーケストレーション，新しいビジネスモデルの発明・実行，（R&D や M&A に関するものを含む）機敏な投資選択」（Teece, 2009, p. 74）などを挙げている。

4．ネオ・カーネギー学派とダイナミック・ケイパビリティ論との関係

　これまで述べてきたように，ネオ・カーネギー学派の研究とティースのダイナミック・ケイパビリティ論は，ともにカーネギー学派の総帥であるサイモンから派生し，彼の限定合理性の概念に基づいて展開されてきた。そして，ともに企業家的要素に着目しながら，変化する環境において企業のパフォーマンスを高める理論の構築を目指すという点でも共通している。しかし，そのことは，両者が相互に補完的関係であることを意味する訳ではない。本節では，両者の限定合理性に基づく見解には差異があることを示し，両者の関係性について明らかにする。

4.1　限定合理性に基づく企業モデルの差異

　ネオ・カーネギー学派の議論とティースのダイナミック・ケイパビリティ論はともに，新古典派経済学の完全合理性への批判から生じたサイモンの限定合理性の概念を基礎としている。しかし，ともに限定合理性という用語を用いていても，サイモン以降の発展プロセスが異なるため，両者の理論的性格には差異がある。つまり，ネオ・カーネギー学派は，サイアート＝マーチやマーチ＝

図表10.3　サイモン以降の理論進化

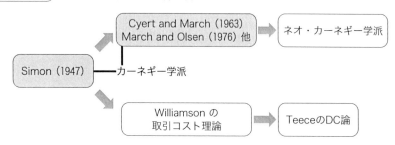

オルセンといった組織行動論から発展してきたのに対し，ティースのダイナミック・ケイパビリティ論はウィリアムソンの取引コスト理論から発展してきたという点が，両者の違いに大きく影響しているのである（図表10.3参照）。

　まず，サイモンからネオ・カーネギー学派への流れは，サイモンのモデルをもとに，より認知的な側面から組織行動を説明しようとするものである。その代表的な研究として，認知と評価に関する合理性の限界について示したサイアート＝マーチの研究や，意思決定サイクルが不完全であるときのルース・カップリングの組織における新しい意思決定論としてのごみ箱モデルを示したマーチ＝オルセンの研究等が挙げられる。

　彼らは，以下のような意思決定プロセスを想定としている。まず，組織の参加者が，現在の可能性と制約条件のもとで，自分の考えているあるべき世界と現実の世界との間の違いに気がつくと，この差異が個人の行動を引き起こし，それらが集まって集合的（組織的）行為あるいは選択となる。そして，外界は何らかの形でこの選択に反応し，それが世界についての個人の解釈や行為の効果に関する認識に影響を与える（March and Olsen, 1975; March and Olsen, 1976, p. 6）。つまり，これらの研究はサイモンの満足化原理に基づいて意思決定プロセスを記述することを目指しており，この意思決定プロセスのもとに個人や組織は行動するものとされる。

　これに対し，サイモンからティースのダイナミック・ケイパビリティ論への流れは，そのような満足化原理に基づく記述的でプロセス的なものではない。

ウィリアムソンは，サイモンの限定合理性を基礎としながらも，機会主義および取引コスト節約原理に基づく限定合理的な行動選択モデルを経済学的に示すことでインプリケーションを強化しようとした。

　ティースは，限定合理性を受け入れ，ある程度，機会主義も受け入れる。それゆえ，企業が変化に対応するとき，機会主義が出現し，取引コストが発生すると考えている。しかし，同時に，企業は，環境の変化の中に，機会を感知し，それを捕捉し，そして持続的優位性を得るために絶えず変容する能力つまりダイナミック・ケイパビリティを持つとする。このとき，一方で変化に伴う取引コストが発生するが，他方でダイナミック・ケイパビリティによって機会を利用し，企業内外の資源を再構成することによってメリットを得ることもできるのであり，こうして企業は変化する環境の中でも生き残れるとする。

4.2　競合的アプローチとしてのネオ・カーネギー学派とダイナミック・ケイパビリティ論

　以上のことから，ネオ・カーネギー学派の議論とティースのダイナミック・ケイパビリティ論には理論的性格に差異があることが明らかになった。ネオ・カーネギー学派の議論は心理学的な行動論的アプローチであるのに対し，ティースのダイナミック・ケイパビリティ論は非心理学的な経済学的アプローチである。また，ネオ・カーネギー学派は認知的側面に関心があり，それゆえある意味で帰納主義的な性質があるといえる。しかし，ティースのダイナミック・ケイパビリティ論では，帰納主義的な性質は一切排除され，経済学的側面からあくまで仮説演繹的に理論が展開されている。

　したがって，ネオ・カーネギー学派の研究とティースのダイナミック・ケイパビリティ論は，相互に同一の問題意識を有するが，相互に異なるアプローチである。そのため，両者は補完的関係にあるのではなく，むしろ競合的関係にあるといえるだろう。このことから，演繹的な経済学的モデル構築を試みるティースのダイナミック・ケイパビリティ論に心理学的で帰納的なネオ・カーネギー学派の議論を導入して補完しようとする試みは，相互に矛盾を引き起こ

すことになると考えられる。

　また，ネオ・カーネギー学派の心理主義的なアプローチはテスト可能性が非常に脆弱であるということにも留意すべきである。特に，ネオ・カーネギー学派は，経営者の役割を認知的な領域において分析するなかで，経営者による「発見の論理」自体を心理学的に明らかにしようとする傾向がみられる。かつて，ポパーが論証したように，「発見の論理」を科学的に示すことは不可能であり，さらなる理論的破綻を導く可能性がある。したがって，方法論的には，ティースの非心理主義的で経済学的なダイナミック・ケイパビリティ論のほうがネオ・カーネギー学派の心理主義的アプローチよりも優位にあるといってもよいかもしれない。

5．おわりに

　本章においては，ネオ・カーネギー学派とティースのダイナミック・ケイパビリティ論の理論的基礎について整理するとともに，それに起因する理論的性格の分析によって両者の関係性を明らかにした。そして，ティースのダイナミック・ケイパビリティ論をネオ・カーネギー学派によって補完することに警鐘を鳴らした。

　ネオ・カーネギー学派とティースのダイナミック・ケイパビリティ論は，ともに限定合理性の仮定のもとで環境変化における企業の意思決定を解明するという共通した問題意識を有しており，企業家的要素の重要性を主張している点でも共通する。しかし，これら両者の関係は，一見，補完的に見えるが，実は競合的関係にある。なぜならば，両者とも新古典派経済学への批判から生じたサイモンの限定合理性の概念を基礎としているものの，サイモン以降の進化プロセスにおいて異なる理論的基礎を有しており，理論的性格に差異が生じているからである。

　ティースのダイナミック・ケイパビリティ論には，いまだ不明瞭な部分も多い。特に，取引コスト理論を基礎とした経済学的枠組みであることを強調する

第10章　ダイナミック・ケイパビリティ論のミクロ的基礎としてのネオ・カーネギー学派　209

一方で，さまざまな領域の知的基礎も有していることから，その人間観には揺らぎが感じられる側面もある。また，ダイナミック・ケイパビリティの構成要素について，ミクロ的基礎のルーティンやシステムについての研究が進められる一方で，核となるべき企業家精神については戦略的インプリケーションを与えるまでに明確化されているとも言い難い。しかし，演繹的な経済学的枠組みを構築することを目指すダイナミック・ケイパビリティ論に対処療法的に心理的な行動論的枠組みとしてのネオ・カーネギー学派の概念を導入して補完を行うことは，さらなる理論的混乱と説明力の低下を招くことになるだろう。

注
1　アンカリングとは，「組織内にいったん根付いたアナロジーは，たとえそれが偶然の産物であろうと，永続的な影響を持ちかねない」ことを意味する。これは，いったん固定化したものを払拭するのは難しいことに起因する。また，確証バイアスとは，「戦略家は自分の意見に肯定的な情報を探し求め，否定的な情報を無視する傾向がみられる」というものである。なお，この確証バイアスは，前述のアンカリングの効果を補強するとの指摘がなされている（Gavetti and Rivkin, 2005を参照）。

参考文献
Cyert, R. M. and March, J. G. (1963) *A Behavioral Theory of the Firm*, Prentice-Hall.（松田武彦監訳，井上恒夫訳『企業の行動理論』ダイヤモンド社，1967年）
Gavetti, G. (2012) Toward a Behavioral Theory of Study, *Organization Science*, 23(1): 267-285.
Gavetti, G., Levinthal, D. A. and Ocasio, W. (2007) Neo-Carnegie: The Carnegie School's Past, Present, and Reconstructing for the Future, *Organization Science*, 18(3): 523-536.
Gavetti, G., Levinthal, D. A. and Rivkin, J. W. (2005) Strategic Making in Novel and Complex Worlds: The Power of Analogy, *Strategic Management Journal*, 26(8): 691-712.
Gavetti, G. and Rivkin, J. W. (2005) How Strategics Really Think: Trapping the Power of Analogy, *Harvard Business Review* 83(4): 54-63.
Helfat, C. E. (2007) Dynamic Capabilities: Foundations, in Helfat, C. E., S. Finkelstein, W. Mitchell, M. A. Peteraf, Singh, H. Teece, D. J. and Winter, S. G. (2007) *Dynamic Capabilities: Understanding Strategic Change in Organizations*, Blackwell: 1-18.

Leonard-Barton, D. (1992) Core Capabilities and Core Rigidities: A Paradox in Managing New Product Development, *Strategic Management Journal*, Vol. 13, S1: 111-125.
Leonard-Barton, D. (1995) Wellsprings of Knowledge, Harvard Business School Press.(安部孝太郎・田畑暁生訳『知識の源泉―イノベーションの構築と持続』ダイヤモンド社,2001年)
Levitt, B. and March, J. G. (1988) Organizational Learning, *Annual Review of Sociology*, Vol. 14: 319-340.
Levinthal, D. A. and March, J. G. (1993) The Myopia of Learning, *Strategic Management Journal*, Vol. 14: 95-112.
March, J. G. (1991) Exploration and Exploitation in Organizational Learning, *Organization Science*, Vol. 2, No. 1, February: 71-87.
March, J. G. and Olsen, J. P. (1975) The Uncertainty of the Past: Organizational Learning Under Ambiguity, *European Journal of Political Research*, 3: 147-171.
March, J. G. and Olsen, J. P. (1976) *Ambiguity and Choice in Organizations*, Universititetsforlaget.(遠田雄志・アリソン,ユング訳『組織におけるあいまいさと決定』有斐閣,1994年)
March, J. G. and Simon, H. A. (1958) *Organizations*, John Wiley & Sons.
Simon, H. A. (1947) *Administrative Behavior*, Free Press.
Teece, D. J. (2007) Explicating Dynamic Capabilities: The Nature and Microfoundations of (Sustainable) Enterprise Performance, *Strategic Management Journal*, 28(13): 1319-1350.
Tripsas, M. and Gavetti, G. (2000) Capabilities, Cognition, and Inertia: Evidence from Digital Imaging, *Strategic Management Journal*, 21(10-11): 1147-1161.
Teece, D. J. (2009) *Dynamic Capabilities and Strategic Management: Organizing for Innovation and Growth*, Oxford University Press.(谷口和弘・蜂巣旭・川西章弘・ステラ・S・チェン訳『ダイナミック・ケイパビリティ戦略―イノベーションを創発し,成長を加速させる力』ダイヤモンド社,2013年)
Teece, D. J., Pisano, G. and Shuen, A. (1997) Dynamic Capabilities and Strategic Management, *Strategic Management Journal*, 18(7): 509-533.
Zollo, M. and Winter, S. G. (2002) Deliberate Learning and the Evolution of Dynamic Capabilities, *Organization Science*, 13(3): 339-351.
Williamson, O. E. (1975) *Markets and Hierarchies: Analysis and Antitrust Implications*, Free Press.
永野寛子(2015)『資源ベース論の理論進化―企業における硬直化を巡る分析』中央経済社.

第11章 ダイナミック・ケイパビリティの ミクロ的基礎としてのリーダーシップ

1. はじめに：問題意識

　ティースによると，ダイナミック・ケイパビリティは，企業の経営トップ・マネジメントの固有の能力であるとともに企業の組織能力でもあるという。これまで，ダイナミック・ケイパビリティは，主にトップ・マネジメントの認知能力として分析されてきた。しかし，本章では個人ではなく，組織能力としてのダイナミック・ケイパビリティ（Teece, Pisano and Shuen, 1997; Eisenhardt and Martin, 2000; Teece, 2007）のミクロ的基礎に注目する。とりわけ，組織能力としてのダイナミック・ケイパビリティのミクロ的基礎として，現場組織レベルの組織的協働に注目する。しかも，その協働の重要な要素の1つとしてリーダーシップとの関係に焦点を当ててみたい。

1.1 ダイナミック・ケイパビリティのミクロ的基礎としての現場組織

　ダイナミック・ケイパビリティとは，企業が技術・市場変化といった急速な経営環境の変化に反応し適応するために，企業内外の資産・知識・技術を統合・構築・配置・再配置する能力のことである（Teece et al., 1997, p. 516）。また，環境変化に対処するために，能動的に環境を変える能力でもある（Eisenhardt and Martin, 2000; Teece, 2007）。さらに，ダイナミック・ケイパビリティは，(1)「脅威の感知（Sensing）」，(2)「機会の捕捉（Seizing）」，そして(3)「再構成・変容（Transforming）」という3つのケイパビリティに細分化

される (Teece, 2007)。

　ダイナミック・ケイパビリティは，これまで経営者やトップ・マネジメントが保有する固有の能力として扱われ，現場レベルを含む組織全体の組織能力としては，それほど重視されてこなかった。しかし，ティースによると，ダイナミック・ケイパビリティはトップの能力であるとともに，組織能力でもあるという。というのも，組織が環境変化に対応する場合，組織のトップのみならず，必ず現場でさまざまな調整が行われ，その調整には現場のさまざまな意思決定が必要となるからである (cf. Barnard, 1938, p. 192)。

　それゆえ，ダイナミック・ケイパビリティに関して，トップ・マネジメントの能力のみならず，現場の組織能力もまた重要なのである。特に，ティース (Teece, 2007) は，技術や市場の変化に関する情報を感知し，そこに見出せる機会を確実に捕捉していく場合，トップ・マネジメントに情報をロール・アップしつつ分権化していくという，意思決定の方法や現場レベルでの環境適応活動の重要性を示唆している。

1.2　ダイナミック・ケイパビリティのミクロ的基礎におけるリーダーシップの視点

　ダイナミック・ケイパビリティのミクロ的基礎として現場レベルの組織的活動に注目する場合，実際に現場を動かすリーダーシップ[1]が重要な役割を担っている。

　ティース (Teece, 2007) によると，企業の技能的適合力，つまり生産効率性を高めるオーディナリー・ケイパビリティ (通常能力) は，組織構造，組織制度・価値に起源を持っている。しかし，企業が変化する環境への適応プロセスでは，組織構造や諸制度といった構造的な要因自体を再構成する，より高次のメタ能力が必要となる。このようなメタ能力としての進化的適合力が，ダイナミック・ケイパビリティなのであり，それはトップの能力のみならず組織全体の能力でもあるといえる。

　とりわけ，現場組織のメンバーは微細な環境変化を察知し，また近い将来に

起こりうる環境変化を予測し,そして自らの置かれた協働状況に対して進取的にまた俊敏に応答していかなければならない。このような単位組織における環境適応行動を促進するために,ザッカーロ(Zaccaro, 2001)によると,現場組織では「その都度集合的成果と戦略を定義し,戦略を実行し,成果を上げるためのユニットを構造化していく」ようなリーダーシップ機能が重要となるという。

1.3 問題提起

　ダイナミック・ケイパビリティのミクロ的基礎に関するこのような背景を踏まえて,本章では,組織能力としてのダイナミック・ケイパビリティのミクロ的基礎として,主に現場組織レベルの協働に注目し,特にその重要な要素の1つであるリーダーシップに焦点を当てる。

　リーダーシップは,組織能力としてのダイナミック・ケイパビリティのミクロ的基礎にどのような意味で有用な要素なのか。特に,ダイナミック・ケイパビリティによる環境適応的な組織プロセスとリーダーシップは,どのような関係にあるのか。

　これらの問題を解決するために,以下,まずダイナミック・ケイパビリティ,組織,そしてリーダーシップの間に密接な関係があることを理論的に説明する。次に,その理論的関係が経験的にも妥当であることを示すために,具体的事例を取り上げ,実際の協働の場における環境適応プロセスとリーダーシップのインターフェース[2]を示す。最後に,組織の環境適応プロセスにおいて,組織能力としてのダイナミック・ケイパビリティのミクロ的基礎の1つとして,リーダーシップという要素が重要であることを理論的にも経験的にもいえることを明らかにする。

2. 組織能力としてのダイナミック・ケイパビリティ

2.1 組織能力としてのダイナミック・ケイパビリティの
ミクロ的基礎

　ダイナミック・ケイパビリティは，企業が技術・市場変化といった急速な経営環境の変化に反応し適応するために，企業内外の資産，資源，技術，そしてオーディナリー・ケイパビリティの統合・構築・配置・再配置を実現していく組織能力である（Teece et al., 1997）。また，能動的に環境を変化させて適応する能力でもある（Eisenhardt and Martin, 2000; Teece, 2007）。

　このようなダイナミック・ケイパビリティは，短期的ではなく長期的利益の追求を通して，企業の競争優位性を確立しようとする能力でもある。それゆえ，この能力について分析するには，組織で行われる諸活動を通して，新規事業や製品や戦略体系といったアウトプットを生み出していく組織過程を詳細に検討する必要がある。

　先にも述べたが，ティースはダイナミック・ケイパビリティを3つの能力に細分化している。すなわち，感知（Sensing），捕捉（Seizing），そして変容（Transforming）である。このプロセスをさらに具体的に説明すると，以下のようになる。

　第1に，「機会・脅威の感知」において，企業家や経営者が不確実性のなかで新しい出来事や変化をどのように解釈し，どの技術を追求し，どの市場セグメントをターゲットとするのかを理解しなければならない。この探索によって得られた情報は，トップ・マネジメントによって解釈され，統合された後，ミドル・マネジメントのビジネス・プロセスに更新して埋め込まれることになる。

　第2に，「機会の捕捉」においては，脅威の中で経営者は新しい機会を見出し，それを捕捉するために開発と商業化の活動に投資し，自社の商業化戦略を定義するためのビジネスモデルを選択・創造しなければならない。そして，競

争優位を獲得する可能性を見出す。

　第3に，「再構成・変容」においては，見出した競争優位を持続的なものにするために，資産や組織構造を再結合・再構成する。望ましくない経路依存性を避けるためには，ルーティンの再デザインを含む，資産のオーケストレーションを展開する。

　以上のようなダイナミック・ケイパビリティによる環境適応プロセスは，トップ・マネジメントの能力だけで実行され，効果を発揮するものではない。実際には，ミドル，ロアー，そして現場が組織として一体化することによって効果が発揮されることになる。この意味で，ダイナミック・ケイパビリティは組織能力でもあるといえる。

2.2　ダイナミック・ケイパビリティが発現する現場組織

　前述のように，ダイナミック・ケイパビリティはトップ・マネジメントの固有能力だけではなく，現場レベルを包括した組織全体に関わる組織能力でもある。

　企業組織が環境の変化について感知する方法は，以下の2つがある。

⑴　まず，直接，トップ・マネジメントが環境の脅威や変化を感知する場合
⑵　次に，現場組織を通して，間接的にトップ・マネジメントが変化や脅威を感知する場合

　環境変化が生み出す脅威や機会をトップ・マネジメントが直接感知する場合もあるし，トップ・マネジメントが微弱ながら表れうる市場や技術の変化に感知しない場合でも，現場が顧客や取引先とのネットワークを通して弱い変化を感知する場合がある。とりわけ，ティースによると，現場の自律性がより大きな組織では，現場が市場の動向や技術の発展を漏らさず察知するので，トップが環境の変化に気づかずに対応に遅れることは少ないという（Teece, 2007, p. 1323）。

したがって，ティースは組織の分権化を通してトップ・マネジメントを新技術，顧客，市場に敏感かつ迅速に反応させていかなければならないという。そして，従来の組織境界を越えた顧客や取引先といった広い意味での組織参加者をも含めた探索活動の重要性も指摘しているのである。

　このように，新市場の創造能力，市場へのアウトソーシングの対象となった部品・サービスについての機会に対する感知力といった，環境変化に応じて「適切な物事を実行する」ことに関連するダイナミック・ケイパビリティは，トップ・マネジメントにおける企業家的能力だけではなく，現場を含む組織全体的な組織能力でもある。

　こうした現場レベルの組織的協働プロセスは，単に戦略を実行するというにとどまらず，現場における戦略の実践を通して生じる自律的な環境適応行動をも意味している。外部環境に接し，現場で認識された微細な環境の変化を認識し，働きかけるというプロセスは，現場のあらゆるメンバーの責任ある主体的な活動を前提としている。そして，このような戦略の実践を通して，現場が捉えた環境の感触や微細な環境変化は，コミュニケーション・システム，情報解釈システムを介して，逆にトップ・マネジメントを中心とする組織の再調整を行う契機にもなる。

　企業組織全体のダイナミックな環境適応プロセスが，現場組織とトップ・マネジメントの相互適合的な戦略形成によってなされることは，新規プロジェクトが全社的戦略のコンテクストに組み込まれる組織プロセスを分析したバーゲルマン（Burgelman, 1983）や，現場の実践から戦略が形成される創発的戦略モデルを示したミンツバーグ（Mintzberg, 1978）など，多くの経営戦略研究でも強調されている。また，伊丹（1980）や野中（Nonaka, 1988）等は，日本企業の戦略の実行と構想との相互適合的な戦略形成プロセスについて理論的・実証的に明らかにしている。

3．ダイナミック・ケイパビリティとリーダーシップとの理論的関係

3．1　現場の組織活動におけるリーダーシップの位置づけ

　組織の環境適応的活動は，自律的な協働プロセスすなわち組織メンバーが学習し，協働の調整基準を自ら次々に作り変えていくという自己組織性に由来する。自己組織性とは，協働と学習から技術やスキルが生み出されるだけではなく，協働を通して環境が再認識され，協働自体の調整・統合基準が変革されることである[3]。

　こうした組織状態は，バーナード（Barnard, 1938）にいうところの共通目的，協働意思，そしてコミュニケーションという公式組織成立の必要十分条件が常に満たされている状態である。つまり，組織においてコミュニケーション，共通目的，そして協働意思がバランスよく結びついた状態なのである。

　しかし，共通目的の達成がなされると，組織は消滅する。それゆえ，組織を存続させるには，共通目的が達成されると同時に，環境の変化に応じて新たな共通目的と新たな調整基準を創出し，メンバーに受け入れられるようにしなければならない。したがって，協働を通して組織は自己革新・自己変容するといえ，それは自律的な形成・再形成を繰り返すダイナミック・ケイパビリティの表出プロセスであると捉えることができるのである。

　しかし，このような組織の自律的ダイナミクスは，公式組織が成立し，十分に維持されている状態であって，いわば組織活動の理念型である。実際の協働においては，組織の自己変容が時として負の方向への連鎖に陥ることもありうる。組織は成立直後から共通目的，協働意思，コミュニケーションの3要素間のバランスよい結合を損ないやすく，絶えず解体や崩壊の危機にさらされているのである。

　もし組織が短期間にその活動を終えるのであれば，共通目的，協働意思，コ

ミュニケーション以外の要素ないし機能を組織現象の分析に持ち込む必要はさほどない。しかし，組織が長期的に存続しようとすれば，組織目的は達成されると同時に更新され続けなければならない。加えて，各単位組織レベルでの協働においては，協働を通して蓄積されていく知識を統合し，さらに全体組織の戦略的コンテクストに関係づけていくプロセスの実現に，多くの困難が立ちはだかる。

　組織がダイナミック・ケイパビリティを発揮するためには，各メンバーが有している知識やスキルが集合的な活動として有効に統合され続けていく必要がある。そして，このような組織の協働が有効に機能する必須の要件として必要なのは，リーダーシップ機能なのである（Hackman, 2009; Yukl, 2012）。

3.2　ダイナミック・ケイパビリティ論とリーダーシップ論

　これまでダイナミック・ケイパビリティのミクロ的基礎となる組織プロセスは十分に解明されてこなかった。この組織プロセスに重大な影響力を持つリーダーシップは，どのようにダイナミック・ケイパビリティに関係づけられているのか。これについても，先行研究はほとんどない。しかし，ダイナミック・ケイパビリティの形成・実行が組織の協働プロセスを通してなされる以上，リーダーシップとダイナミック・ケイパビリティは密接に関係しているように思われる。

　ブライアント（Bryant, 2003）らによれば，知識に関する共有，創造，そして獲得といった知識創造プロセスを加速させるためには，「場」を起点としたコミュニティの形成とこれらの持続的成長を促進するための各コミュニティのリーダーシップが重要であるという。重層的な「場」の形成によってダイナミックで多様な戦略コンテクストが共有され，グループダイナミックスを通じたイノベーションに向けて新たな知識が創造されていくのである。

　より具体的にいえば，個々人のスキルやノウハウ等の知識資産が集団内に蓄積されるが，リーダーシップとして，このようなプロセスを促進させる組織環境の整備，知識創造活動の実践のための動機づけ，支援，コーチング，メンタ

リングが重要になるわけである（e. g. Marquardt, 2000）。

　また，現代のように知識創造が重視されるような状況では，企業組織のトップ経営者の英雄的なリーダーシップよりも，状況に応じて変化する組織全体における協働的・分散的リーダーシップが有効に機能しうる（Fletcher, 2004）。ティース（Teece, 2007b）も，知識ベースの組織では，各メンバーがリーダーシップを発揮すべきであって，マネジャーの役割とそれ以外のメンバーの役割との区別があいまいになりつつあるという。

　このように，知識創造を促進させるリーダーシップと環境変化に対応する組織能力としてのダイナミック・ケイパビリティは相互に密接に関係しており，そのようなリーダーシップについては，次の2つの点が強調されるだろう。まず，知識創造プロセスを促進させるリーダーシップは，「状況的リーダーシップ（Situational Leadership）」を前提とするということ，次に知識創造プロセスにおいては，日常業務を着実に遂行させるリーダーシップに加えて自律的な知識創造活動を促進させる共有型リーダーシップも機能しうるということ，これである。

　状況的リーダーシップ・アプローチは，状況が異なると有効なリーダーシップも異なり，唯一絶対的に有効なリーダーシップはないという立場である。その典型的な議論は，リーダーシップ論の中でも，状況，フォロワー，リーダーの関係で生じる相互作用がリーダーシップの有効性に影響を与えていることを明らかにしたフィードラー（Fiedler, 1967）のリーダーシップの条件適合モデルであろう。彼の条件適合モデルによれば，リーダーのパーソナリティ，状況統制力が業績に影響を与える。その中でも，状況統制力は，リーダーとフォロワーの関係，課題，リーダーの地位の組み合わせによって規定されることになる。

　さらに，ハーシーとブランチャード（Hersey and Blanchard, 1977）によれば，状況的リーダーシップに最も影響を与える状況要因は，フォロワーの動機と能力からなる「成熟度」であるという。フォロワーとの関係，課題指示，フォロワーの成熟度によって影響される状況要因の組み合わせによって，権限

委譲的リーダーシップ,参加的リーダーシップ,説得的リーダーシップ,そして教示的リーダーシップといった有効なリーダーシップが導出される。

このような状況適合的リーダーシップが,知識創造プロセスを促進させるリーダーシップに関する議論に共通する特徴となっている。例えば,グラットン,ボイト,エリクソン（Gratton, Voigt and Erickson, 2007）も,多くの争点を抱えるチームにおいて知識の共有を促進させるには,活動の進捗につれて生じる課題に応じてリーダーシップ・スタイルを変化させていかなければならないという。そして,このようなリーダーシップが,組織能力としてのダイナミック・ケイパビリティを通して組織が環境変化に対応する場合,重要な役割を果たすことになる。

3.3 ダイナミック・ケイパビリティ,組織活動,そしてリーダーシップの理論的関係

ところで,一般的にリーダーシップとは,「集団目標の達成に向けて,成員の行動や態度を一定の水準に維持するという集団全体の機能であり,集団において相互に作用する影響プロセス」である（Bass, 1990, p. 20）。つまり,リーダーシップとは,集団のメンバーとともに,かつメンバーを通して集団目標を達成させるような「影響力」のことである。

組織の存続・成長・発展の観点からは,コミュニケーション・システムを提供・維持し,組織の構成要素である協働意思を確保し,目的を定式化し,そして具体化することが管理職能として必要である（Barnard, 1938, p. 227）。

これらの職能をうまく運び,協働の局面や組織コンテクストに応じたより細やかで効果的な組織機能が,組織目標の達成に向けてメンバーの行動を望ましい水準に保ち,メンバー間で相互作用する影響プロセスとしてのリーダーシップであると考えられる。リーダーシップが,具体的協働の場で組織目標や協働意思に働きかければ,その働きかける割合を微妙に変えるだけでも組織活動は変化するのである。

では,ダイナミック・ケイパビリティのミクロ的基礎を形成するような現場

組織の協働プロセスについて，どのようなリーダーシップが有効なのだろうか。これまでの考察より，多くの現場組織は，自らが置かれた状況の下，戦略を実行するなかで学習し，環境を絶えず認識・再認識しながら自らの活動を環境に適応させている。こうした組織能力としてのダイナミック・ケイパビリティのもとに，各現場組織が環境適応行動を展開する場合，リーダーシップが状況に応じてさまざまに働いていると考えられる。

とりわけ，ダイナミック・ケイパビリティを通して環境変化を認識し，その変化に対応するために，新しい知識の創造といったプロセスを現場組織がたどるとすれば，分散的あるいは共有型のチーム・リーダーシップが大きく機能していると思われる。共有型リーダーシップに関する先行研究から，リーダーシップと組織活動プロセスは集合的パフォーマンスを高めるために相互に絡み合っていることがすでに示唆されている。まず，リーダーシップが組織パフォーマンスに影響を与えることが観察される。しかし，協働が進むと，リーダーシップと協働プロセスは蓄積された成果に拘束されながら相互に影響し合う。さらに，リーダーシップと協働プロセスの統合が進むと，両者の境界はほとんど区別がつかなくなるのである。

以上のように，ダイナミック・ケイパビリティを通して，組織が環境変化に適応する場合，当該組織状態に有効なリーダーシップは状況によって異なるものの，組織の知識創造プロセスにおいては共有型リーダーシップが有効であるといえるだろう。このような理論的関係が経験的にも妥当であることを示すために，以下に具体的な事例を取り上げてみたい。

4．経験的妥当性としての事例分析

4.1　海外チーム活動の経緯

以下では，米穀を中心とする食品卸売業X社が輸出入事業に向けて発足した組織（以下，「海外チーム」という）の活動について事例分析する[4]。

X社は，1950年に設立された食品専門商社であり，米穀の国内流通を主な生業としてこの業界では国内最大手である。グループ内に仕入・販売のほか製造・加工・物流機能を揃え，本社と子会社数社，関連会社数社によるホールディング経営が行われている。年間の売上高は1,824億円（平成29（2017）年3月期）以上である。

　2009年以降，X社は業界の経営環境とグループ経営の状況を感知し，次世代の経営戦略として本格的に海外進出を図るようになった。これまで，X社は日本産米の輸出を手始めに，アメリカ，中国，そして香港に現地法人の拠点を置き，海外展開を図ってきた。

　2010年9月，X社は海外事業化の方向性を探るために，8名からなるチームを新たに発足させた。メンバーは，本社役員，チーム・リーダーA，海外担当メンバー4名，外食担当1名，そして商品開発担当1名である。このチーム・メンバーに加えて，営業部から8〜10名がチーム活動に参加し，現地法人設立後は，駐在員およびローカル・スタッフも参加することになった（**図表11.1**）。

　海外チームは，2011年に海外展開の足掛かりとして中国とアメリカでの現地拠点を模索し，また輸出事業化への取り組みも開始した。北京の現地法人にあ

図表11.1

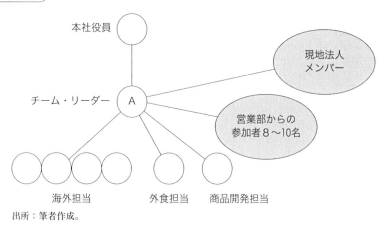

出所：筆者作成。

る工場では，X社が国内で展開してきたビジネスモデルをもとに，コメ・食品の製造販売活動が行われた。それは，産地から玄米のまま運搬し，消費地近くの工場で精米後，すぐに販売するというモデルであった。

ところが，自社工場による精米したてのコメの売上は，ほとんど伸びなかった。「食文化とコメの品質に対する価値観の違いを把握しきれなかった」ことと「ビジネス慣習の違いが予想以上に障壁となって，現地での価格競争に残れなかった」ことが，原因であったという（リーダーA）。

その後，海外チームは，日本からの輸出入が多いアジア地域への進出に向けたリサーチを積極的に行うようになった。メンバーは，X社の業務提携先の動向に加えて，新たにアジアの地元有力企業，北京や成都の現地法人との業務上のシナジー効果，地価，倉庫を置いた場合のコスト等についての検討を行っていった。こうしたメンバーによるリサーチは，従来のようにオフィスでの話し合いによるものもあったが，メンバー自身が現地に赴き，ローカルの企業とのネットワークを構築していくことによって進められた。そのなかで，候補地に挙がったのが香港やシンガポール等であった。

こうしたチーム活動を経て，2013年に香港に現地法人が設立された。事業展開について，綿密な検討がなされ，地場企業にX社のコメを供給して営業させるといった新たなビジネスモデルが展開された。このビジネスモデルのもとに，シンガポールでも輸出事業を展開させることに成功した。

4.2　チームの協働とリーダーシップ

チーム発足からすぐ，メンバーはコメの輸出事業化をめぐる探索的活動を開始し，また海外展開の足掛かりとして中国とアメリカでの現地拠点における現地生産販売活動も開始された。しかし，チームメンバーの中の誰も輸出事業に携わったことがなく，チーム活動は，当初，「手探り状態」（海外担当メンバー）であった。

米穀業界でも，本格的な海外事業を展開している企業はほとんどなく，輸出事業化に向けたチーム活動は，「お手本がない」（リーダーA）なかで進められ

ていた。このような国内とは全く異なる海外環境で，メンバーは輸出手続き上の不備による失敗を繰り返しながら，取引上のルールやノウハウについての学習を重ねていった。リーダーとメンバーによれば，デスク全体が日常的な話し合いの場とされており，リーダーの「相当なプレッシャー」（リーダーA）によって，期日やタスクの担当が厳格に示されたという。

　もっとも，リーダーはメンバーに対して期日やタスクの担当を厳格に示してはいたものの，「メンバーのリサーチから学ぶ」（リーダーA）こともあると考え，具体的内容については特別に指示することはなかったという。そして，仕事を割り当てる際には，その意義や可能性をメンバーと話し合うようにしていたという。海外担当メンバーによれば，「頑張らなきゃいけないという空気」はあったものの，タスクとしても「メンバーが提案した地域を一応やってみろと認めて」もらっていたという。つまり，リーダーシップによって，チームの活動は自律分散的であった。

　また，本国のビジネスモデルを中国に持ち込むことに失敗して以降，メンバー間で，海外市場の動向やすでに設立した北京，成都，アメリカの現地法人の関係，業務提携先との関係等に関して，綿密なリサーチが繰り返された。さらに，国ごとの輸出入形態や地域の有力企業についても現地での情報収集・分析が進められた。その結果，メンバーが当初予想していたよりも食文化やサービスについてグローバル化が進んでいないこと，チームとして地域文化に溶け込むことの重要性が，チームの新たな共通認識となった。

　リーダーによれば，このようなチーム活動が行われるようになったのは，チーム活動開始から2年目に入ってからだという。この頃になると，リーダーはメンバーから専門的な内容を教えてもらうことが多くなり，メンバー同士がリーダーシップをとり合うことによって情報のやりとりが自然に進められていったという。そして，リーダー自身は，コミュニケーションを通してメンバーの個人的な関心や思いを捉え，それらが可能な範囲で仕事に反映されるような対内的・対外的調整を行っていたという。また，仕事の割り当て時には，その意義や可能性をメンバーと話し合うようにしていたという。

4.3 考察:ダイナミック・ケイパビリティのミクロ的基礎としてのリーダーシップ

　以上の事例から,チーム活動の初期段階での協働の成果には,リーダーによるリーダーシップが大きな影響を直接与えることがわかる。ハックマンとウォルトン(Hackman and Walton, 1986)が示したように,リーダーの主要な責任は,ゴールへの到達の道筋を示すことである。リーダーは,ゴールを設定し,リソースを調達し,そして阻害要因を排除しながらチームの生産性を高めていく。

　また,リーダーはチームと外側の環境との橋渡し役も果たす。さらに,リーダーは,実際の活動プロセスをよく観察しながら,適宜結果をフィードバックし,計画とゴールとを必要に応じて修正適応させる。これらのことが,この事例でも見出せる。

　さらに,この事例から,リーダーシップの影響力は,単位組織のパフォーマンスに直接的な効果を持つだけではなく,多様な協働プロセスに介入することによって組織メンバー間の効果的な相互作用を促進させるといえる。より具体的にいえば,メンバーの相互作用(認知・動機・情緒・調整など)の促進に大きく影響しているといえる。また,リーダーは,チームの成果を意味づけ,メンバーに伝え,そして情報処理活動を機能させることによって,メンバーのメタ認知・共通認識の形成を促進する(Zaccaro, 2001)。

　そして,この事例からは,協働プロセスがリーダーシップに与える影響も観察された。つまり,メンバー間での協働が継続されるに従い,協働プロセスがリーダーシップの実践に大きな影響を与えている。例えば,高度な知識が集団内に蓄積されていれば,集団としてその活動に積極的な新しい意味付けをしていく,また外部環境に対して積極的な働きかけができる。さらに,単位組織内において高レベルでメンバー間に専門性が分散し,自律的な活動が展開されている場合,組織境界の管理や意味の形成といったリーダーに求められる活動が,まさに集団機能として担われるようになる(Zaccaro, 2001)。

以上をまとめると,国内で成功しているビジネスモデル(オーディナリー・ケイパビリティ)を,環境の異なる海外に持ち込む場合,そこにさまざまな不適合が起こるだろう。この不適合を感知し,解決する組織能力が企業のダイナミック・ケイパビリティであるが,この事例から現場組織のリーダーシップと協働プロセスとの相互作用を通して不適合が解決され,環境に適応していくことになるといえる。

5. おわりに

 これまで,ダイナミック・ケイパビリティは,トップ・マネジメントの認知能力として分析されてきた。しかし,本章では,組織能力としてのダイナミック・ケイパビリティのミクロ的基礎に注目し,特にそのミクロ的基礎として現場組織レベルの協働と,協働の重要な要素の1つとしてリーダーシップに焦点を当ててきた。

 組織能力としてのダイナミック・ケイパビリティのミクロ的基礎として,現場組織レベルでのリーダーシップは果たして有用な要素なのか。特に,ダイナミック・ケイパビリティによる変化する環境に適応するプロセス,組織,そしてリーダーシップは,どのような関係にあるのか。

 これらの問題を解決するために,本章では,まずダイナミック・ケイパビリティ,組織,そしてリーダーシップの間に密接な理論的関係があることを説明した。次に,その理論的関係が経験的にも妥当であることを示すために,日本企業の事例を取り上げ,実際の協働の場における環境適応プロセスとリーダーシップのインターフェースを示した。最後に,組織の環境適応プロセスにおいて,組織能力としてのダイナミック・ケイパビリティのミクロ的基礎の1つとして,リーダーシップという要素が重要であることを理論的にも経験的にいえることを明らかにした。

 しかし,本章では現場の単位組織における環境適応行動プロセスの研究にとどまり,全体組織のケイパビリティに関するリーダーシップと組織活動のイン

ターフェースへの言及はほとんどなされていない。これについては，今後の課題としたい。

注

1 ティース（Teece, 2007）では，企業レベルのダイナミック・ケイパビリティに関して，感知・活用・再構成の3つの性質に合わせた多くのミクロ的基礎が挙げられている。リーダーシップは，「活用」のミクロ的基礎の1つであるロイヤルティとコミットメントの構築の中で言及されているのみである。もっとも，本章で言及するリーダーシップ概念は，ティース（Teece, 2007）で意図されているコミットメントを高めるリーダーシップより広く，日常業務の着実の遂行に加えて協働自体の変容や知識創造を促進する影響作用も含意している。
2 広辞苑によれば，インターフェースとは，機器や装置が他の危機や装置などと交信し，制御を行う接続部分を意味している。本章においては，複数の異質なものの接点ないし境界面における相互作用をインターフェースという言葉に含意し，現場の単位組織活動とリーダーシップという2つの影響作用の境界面において行われる単位組織の環境適応ダイナミクスを描写することを試みている。
3 バーナード（Barnard, 1938）が示す組織概念から，組織が通常機能する条件として，組織が自律的に調整と協働を行うことが導かれる。とりわけ，本章のいう自己組織性は，調整基準となる価値の創出まで包括した概念であることを付言しておく。
4 本事例は，X社海外チーム活動の参加者へのインタビュー調査および二次資料に基づいている。インタビューは，チームリーダーを中心に，メンバー，営業部メンバー5名を対象に2013年2月～2014年6月の間で5回に分けて行われた。

参考文献

Barnard, C. I.（1938）*The Functions of the Executive*, Harvard University Press.（山本安次郎・田杉競・飯野春樹訳『新訳 経営者の役割』ダイヤモンド社，1968年）

Bass, B. M.（1990）*Bass & Stogdill's Handbook of Leadership: Theory, Research, and Managerial Applications*, New York: Free Press.

Bryant, S. E.（2003）The role of transformational and transactional leadership in creating, sharing and exploring organizational knowledge, *Journal of Leadership and Organizational Studies*, Vol. 9, No. 1: 32-44.

Burgelman, R. A.（1983a）A model of interaction of strategy behavior, corporate context, and concept of strategy, *Academy of Management Review*, Vol. 8, No. 1: 61-70.

Burgelman, R. A.（1983b）A process model of internal corporate venturing in the

diversified major firm, *Administrative Science Quarterly*, Vol. 28, No. 2: 223-244.
Eisenhardt, K. and Martin, J. (2000) Dynamic capabilities: what are they?, *Strategic Management Journal*, October-November Special Issue 21: 1105-1121.
Fiedler, F. E. (1967) *A Theory of Leadership Effectiveness*, New York, McGraw-Hill. (山田雄一訳『新しい管理者像の探求』誠心書房, 1970年)
Gratton, L., Voigt, A. and Erickson, T. (2007) Bridging faultlines in diverse teams, *MIT Sloan Management Review*, Vol. 48, Summer: 22-29.
Hackman, J. R. and Walton, R. E. (1986) Leading groups in organizations, in P. S. Goodman and Associates (eds.) *Designing effective work groups*, San Francisco: Jossey-Bass.
Hackman, J. R. (2009) Why teams don't work, *Harvard Business Review*, May: 99-105.
Hersey, P., and Blanchard, K. H. (1977) *Management of Organizational Behavior* (3rd Edition), Englewood Cliffs, N. J.: Prentice-Hall. (山本成二・水野基・成田攻訳『行動科学の展開—人的資源の活用：入門から応用へ』日本生産性本部, 1978年)
伊丹敬之（1980）『経営戦略の論理—見えざる資産のダイナミズム』日本経済新聞社。
伊丹敬之（1984）『新・経営戦略の論理—見えざる資産のダイナミズム』日本経済新聞社。
Jacobs, T. O. and Jaques, E. (1987) Leadership in complex systems, in J. A. Zeidner (ed.) *Human productivity enhancement: Organizations, personnel and decision making* (Vol. 2), New York: Praeger: 7-65.
Marks, M., Zaccaro, S. J. and Mathieu, J. (2000) Performance implications of leader briefings and team interaction training for team adaptation to novel environments, *Journal of Applied Psychology*, Vol. 85, No. 6: 971-986.
Marquardt, M. J. (2000) Action learning and leadership, *The Learning Organization*, Vol. 7, No. 5: 233-240.
Mintzberg, H. (1978) Patterns in Strategy, *Management Science*, Vol. 24, No. 9: 934-948.
Mumford, M. D., Zaccaro, S. J., Harding, F. D., Jacobs, T. O. and Fleishman, E. A. (2000) Leadership skills for a changing world: Solving complex social problems, *The Leadership Quaterly*, Vol. 11: 11-35.
中橋國藏（2005）『経営戦略論の発展　兵庫県立大学経済経営研究叢書LXXⅡ』兵庫県立大学経済経営研究所。
庭本佳子（2015）「日本企業における組織能力の発現メカニズム—チームの協働とリーダーシップの視点から—」，神戸大学大学院経営学研究科博士論文。
Nonaka, I. (1988) Toward middle-up-down management: accelerating information creation, *MIT Sloan Management Review*, Vol. 29, No. 3: 9-18.
高橋伸夫（1997；2009）「モティベーションと組織活性化」塩次喜代明・高橋伸夫・小林敏男『経営管理』有斐閣, 168-190頁。

Teece, D. J., Pisano, G. and Shuen, A. (1997) Dynamic capabilities and strategic management, *Strategic Management Journal*, Vol. 18, No. 7: 509-533.

Teece, D. J. (2007) Explicating dynamic capabilities: the nature and microfoundations of (sustainable) enterprise performance, *Strategic Management Journal*, Vol. 28, No. 13: 1319-1350.

Teece, D. J. (2007b) The role of managers, entrepreneurs and the literati in enterprise performance and economic growth, *International Journal of Technological Learning, Innovation and Development*, Vol. 1, No. 1: 3-27.

Yukel, G. A. (1981 ; 2012) *Leadership in Organizations* (8th ed.) Upper Saddle River, NJ: Prentice Hall.

Zaccaro, S. J. (2001) *The Nature of Executive Leadership: A Conceptual and Empirical Analysis of Success*, Washington, DC: APA Books.

Zaccaro, S. J., Rittman, A., and Marks, M. A. (2001) Team leadership, *Leadership Quarterly*, 12(4): 451-483.

索　引

〔人名索引〕

あ行

アイゼンハート……………………34, 35
アドラー………………………………16
ウィリアムソン
　……27, 28, 60, 199, 200, 204, 205, 206, 207
ウィンター
　……28, 33, 44, 51, 52, 80, 83, 84, 87, 88, 90

か行

ガヴェッティ……………196, 197, 202, 204
クーン……………………………………26
コグート……………………………44, 49, 50

さ行

サイモン………197, 199, 205, 206, 207, 208
ザンダー……………………………44, 49, 50
シュムペーター……………………29, 158
スターリン……………………135, 140, 141
ゾロ…………………………44, 51, 52, 84

た行

ティース
　……28, 29, 30, 37, 44, 51, 52, 64, 84, 101,
　102, 103, 106, 107, 110, 131, 132, 133,
　196, 197, 199, 200, 201, 203, 204, 205,
　206, 207, 208

な行

ネルソン………………………33, 80, 90

は行

バーニー………………20, 43, 44, 47, 48, 119
ハメル…………………………21, 44, 48, 49
プラハラード…………………21, 44, 48, 49
フルシチョフ………………………138, 140
ブレジネフ…………………………140, 142
ペテラフ………………………………28, 36
ヘルファット…………28, 34, 36, 44, 51, 52
ペンローズ……………………………………19
ポーター………………………2, 6, 7, 18, 99, 118
ポパー…………16, 42, 43, 45, 46, 53, 54, 208

ら行

ルメルト………………………………20
レオナルド・バートン……26, 50, 119, 203

わ行

ワーナーフェルト………………19, 43, 119

〔事項索引〕

英数

5つの競争要因モデル…………………7, 8
6次産業………………………………116
DCフレームワーク……………………97
IC……137, 141, 142, 148, 149, 151, 152
VRIN資源………………………103, 104
VRIN（ブリン）……………21, 119, 159
VRIO（ブリオ）………………………21

あ行

アドホックな問題解決能力……………34
異質性………………………………155

移動障壁……………………………20
イノベーション
　…96, 97, 98, 100, 101, 105, 110, 160, 161
イノベーション・エコシステム
　………96, 97, 98, 100, 102, 104, 105, 106,
　　　　　　　　　　　　110, 160, 163
「薄い」市場………………………………67
エコシステム……………100, 101, 102, 110
オーケストレーション
　……………………29, 30, 121, 133, 159, 160
オーケストレーション機能………101, 103
オーディナリー・ケイパビリティ
　（通常能力）
　…29, 34, 52, 65, 104, 120, 133, 134, 135,
　　137, 140, 141, 145, 151, 152, 155, 156,
　　　　　　　　157, 158, 203, 212, 214, 226

か行

カーネギー学派
　…………80, 197, 199, 202, 203, 204, 205
科学技術基本計画………………………97
科学技術基本法……………………96, 98
隔離メカニズム…………………………20
環境適応行動………………213, 216, 221
完全合理性………………197, 199, 205
感知：Sensing………30, 102, 103, 104, 107
感知能力………………………………149
機会主義………………………60, 199, 207
機会や脅威を感知する（sensing）能力
　……………………………………………132
機会を的確に捕捉……………………149
機会を捕捉する（seizing）能力………132
企業家…………………………………108
起業家……………………………108, 109
起業家精神………………………108, 110
企業家的経営者………………………158
企業家（的）精神

　……52, 101, 103, 104, 106, 107, 110, 174,
　　　　　　　　　　　196, 199, 201, 209
企業の境界問題………………………58
技術開発競争………………………149
技術競争…………………………142, 152
技能的適合行動………………………134
技能的適合力（technical fitness）
　…………………………………30, 133
脅威
　…133, 134, 138, 140, 142, 143, 149, 151
競争戦略………………………………10
競争優位
　……42, 47, 48, 49, 50, 51, 53, 131, 200,
　　　　　　　　　　　　　　201, 203
協働…………211, 213, 216, 217, 220, 225
協働意思…………………………217, 220
共特化…………………………31, 121, 124
共有型リーダーシップ…………219, 221
クラスター………………………………99
クラスター政策…………………………99
クラスター戦略…………………………99
グローバル・オペレーション…159, 174
グローバル戦略……………………173
軍事技術………………………………130
軍事技術開発…………………………148
軍事技術開発競争………130, 131, 145, 151
ケイパビリティ…………49, 50, 83, 101
ケイパビリティ論…………………21, 26
権限委譲………………163, 167, 170, 172
限定合理性
　…60, 197, 199, 202, 204, 205, 207, 208
現場組織……211, 212, 215, 216, 220, 226
コア・ケイパビリティ
　…………46, 50, 51, 52, 53, 59, 201, 203
コア・コンピタンス………22, 23, 49, 50
コア・コンピタンス論…………………21
コア・リジディティ

　　　　　……26, 46, 50, 51, 52, 53, 119, 203
構造 - 行為 - 成果（S - C - P）
　パラダイム……………………………4, 5
硬直化………………………………………138
国防高等研究計画局（DARPA）
　……142, 143, 144, 145, 146, 147, 148, 150
コスト計算……………………………134, 139
コスト・リーダーシップ戦略………10, 11
個別資源…………46, 47, 48, 49, 50, 53, 201

さ行

差別化戦略……………………………10, 12
産学官金連携………………………………96
シカゴ学派………………………………3, 6
資源ベース論
　……19, 42, 43, 44, 45, 46, 47, 53, 54, 55,
　　　　99, 101, 131, 200, 201, 203
自己組織性…………………………217, 227
資産……………134, 137, 140, 142, 149, 151
資産特殊性…………………………………62
持続的競争優位……………………………134
持続的競争優位性…………………155, 174
持続的な競争優位…………130, 132, 133
社会経済的価値……………………………106
集積回路（IC）……………………………130
集中戦略……………………………………11, 12
状況決定論…………………………………16
状況的リーダーシップ……………………219
自律性…………………………………146, 147
自律的………………………………………148
進化経済学……………………………33, 80
進化的適合行動……………………………134
進化的適合力（evolutionary
　fitness）……………30, 133, 142, 145, 147
新古典派経済学
　………………2, 80, 197, 199, 204, 205, 208
シンプル・ルール…………………………35

スタック・イン・ザ・ミドル……………13
生存……………………………………133, 134
生態系………………………………96, 100
組織構造やシステムを変容する
　（transforming）能力………………132
組織的な変容……………………………149
組織能力
　……172, 173, 211, 212, 215, 216, 220, 226
組織の硬直性………………………134, 137

た行

ダイナミック・ケイパビリティ
　……29, 30, 34, 46, 51, 52, 53, 55, 65, 84,
　　85, 87, 88, 89, 96, 100, 118, 131, 132,
　　133, 134, 135, 137, 145, 147, 148, 149,
　　151, 152, 155, 156, 157, 158, 159, 172,
　　　　　196, 203, 207, 211, 214
ダイナミック・ケイパビリティ・フレームワーク
　……………………………………………102
ダイナミック・ケイパビリティ論
　……28, 29, 42, 43, 44, 45, 46, 51, 53, 54,
　　155, 156, 196, 197, 199, 200, 201, 203,
　　　　204, 205, 206, 207, 208, 209
ダイナミック・マネジリアル・ケイパビリティ（DMC）
　……………………………………………37
ダイヤモンド・モデル……………………99
多国籍企業
　…155, 156, 157, 159, 160, 161, 163, 173,
　　　　　　　　174
短期的利益の最大化……………142, 147
地域ブランド……………………………115
チーム・リーダーシップ………………221
知識………………………………86, 87, 218
知識成長のフレームワーク………189, 193
知識創造………………218, 219, 220, 221

知識の成長
　………42, 43, 44, 45, 46, 53, 54, 55, 188
知識ベース論………………………42, 44
淘汰……………………………135, 137
共特化の原理……………31, 32, 33, 101
取引コスト…………………60, 199, 207
取引コスト節約原理…………………61
取引コスト理論
　…26, 27, 60, 199, 200, 201, 204, 206, 208

な行

内的淘汰………………………………87
ネオ・カーネギー学派
　……37, 196, 197, 198, 199, 201, 202, 203,
　　　　204, 205, 206, 207, 208, 209

は行

ハーバード学派……………………3, 4, 6
バリュー・チェーン…………………14
範囲の経済……………………………32
反証主義的企業家………………190, 192
ビジネス・エコシステム
　…………………33, 101, 102, 103, 121
批判的構想力……………………190, 191
批判的合理主義……………………189
分散的リーダーシップ………………219

ベンチャー…………………106, 109, 110
ベンチャー・キャピタル……………109
ベンチャーブーム……………………98
変容：Transforming
　………………30, 102, 103, 104, 107
ポジショニング・アプローチ
　…………………42, 43, 46, 99, 200, 201
ポジショニング論……………………16
捕捉：Seizing………30, 102, 103, 104, 107

ま行

マネジリアル・コグニティブ・ケイパビ
リティ（MCC）
　……………………………………37
ミクロ的基礎
　……52, 101, 102, 103, 106, 107, 196, 209
無形資産…………………………132, 136
メタ・ケイパビリティ…………155, 157

ら行

リーダーシップ………211, 212, 218, 226
利益最大化………133, 134, 137, 140, 151
ルーティン
　…………33, 35, 37, 81, 82, 156, 157, 174
ロシア科学アカデミー………………141

● 執筆者紹介

菊澤 研宗（きくざわ けんしゅう）　　　　　　　　　　　　第1章
　編著者紹介参照。

永野 寛子（ながの ひろこ）　　　　　　　　　　　　第2章・第10章
　立正大学経営学部教授。博士（商学）（慶應義塾大学）。
　慶應義塾大学大学院商学研究科博士課程単位取得。
　主要著書・論文：『資源ベース論の理論進化―企業における硬直化を巡る分析』（単著，中央経済社，2015年），『企業の知識理論―組織・戦略の研究』（共著，中央経済社，2014年），『ケイパビリティの組織論・戦略論』（共著，中央経済社，2010年），「ハイエクの自生的秩序論についての方法論的検討―ポパーの世界3論との関係を中心に」『経営哲学』第13巻第1号（2016年）52-63頁，「「経営哲学」研究についての方法論的考察―批判的合理主義の観点から」『三田商学研究』第58巻第2号（2015年）289-299頁など。

橋本 倫明（はしもと のりあき）　　　　　　　　　　　　第3章
　東京都市大学都市生活学部講師。博士（商学）（慶應義塾大学）。
　慶應義塾大学大学院商学研究科博士課程単位取得。
　主要著書・論文：『企業の不条理―「合理的失敗」はなぜ起こるのか』（共著，中央経済社，2010年），「企業の競争戦略と垂直境界―取引コスト理論分析」『三田商学研究』第58巻2号（2015年），169-177頁，「コーポレートガバナンス制度としての内部告発制度―内部告発制度をめぐるエージェンシー理論分析」『経営哲学』第12巻1号（2015年），23-36頁，「洗練された競争戦略論―取引コスト理論を組み入れた競争戦略論」『三田商学研究』第55巻3号（2012年），37-57頁。

西谷 勢至子（にしたに せいこ）　　　　　　　　　　　　第4章
　白鷗大学経営学部講師。博士（商学）（慶應義塾大学）。
　慶應義塾大学大学院商学研究科博士課程修了。
　主要著書・論文：『企業の知識理論―組織・戦略の研究』（共著，中央経済社，2014年），『ケイパビリティの組織論・戦略論』（共著，中央経済社，2010年），「組織学習に関する学説研究―既存研究の問題点と新たな方向性」『三田商学研究』第50巻第6号（2008年）325-346頁，「進化論的組織論の可能性―進化経済学における組織進化に関する議論の検討」『三田商学研究』第58巻第2号（2015年）275-288頁など。

姜 理恵（かん りえ）　　　　　　　　　　　　第5章
　光産業創成大学院大学准教授。博士（経営管理）（青山学院大学）。
　名古屋大学経済学部卒。青山学院大学大学院国際マネジメント研究科博士後期課程修了。
　主要著書・論文：『インベスター・リレーションズの現状と課題』（単著，同文舘出版，2017年），『ガバナンス革命の新たなロードマップ』（共著，東洋経済新報社，2017年），「「コード」導入で求められる企業のディスクロージャー・ポリシー―ゼネラルエレクトリック社の事例―」『経営哲学』第13巻1号，64-75頁など。

大芝　周子（おおしば　しゅうこ）　　　　　　　　　　　　　　第6章
鹿児島大学法文学部准教授。
慶應義塾大学大学院商学研究科博士課程単位取得。
主要著書・論文：『企業の知識理論―組織・戦略の研究』（共著，中央経済社，2014年），『ケイパビリティの組織論・戦略論』（共著，中央経済社，2010年），「6次産業化に対するケイパビリティ論的考察」『三田商学研究』第58巻2号（2015年）335-344頁。

秋本　茂樹（あきもと　しげき）　　　　　　　　　　　　　　第7章
防衛省防衛研究所理論研究部防衛教官 主任研究官。
防衛大学校総合安全保障研究科（防衛組織行政コース）卒業。
主要著書・論文：『企業の不条理―「合理的失敗」はなぜ起こるのか』（共著，中央経済社，2010年），「シェール革命と国際安全保障環境」防衛省防衛研究所編『東アジア戦略概観2014』（防衛省防衛研究所，2014年）など。

楊　錦華（よう　きんか）　　　　　　　　　　　　　　　　　第8章
帝京大学経済学部准教授，南開大学中国公司治理研究院客員研究員。博士（商学）（慶應義塾大学）。
慶應義塾大学大学院商学研究科博士課程単位取得。
主要著書・論文：『企業の知識理論―組織・戦略の研究』（共著，中央経済社，2014年），「多国籍企業における持続的競争優位の構築―ダイナミック・ケイパビリティ論からのアプローチ―」『三田商学研究』58巻2号（2015年）255-273頁，「中国における新制度派経済学論争の展開と株式会社制度の改革―所有制度とコーポレート・ガバナンス・システムの構築―」『三田商学研究』49巻1号（2006年）63-84頁。

石川　伊吹（いしかわ　いぶき）　　　　　　　　　　　　　　第9章
立命館大学政策科学部教授。博士（経営学）（立命館大学）。
立命館大学大学院経営学研究科博士課程後期課程単位取得。
主要論文：Nicolai Foss and Ibuki Ishikawa (2007), Towards a Dynamic Resource-Based View: Insights from Austrian Capital and Entrepreneurship Theory., Organization Studies, 28/05: 749-772，「RBV研究の経済学的源流と内包する理論的課題」『政策科学』20巻1号（2012年），「深化するダイナミック・ケイパビリティ論研究のミクロ的展開：知識の成長としてのDC」『経営哲学』第13巻1号（2016年）経営哲学学会。

庭本　佳子（にわもと　よしこ）　　　　　　　　　　　　　　第11章
神戸大学大学院経営学研究科准教授。博士（経営学）（神戸大学）。
神戸大学大学院経営学研究科博士課程後期課程修了。
主要著書・論文：『人的資源管理論（ベーシック＋）』（共著，中央経済社，2016年），「組織能力の形成プロセス―現場からの環境適応」『経営学の批判力と構想力』経営学史学会年報第23輯（2016年）経営学史学会，121-132頁，「日本企業における組織能力の発現メカニズム―チームの協働とリーダーシップの視点から」神戸大学大学院経営学研究科博士論文，2015年。

●編著者紹介

菊澤　研宗（きくざわ　けんしゅう）
慶應義塾大学商学部・大学院商学研究科教授。
1981年　慶應義塾大学商学部卒
1986年　慶應義塾大学大学院商学研究科博士課程修了
1988年　防衛大学校社会科学教室専任講師・助教授
1993年　ニューヨーク大学スターン経営大学院客員研究員（1年間）
1998年　博士（商学）（慶應義塾大学）
1999年　防衛大学校社会科学教室・総合安全保障研究科教授
2002年　中央大学大学院国際会計研究科（アカウンティングスクール）教授
2006年　慶應義塾大学商学部・大学院商学研究科教授
2012年　カリフォルニア大学バークレー校ハース経営大学院客員研究員（2年間）
元経営哲学学会会長，現在，日本経営学会理事，経営行動研究学会理事，経営哲学学会理事。

〔主要著書〕
『比較コーポレート・ガバナンス論』（第1回経営学史学会賞，有斐閣，2004年）
『業界分析　組織の経済学―新制度派経済学の応用』（共著，中央経済社，2006年）
『「命令違反」が組織を伸ばす』（光文社，2007年）
『なぜ上司とは，かくも理不尽なものなのか』（扶桑社，2007年）
『戦略学―立体的戦略の原理』（ダイヤモンド社，2008年）
『戦略の不条理―なぜ合理的な行動は失敗するのか』（光文社，2009年）
『企業の不条理―「合理的失敗」はなぜ起こるのか』（共著，中央経済社，2010年）
『失敗の本質―戦場のリーダーシップ篇』（共著，ダイヤモンド社，2012年）
『ビジネススクールでは教えてくれないドラッカー』（慶應義塾賞，祥伝社，2015年）
『組織の経済学入門（改訂版）―新制度派経済学』（有斐閣，2016年）
『組織の不条理―日本軍の失敗に学ぶ』（中央公論新社，2017年）
『改革の不条理―日本の組織ではなぜ改悪がはびこるのか』（朝日新聞出版，2018年）
その他多数。

e-mail：kikuzawa@fbc.keio.ac.jp

ダイナミック・ケイパビリティの戦略経営論

2018年10月 1 日　第 1 版第 1 刷発行
2024年 9 月30日　第 1 版第 5 刷発行

編著者　菊　澤　研　宗
発行者　山　本　　　継
発行所　㈱中央経済社
発売元　㈱中央経済グループ
　　　　パブリッシング

〒101-0051　東京都千代田区神田神保町1-35
　　　　　　電話　03(3293)3371(編集代表)
　　　　　　　　　03(3293)3381(営業代表)
　　　　　　https://www.chuokeizai.co.jp
　　　　　　製版／東光整版印刷㈱
　　　　　　印刷・製本／㈱デジタルパブリッシングサービス

© 2018
Printed in Japan

＊頁の「欠落」や「順序違い」などがありましたらお取り替えいた
　しますので発売元までご送付ください。(送料小社負担)

ISBN978-4-502-27301-8 C3034

JCOPY〈出版者著作権管理機構委託出版物〉本書を無断で複写複製(コピー)することは,
著作権法上の例外を除き,禁じられています。本書をコピーされる場合は事前に出版者著
作権管理機構(JCOPY)の許諾を受けてください。
　JCOPY〈https://www.jcopy.or.jp　e メール：info@jcopy.or.jp〉

いま新しい時代を切り開く基礎力と応用力を兼ね備えた人材が求められています。
このシリーズは，各学問分野の基本的な知識や標準的な考え方を学ぶことにプラスして，一人ひとりが主体的に思考し，行動できるような「学び」をサポートしています。

中央経済社